Detlef Uhlmann

Bel Ami

DETLEF UHLMANN

Mein Leben als Chef von Deutschlands edelstem Bordell

Bibliografische Information der Deutschen Nationalbibliothek:
Die Deutsche Nationalbibliothek verzeichnet diese Publikation in der Deutschen Nationalbibliografie;
detaillierte bibliografische Daten sind im Internet über http://d-nb.de abrufbar.

Für Fragen und Anregungen:
belami@rivaverlag.de

1. Auflage 2012

© 2012 by riva Verlag, ein Imprint der Münchner Verlagsgruppe GmbH,
Nymphenburger Straße 86
D-80636 München
Tel.: 089 651285-0
Fax: 089 652096

Die Namen und wiedererkennbaren Merkmale der im Buch erwähnten Personen wurden geändert.

Manuskripterstellung: Peggy Teichert
Manuskriptbearbeitung und Redaktion: Matthias Teiting
Umschlaggestaltung: Gerd Uwe Hauth
Umschlagabbildung: Gerd Uwe Hauth
Fotos Innenteil: © Gerd Uwe Hauth
Satz: Georg Stadler, München
Druck: CPI – Ebner & Spiegel, Ulm
Printed in Germany

ISBN Print 978-3-86883-218-1
ISBN E-Book (PDF) 978-3-86413-151-6

Weitere Infos zum Thema finden Sie unter
www.rivaverlag.de
Gerne übersenden wir Ihnen unser aktuelles Verlagsprogramm.

Inhaltsverzeichnis

Inhaltsverzeichnis

PROLOG

»Mach mal Platz, alter Mann! Hier kommt ja keene Sau mehr durch.«

Er dreht sich nicht um, rutscht bloß den Stuhl näher zum Fenster, vor das die Jungs ihre nasse Wäsche gehängt haben. Tomek, Marek oder Martin – egal. Sie klingen gleich, sie sehen gleich aus. Glatzköpfig, muskulös und tätowiert. Nachts wird mindestens einer von ihnen sein Bett zum Quietschen bringen, meist übernimmt einer der anderen den Rhythmus. Wenn Detlef Glück hat, ist es nach zehn Minuten wieder still. Dann bleiben ihm weitere fünfzehn oder 20 Minuten, um einzuschlafen. Gelingt es ihm nicht, wird ihn das laute Schnarchen von Tomek, Marek oder Martin noch stundenlang wach halten. Die Nächte sind schlimm. Die Gedanken stürzen sich auf ihn wie ausgehungerte Tiere, schlagen ihre Zähne in die immer gleichen Wunden, zerren an den Rändern seines Verstandes.

Ein Wassertropfen löst sich von der Wäsche und tropft auf sein Knie. Er sieht hinaus, das Licht schwindet allmählich, kleine Eisblumen haben sich in den Ecken der Scheibe gebildet. Hinter ihm werden Stühle gerückt, Papier raschelt, Karten klatschen auf den Tisch.

»Wir spiel'n mit null ouvert und ramschen! Wer is'n vorne?«

»Wenn de schon alles selber bestimmst, kannst de dit ja wohl och!«

«Krieg dich ein, Mann, und fang an!«

Er verlässt seinen Platz vor dem vergitterten Fernster und dreht sich um. Das Papier mit den silbernen Schneeflocken, in das Simone das Weihnachtspaket gewickelt hatte, liegt auf dem Boden. Sein Versuch, dem Raum weihnachtliche Stimmung zu geben, ist kläglich gescheitert. Der Tisch ist wieder nackt und grau. Marek sieht noch immer eingeschnappt aus. Die Jungs scheinen alles um sich herum vergessen zu haben: den Knast, die Enge, den vierten Mann im Raum.

Er legt sich auf sein Bett und bedauert, dass er nie viel Spaß am Lesen gehabt hat. Hilflos überlässt er sich den Gedanken. Simone. Warum hat sie sich vorhin nicht umarmen lassen? Wird er auch sie noch verlieren? Was hat er ihr auch noch groß zu bieten? Nichts von dem ist geblieben, was sie immer an ihm geliebt hat. Geld, Reisen, spannende Bekanntschaften, Witz und Charme, ein unerschütterliches Selbstbewusstsein. Er ist bloß noch ein alter Mann im Knast, 25 Jahre älter als sie. Warum ist sie die ganzen Jahre bei ihm geblieben, hat ihm einen Sohn geboren, ihm die unzähligen Affären und Lügen verziehen? Wenn es nur der Luxus und ein aufregendes Leben waren, dann gibt es jetzt tatsächlich keinen Grund mehr, zu bleiben.

Sie ist immer noch schön. Wann hat er ihr das das letzte Mal gesagt? Vermutlich, als der Prozess gegen ihn begonnen hat. Als ihm bewusst wurde, wie schlecht es um ihn steht. Hat er je geglaubt, jemand könne *ihn* lieben? Ihn, Detlef Uhlmann? Er hatte Geld, sehr viel Geld, und er hat es großzügig ausgegeben, für Autos, Frauen, Drogen und rauschende Feste, für seine Frau, sein Kind und seine Freunde. Alle haben etwas davon gehabt, haben sich ein Leben auf seinem Erfolg aufgebaut, haben genossen, profitiert und ihn dafür geliebt. Dafür! Er selbst hat sich dafür geliebt, hat sich für den witzigen, charmanten, großzügigen und selbstbewussten Mann gehalten, dem die Welt zu Füßen lag, der es verblüffend leicht zu einem der bekanntesten Bordellbesitzer Deutschlands gebracht hatte. Nun scheint nichts mehr davon wahr zu sein. Sein Selbstbild entpuppt sich als Lüge, als Farce, als Mantel über der eigenen Unzulänglichkeit. Zum ersten Mal in seinem Leben fühlte er sich wie ein Trottel, ein Gescheiterter, wie einer, der dem Spiel von der Ersatzbank folgt.

Jonas, seinem Sohn, ist es wahrscheinlich egal, was er trägt: Armani-Anzug oder Anstaltskluft. Trotzdem hat er immer geglaubt, Jonas mit teuren Geschenken über seine häufige Abwesenheit hinwegtrösten zu müssen. Er hat sich die Liebe seines Kindes kaufen wollen. Wo ist Jonas heute gewesen? In der Schule oder bei einem Freund? Schämt er sich, weil sein Vater im Gefängnis sitzt, oder ist es ihm einfach egal?

»Scheiße Mann, vorhin haste Pik nich' bedient!«

»Du hast doch'n Arsch offen. Kuck doch nach, wenn de willst!«

Detlef dreht sich zur Wand.

Vorhin im Besuchszimmer hat er kaum etwas sagen können, hat Simone nur schweigend zugehört. Sie hat von Kündigungen gesprochen, Kontosperrung, geplatzten Verträgen und offenen Rechnungen und auch von Diederich, dem Berater, dem er wie ein Trottel vertraut hat. Ihre Hände sind nervös über den Tisch gewandert, immer wieder in ihrem blondierten Haar verschwunden, die ohnehin zerzauster waren als sonst. Seine Frau, seine schöne Frau. Die herausgewachsenen Ansätze ihres Haares hat er als Anklage empfunden.

Der Beamte im Besuchszimmer sah in regelmäßigen Abständen demonstrativ auf seine Armbanduhr. Detlef ist sich sicher gewesen, dass der Mann ganz genau wusste, wie viele Minuten es noch waren.

Hätte Simone nur einmal ihre Hände still gehalten, er hätte sie berührt. Vielleicht war ihr das bewusst, und sie hat ihm deshalb keine Gelegenheit dazu gelassen. Deutlich hat er die Panik in ihrer Stimme hören können. Jede Gesprächspause ist angefüllt gewesen mit Vorwürfen. Er habe sich über den Tisch ziehen lassen wie ein Anfänger, weder für sie noch für sein Kind vorgesorgt. Das ganze Ausmaß der Katastrophe sei ihr erst in den letzten Tagen deutlich geworden, als sie sich durch die Berge von Aktenordnern gearbeitet habe. Er bewundert den Ehrgeiz und Scharfsinn, den sie dabei entwickelt hat, Eigenschaften, die ihm vorher nie an ihr aufgefallen sind. Im Besuchszimmer wäre er bereit gewesen, alles zuzugeben, alle Schuld auf sich zu nehmen, von bitterer Reue zu sprechen, nur um einmal ihre Hand halten zu dürfen, ihre Hand mit den Fingernägeln, an denen der rote Lack abgeplatzt war.

Die Armbanduhr des Beamten hat dann endlich das gewünschte Urteil verkündet. Die Zeit war um. Als hätte dieser Satz den mühsam gehaltenen Damm gebrochen, rannen Simone nun doch die Tränen übers Gesicht. Er hat sie nicht berühren dürfen, stand nur hilflos da. *Alles wird wieder gut!* Immer wieder hat er diese Floskel wiederholt, an die er doch selbst nicht mehr glaubt.

»Mir reicht's. Ich hör auf!«

Seine Zellengenossen rücken geräuschvoll die Stühle und machen sich nachtfertig. Detlef beobachtet verblüfft, wie Tomek das Weihnachtspapier vom Boden aufhebt und es wieder über den Tisch legt.

»Pennt der Alte schon?«

»Kann dir doch egal sein.«

Die Nacht beginnt – und der Alte schläft nicht.

I. Streifzüge

Ansichten und Einsichten

Es war Freitagabend, und die *Metropol*-Party begann in wenigen Stunden. Ein großer Saal gefüllt mit jeder Menge hübscher Mädchen. Die eigentliche Herausforderung bestand darin, die Richtige herauszufischen. Es war noch immer warm, und ich entschied mich für ein kurzärmliges Hemd aus Leinen – falls es nötig sein würde, zu tanzen –, außerdem bestäubte ich meinen Körper mit einem Puder, das die Transpiration verhindern sollte. Im Radio sang Rod Stewart »Do You Think I'm Sexy?« Was für eine Frage, dachte ich amüsiert. In den vergangenen 20 Jahren hatte ich darauf stets dieselbe, befriedigende Antwort bekommen. Ich zweifelte schon lange nicht mehr.

»Du tanzt umwerfend!«, brüllte ich. Sie riss die Augen auf und schaute mich verständnislos an. Ich verfluchte die Bassrhythmen, die durch den Saal dröhnten, und versuchte es noch einmal.

»Umwerfend!« Deutlich formte ich jede Silbe mit den Lippen und zeigte mit dem Finger auf sie. Jetzt lächelte sie und strich sich eine Strähne aus der schweißnassen Stirn.

»Möchtest du was trinken?« Ich kletterte von meinem Barhocker und stand nun dicht neben ihr. Sie atmete schnell und tanzte selbst im Stehen weiter.

»Martini, mit viel Eis!«, rief sie.

Sie stürzte das Glas hinunter und mengte sich wieder unter die Tanzenden. Ab und an sah ich ihre Arme, die sie nach oben warf, oder ihren Kopf, den sie so heftig herumschwang, dass ihr langer blonder Zopf sich auflöste und ihre Haare einen eigenen Rhythmus entwickelten. Ich verharrte auf meinem Platz und wartete ab. Das Tempo konnte sie unmöglich noch lange durchhalten. Sie trug eine hautenge, hellblaue Satinhose, ein bauchfreies Top und eindeutig keinen BH darunter. Kurzer Blickkontakt. Ich hatte mich nicht geirrt. Ein junger Mann schob sich in ihren Radius und wackelte mit den Hüften, als ginge es um sein Leben. Meine Schöne sprang an und balzte mit. Ich war jetzt sicher, sie würde meine Miss Freitagabend werden. Vera sang »Baby Won't You Dance With Me«, und die Menge sang mit. Die Anvisierte hüpfte auf mich zu und rief in den Lärm: »Na, komm schon, tanz mit mir!«

Ich hatte zwar kein Wort verstanden, deutete aber ihre Lippenbewegungen richtig. Denn als ich lächelnd den Kopf schüttelte, schob sie schmollend ihre Unterlippe vor.

»Das ist 'ne Disco. Hier kommt man zum Tanzen her!«

Fast hätten ihre Lippen mein Ohr berührt, ich konnte sie riechen, ihren Körper, trotz des Parfüms. Das war der Moment. Niemals zögern, immer alles auf eine Karte.

»Ich nicht! Ich bin geschäftlich hier«, schrie ich.

»Ach was, bist wohl Regisseur und schlägst mir jetzt eine Rolle in deinem Film vor, ja?«

»Können wir uns nicht dahinten weiter unterhalten? Ich bin schon heiser!«

Ich zeigte ihr die Richtung, und sie folgte mir. In der Ecke standen ein paar dunkelgrüne Clubsessel und kleine runde Tische. Ich lagerte ein paar Jacken um, bot ihr einen Platz an, und sie setzte sich dankbar, streckte ihre langen Beine aus und streifte sich die Pumps von den Füßen. Ich hatte vorgesorgt und reichte ihr den Martini, den ich für sie bestellt hatte.

»Oh, sehr aufmerksam von dir.« Sie trank. »Was willst du eigentlich von mir?«

»Dir ein Angebot machen!«

»Ich spiel aber nur die Hauptrolle!«

Ich ignorierte ihren schnippischen Tonfall, beugte mich vor – ohne dabei den gebührenden Abstand zu unterschreiten – und sagte sehr ernsthaft:

»Es gibt nichts, was eine so schöne Frau wie du von einem Mann nicht bekommen könnte. Wusstest du das?«

Sie sah mich irritiert an und stellte das leere Glas auf dem Tisch ab.

»Und?«

»Hat dir schon mal ein Mann ein Geschenk gemacht?«

»Zum Geburtstag?«

Ich hatte sie aus dem Konzept gebracht, aber noch nicht an der Angel. Jetzt nachlegen.

»Ich meine einen Diamanten, ein Auto. Hat dir noch nie jemand eine Reise auf die Malediven geschenkt?«

Ihre Augen wurden größer. Angebissen.

»Das ist, als hätte Da Vinci seine Bilder aus der Hand gegeben, ohne dafür ein Honorar zu verlangen! Du bist mit einer Schönheit gesegnet, die ihresgleichen sucht, und du verschenkst sie an Typen, die sich wahrscheinlich auch noch aus deinem Kühlschrank bedienen.«

Da musste ich ins Schwarze getroffen haben. Sie zuckte zusammen und begann, auf ihrer Lippe zu kauen.

»Wie heißt du eigentlich?«

»Julia!«

»Schöner Name. Passt zu dir. Ich bin Detlef. Detlef Uhlmann, und mir gehört das *Bel Ami*. Das ist ein Nachtclub. Ein sehr exklusiver!«

Sie zuckte zusammen. Jetzt vorsichtig sein, Vertrauen wecken, Zeit gewinnen.

»Warte! Bevor du antwortest, denk erst mal nach. Du bist Studentin, oder?«

Sie nickte.

»Du bist also nicht nur schön, sondern auch klug. Bevor man sich eine Meinung bildet, sollte man sich die Dinge genauer ansehen. Und mehr will ich gar nicht von dir!«

Ich setzte ein gewinnendes Lächeln auf und schob ihr meine Visitenkarte über den Tisch.

»Komm einfach mal vorbei und schau es dir an. Ein bisschen Neugierde hat noch niemandem geschadet. Frag einfach nach Detlef, und dann entschädige ich dich für dein Kommen mit einem Glas Champagner oder Martini – und wesentlich besserem als diesem hier.«

Damit stand ich auf und reichte ihr meine Hand.

»Julia, es hat mich sehr gefreut, dich getroffen zu haben.«

Auf keinen Fall wollte ich ihr die Zeit für eine spontane Entscheidung lassen. Sobald sie ihr schönes Bein erst einmal in meine Villa gesetzt hätte, würde sie mir die richtige Antwort geben, da war ich mir sicher.

Und ich behielt recht. Schon am nächsten Abend sah ich sie wieder. Julia, schöne Julia. Studentin der Germanistik, Geschichte und Literaturwissenschaft. Aus dem Stegreif zitierte sie Goethe oder auch Brecht, und sie lernte sehr schnell, wann der eine besser zog als der andere.

Die Sommernacht, in der mir meine Überzeugungskraft erstmals bewusst wurde, war so heiß, dass auch der Einbruch der Dunkelheit kaum Abkühlung brachte. Damals war ich 14 und lebte noch in der DDR, einem Land, in dem es eher wenige Berufe gab, in denen man seiner Reiselust uneingeschränkt nachgehen konnte. Ich wollte Seemann werden, hatte eine Ausbildung in der Berufsschule für Seefahrt bei Magdeburg begonnen und wohnte seit einigen Monaten im Internat. Bei unserer Ankunft war ich zum Stubensteuermann gewählt worden, was mich nicht wirklich überraschte. Ich war groß, meine Stimme tief, mein Auftreten selbstbewusst, und wahrscheinlich deshalb hatten die anderen drei Jungen auf dem Zimmer sofort Vertrauen zu mir gefasst. Außerdem war ich der Einzige, der schon Erfahrungen mit Mädchen gemacht hatte. Sie anzusprechen und zu einem Date zu überreden, war mir nie schwer gefallen. Waren es mein selbstsicheres Auftreten, mein Lächeln, das unschuldig und erfahren zugleich wirkte? Oder die Komplimente, die ich grundsätzlich ernst meinte?

Ich hatte zu Beginn des Abends groß aufgeschnitten und behauptet, dass ich es schaffen würde, noch in derselben Nacht ein Mädchen auf das Internatsgelände und zu einem Stelldichein mit uns vieren in den Bootsschuppen zu locken. Die anderen Jungen sahen mich aus großen Augen an, mein alter Freund Lupo, der weinerliche Joschi, der picklige Udo, und mir selbst wurde ein bisschen mulmig. War ich zu weit gegangen? Aber ich war jung, ich hatte nicht vor, mir eine derartige Blöße zu geben. Also verließ ich mich einfach auf mein gutes Aussehen und mein Glück, kletterte auf den Sims in unserem Zimmer – und sprang. Die Mülltonne unten vor dem Fenster kippelte, fiel aber dann doch nicht um.

Ohne mich umzublicken, eilte ich los, hechtete über den eher symbolischen Zaun und rannte den kleinen Waldweg entlang, der unseren frühmorgendlichen Ausdauerläufen diente und mir daher vertraut war. Zehn Minuten später erreichte ich die Straße, die nach Schönebeck führte. Ich schnaufte noch, als ich hinter mir das Knattern eines Zweitakters hörte. Ich war überrascht, da ich wusste, dass um diese Zeit die Landstraße sonst kaum befahren war. Ein Typ, nicht viel älter als ich, hielt sein Moped an und wollte mich bis Schönebeck mitnehmen. Die Disco dort kannte er auch, die Hintertür anscheinend nicht. Elvis füllte gerade schmachtend die Pause zwischen der Livemusik, als ich das Tanzlokal betrat. Und dann sah ich sie, das Mädchen am Ende der Bar. Sie lächelte mich an und schien auf mich gewartet zu haben. Eine Einladung zum Bier – mehr ließ das Taschengeld nicht zu – eine kurze Unterhaltung über ihre Ausbildung, ein Blick auf die Uhr – wir hatten den kompletten Rückweg vor uns, und ein bisschen Zeit im Bootsschuppen sollte ja auch noch bleiben – und dann wagte ich den Satz, der selbst mir zu früh und zu dreist erschien:

»Hast du Lust, mit mir und meinen Freunden noch ein bisschen Spaß zu haben?«

»Du bist verrückt! Warum sollte ich das tun?«

»Weil du auch verrückt bist, Marlies.« Und dann nahm ich den ganzen Mut meiner vierzehn Jahre zusammen, rückte näher an sie heran und schaute ihr direkt in die Augen: »Und weil du dich hier doch ganz mächtig langweilst.«

Sie warf ihren Kopf zurück und lachte laut auf. Kurz darauf verließen wir gemeinsam das Tanzlokal und machten uns auf den Weg zum Internat.

Der Mond schien, eine Nachtigall sang, der Arm des Mädchens, das ich erst seit einer halben Stunde kannte, lag warm an meiner

Hüfte und zitterte leicht. Kalt konnte ihr in dieser Sommernacht nun wirklich nicht sein, deshalb zog ich sie fester an mich.

»Warte mal!«, damit machte sie sich von mir los und eilte auf die Bäume am Straßenrand zu. Kurz sah ich noch ihre weiße Bluse in der Dunkelheit aufleuchten, dann war sie verschwunden. Sie hatte es sich doch nicht anders überlegt? Noch einmal ein Blick auf die Uhr. Knapp eineinhalb Stunden noch, bis der Lehrgangskapitän die Tür zu unserer Stube öffnen und kontrollieren würde, ob wir alle in unseren Betten lagen. Ich wurde unruhig. Ein DKW fuhr lautstark vorbei, und im Scheinwerferlicht konnte ich sehen, wie sich Marlies durchs Unterholz kämpfte.

»Aua! Scheiße!«

»Alles in Ordnung, Marlies?«

»Ich hab mir die Strümpfe zerrissen!« Sie klang ernsthaft wütend.

»Zieh sie doch einfach aus!«

Sie kicherte, hielt sich an mir fest und befolgte meinen Rat.

»Sag mal, wie alt bist du eigentlich?«

»Im Herbst werde ich 15«, antwortete ich wahrheitsgemäß und so tief wie möglich.

»Ich glaub's einfach nicht«, gluckste sie, »so einer wie du ist mir echt noch nie begegnet.«

Wir liefen weiter.

»Warum hast du eigentlich ausgerechnet mich gefragt?«

»Weil du die Schönste warst. Außerdem schienen mir die anderen alle zu langweilig und zu bieder.«

Hier hielt Marlies schon wieder an. Sie küsste mich leidenschaftlich und fuhr mit ihrer Zunge in meinem Mund herum, bis mir schwindlig wurde, weil ich vergessen hatte zu atmen.

»Du bist wie ich«, keuchte ich.

»Wie denn?«

»Wild und gierig.« Und dabei schob ich meine Hand unter ihre Bluse und versuchte zu ertasten, was mich im Bootsschuppen erwarten würde.

»Aber du bist der Erste, Detlef!«, stöhnte sie und rieb sich an meiner Hand. »Versprich es mir!«

Vietel vor elf öffneten wir die Tür des Bootsschuppens. In einem umgedrehten Boot saßen Udo, Lupo und Joschi und glotzten erst Marlies und dann mich fassungslos an. Der Erfolg wirkte auf mich wie Spinat auf Popeye – ich platzte fast vor Stolz.

Startschuss

Im August 1979 war es endlich so weit – die Eröffnung des *Bel Ami*. Vier Monate hatte der Umbau gcdauert. Tagsüber war ich Bauleiter, Innenarchitekt und Manager in einem gewesen, nachts tigerte ich durch die Diskotheken und Bars von Berlin, um neue Mädchen zu finden. Die letzten Monate waren so anstrengend gewesen, dass ich sogar den Sport vernachlässigt hatte. Ständig hatte ich den Mittwochstermin mit meinem Tennispartner Wolfgang ausfallen lassen müssen, weil ein Teppich zu groß, eine Fliese zu klein oder ein Kostenvoranschlag zu hoch gewesen war. Seiner detektivischen Leidenschaft nachgehend, hatte Wolfgang, der tatsächlich bei der Kripo sein Geld verdiente, mir sogar eine heimliche Affäre unterstellt. Als wenn dafür Zeit gewesen wäre! Ich schlief selten mehr als fünf Stunden, rannte ununterbrochen von einem Termin zum nächsten, und nur deshalb nahm ich wohl trotz des fehlenden Sports nicht zu – was für mich das Allerschlimmste gewesen wäre.

An diesem Freitag nun waren die Vorbereitungen abgeschlossen, und es lag eine Spannung in der Luft, wie man sie vor einem Sommergewitter spürt. Frische Blumen standen auf den Tischen und Schalen mit exotischen Früchten auf der Bar. Roland klimperte auf dem Klavier leise ein paar Lieder. Ich hatte ihn in einer Kneipe kennengelernt und hielt ihn für einen großartigen Pianisten. Sein Repertoire schien unerschöpflich, und manchmal reichte ihm schon eine vorgesungene Melodie, um sie dann aus dem Stegreif nachzuspielen. Karin, meine Barfrau, wischte zum zigsten Mal über die Arbeitsplatte aus Mahagoni, die drei Studentinnen, die ich ihr für diesen Abend zur Seite gestellt hatte, schnitten Karambolas in sternenförmige Scheiben. Rosi, meine gute Rosi, zündete die letzten Kerzen an und verschwand dann im Bad, um ihr Make-up aufzufrischen.

Noch eine Stunde. Ich trat vor die Tür und atmete die laue Sommerluft ein. Heute würde sich zeigen, ob sich die Investitionen, all die Arbeit und Zeit, gelohnt hatten. Ich trug einen zartgelben Maßanzug, dazu weiße Lackschuhe aus Italien. Ein prüfender Blick, aber nein, sie waren makellos. Am Himmel zogen erste Wolken auf. Mit ihnen kam ein kühler Wind auf, der die sommermatte Stadt belebte. Ein paar Haare flogen mir ins Gesicht, und ich beschloss, den Friseur zu wechseln. Ich hatte doch wohl deutlich gesagt, dass er sie mir nicht zu kurz schneiden sollte.

»Schick siehst du aus! Machst du dir etwa Sorgen?«

Rosi war hinter mich getreten und fuhr mir durch das gestutzte Haar. Sie sah umwerfend aus. Eine dunkelgrüne Korsage schnürte ihre Taille und drückte ihren üppigen Busen so weit nach oben, dass er jeden Moment aus der Schnürung zu springen drohte.

»Es ist alles perfekt. Der Abend wird ein Riesenerfolg, wirst sehen, Detti!«

Ich zog sie zu mir und küsste sie. Obwohl wir gar kein Paar mehr waren, hatte ich in Momenten wie diesen immer noch Lust auf sie. In meiner ersten Bar, der *Kneese*, war Rosi meine Kellnerin gewesen, und schon am dritten Abend waren wir zusammen im Bett gelandet. Dann hatten wir ziemlich bald festgestellt, dass uns nicht nur die Lust am Sex verband, sondern auch unser Hang zur Polygamie.

Sie gestattete mir den Kuss, schob mich dann aber wieder auf Abstand.

»Nicht jetzt, Detti!«

Sie hatte recht, trotzdem wollte ich irgendwie ausdrücken, dass ich zu schätzen wusste, was sie für mich getan hatte.

»Wenn ich dich nicht hätte, Rosi!«, war das Einzige, was mir einfiel.

»Dann würdest du trotzdem gut zurechtkommen.«

Womit sie natürlich abermals recht hatte.

»Wenn überhaupt, sind es die Mädchen, um die ich mir Sorgen mache«, fuhr sie fort. »Die meisten sind ziemlich unerfahren und wirken angespannt. Die kleine mit den kurzen Haaren zum Beispiel, die du im *Metropol* …«

»Julia?«

»Ja, die hält sich die ganze Zeit abseits und liest.«

»Sie liest?«

»In einem Liebesroman! Weiß sie, wie das hier abläuft?«

»Natürlich. Ich hab ihr alles genau erklärt, und sie ist ganz bestimmt nicht prüde. Und so viel gibt es ja auch gar nicht zu wissen, oder?«

Rosi schaute mich merkwürdig an, suchte nach ihren Zigaretten und steckte sich eine an. Sie wusste, dass mich diese Angewohnheit besonders bei Frauen abstieß, und blies den Rauch dezent zur Seite. Für einen Moment in Gedanken versunken, folgte sie den blauen Schwaden. Dann betrachtete sie den Garten vor uns und lächelte. Letzte Woche war der Brunnen geliefert und angeschlossen worden, und seitdem lief ununterbrochen Wasser über Aphrodites nackten Körper. Nachts würden kleine Lampen die badende Göttin beleuchten und ebenso die ganze Villa.

»Weißt du noch, wie skeptisch du erst warst?«, fragte mich Rosi. »Ein bisschen Farbe für innen und außen, die Bar und die Inneneinrichtung komplett ersetzen, und dann hast du ein erstklassiges Etablissement – genau so habe ich das gesagt. Und, hatte ich nicht recht?«

Rosi spielte auf den Abend im *First Floor* an, an dessen Ende sie mich davon überzeugt hatte, das *Bel Ami* trotz seines heruntergewirtschafteten Zustandes zu kaufen. Ich war einigermaßen entsetzt gewesen, als ich das Haus zum ersten Mal gesehen hatte.

»Es sah aber auch wirklich furchtbar aus. Weißt du noch, diese Sperrholzbetten, oh Gott!«

Mir fiel ein, dass sich in den letzten Monaten unter Leitung der Vorbesitzerin ja auch Rosi hatte in diesen Betten vögeln lassen, und sofort bereute ich meine Bemerkung. Ich hatte immer vermieden, darüber nachzudenken, warum und ab welchem Zeitpunkt sie begonnen hatte, nicht nur mit dem Kellnern Geld zu verdienen. Ich nahm an, dass sie in der *Kneese* mit einem der Mädchen ins Gespräch gekommen war und sich die zusätzliche Einnahmequelle hatte schmackhaft machen lassen.

»Willst du auch was trinken?« Rosi hatte ihre Zigarette ausgedrückt und schaute mich fragend an.

»Champagner. Aber nur ein Glas, ja?«

Sie verschwand nach drinnen und tauchte kaum eine Minute später wieder auf – natürlich nicht nur mit zwei Gläsern, sondern auch mit einer ganzer Flasche. Mit einem geschickten Schwung ihrer Hüfte ließ sie die Tür wieder ins Schloss fallen und stellte sich neben mich auf die Treppe.

An jenem Abend im *First Floor* hatte ich feststellen können, dass Rosi ein beachtliches Talent zur Geschäftsfrau besaß. Nicht nur hatte sie mich vom Kauf des *Bel Ami* überzeugt, sondern mir auch gleich erklärt, wie sich die fehlende Finanzierung lösen ließ.

»Übrigens hat Karl-Heinz vorhin angerufen«, sagte sie, als hätte sie meine Gedanken gelesen. »Er bedauert sehr, dass er heute Abend nicht kommen kann, aber er hat sich wohl gestern den Knöchel gebrochen.«

Rosi stieß mit mir an, verzichtete auf einen Trinkspruch und leerte ihr Glas in einem Zug. Sie stieß auf, hielt sich aber zu spät die Hand vor den Mund.

»Er klang übrigens ziemlich angepisst!« Sie lachte und hoffte wohl, dass die Doppeldeutigkeit ihrer Bemerkung in Bezug auf Karl-Heinz' etwas spezielle Vorliebe auch mich erheitern würde. Er war Filialleiter in einer Bank und hatte mir den Kredit gewährt, den ich für den Kauf des *Bel Ami* brauchte, und im Gegenzug hatte ich ihm in einem der Zimmer einen Glastisch installiert, unter den er sich legte, um der darauf hockenden Rosi beim Urinieren zuschauen zu können.

»Na dann: Auf Karl-Heinz, den Guten! Möge er bald wieder gesund sein!«

Und ich meinte es ehrlich. Schließlich war die Summe, die er für Rosis Körperflüssigkeiten springen ließ, so hoch, dass er damit meine Kreditraten fast im Alleingang abzahlte. Ich war ihm also durchaus zu Dank verpflichtet.

»Ich glaub, es fängt gleich an zu regnen.«

Rosi deutete auf die Gewitterfront, die ein bedrohliches Grau angenommen hatte und trank das zweite Glas leer.

»Kommst du mit rein?«

Gemeinsam betraten wir den Barraum. Ich steuerte auf den Kühlschrank zu, verschenkte ein paar Komplimente, ließ die Korken knallen, und Rosi verschwand in Richtung Toiletten.

»Na, Mädels, wie wär's denn mit eiskaltem Champagner? Ihr seht umwerfend aus. Die Schönsten der Schönen. Lasst uns auf diesen Abend anstoßen, auf die Schönheit der Frauen und das Geld der Männer. Das Leben ist kurz, also lasst uns feiern! Roland, spiel »Voulez-Vous« für uns!«

Es kamen an diesem Abend vor allem Freunde, Bekannte und ehemalige Gäste aus der *Kneese*. Die neu renovierten Räume füllten sich schneller, als ich mir das zu träumen gewagt hatte – und ebenso schnell füllten sich meine Kassen. Ich erntete Lob von allen Seiten. *Einzigartig, außergewöhnlich* und *beeindruckend* hörte ich nicht nur einmal im Laufe dieser Nacht. Meine Barfrauen hatten alle Hände voll damit zu tun, die unzähligen Sekt-, Wein- und Biergläser zu füllen und ständig neue Cocktails und Longdrinks zu mixen. Ich hatte 25 Mädchen zusammenbekommen. Fest angestellte Huren und auch etliche, die nur zeitweise für mich arbeiteten. Marlen zum Beispiel, ein zartes, rothaariges Mädchen mit einer Haut wie Alabaster, die bereits unter der Vorbesitzerin im *Bel Ami* gearbeitet hatte. Ihr großer Trumpf war ihre Schüchternheit, die ganz natürlich von ihr ausging und der die meisten Männer sofort auf den Grund gehen wollten. Einerseits wirkte sie unschuldig, unwissend und gutgläubig, andererseits ließ sie sich für ihre Liebesdienste bezahlen – konnte all das also nicht sein.

Und trotzdem: Sobald sie ihre Dienste beendet hatte und sich die Strümpfe wieder hochrollte oder sich ihr langes, rotblondes Haar über die Schulter strich, war man geneigt, den Erfahrungen zu misstrauen, die man soeben mit ihr auf dem Zimmer gemacht hatte. Sie schien dann wieder ein jungfräuliches Mädchen zu sein, das sich anzog, um den Schultag zu beginnen. Ich beobachtete sie und musste bewundernd feststellen, wie natürlich ihre Überraschung wirkte, als sie bemerkte, dass sich wieder einmal mehrere Männer um sie geschart hatten. Ganz herrlich spielte sie die Schüchterne, schlug die Augen nieder und die Beine sittsam übereinander. War sie wirklich gerade rot geworden, als eine Hand auf ihrem Arm landete? Unglaublich.

Das komplette Gegenteil von Marlen war Conny. Sie hatte ebenfalls schon im alten *Bel Ami* gearbeitet und war geblieben, aber nur, weil Rosi sich für sie eingesetzt hatte. Ich war zunächst nicht wirklich überzeugt gewesen. Conny hatte dunkle, dicke Naturlocken, war groß und für meinen Geschmack etwas zu kräftig. Ihre vollen Lippen wirkten ein wenig vulgär, wie ich fand. Aber wenn sie anfing zu erzählen, tat sie das mit Einsatz ihres ganzen Körpers, und es fiel dann wirklich schwer, ihrer Anziehungskraft zu widerstehen. Die Arme flogen herum, ihr Mund durchlief die abenteuerlichsten Verformungen, und die Augenbrauen legten Strecken auf ihrer Stirn zurück, die ich für unmöglich gehalten hätte, wenn ich es nicht selbst gesehen hätte. Ich habe nie bereut, sie behalten zu haben. In unregelmäßigen Abständen übertönte ihr Lachen das Klavier, auf dem »No Time For A Tango« oder »Rivers Of Babylon« gespielt wurde. Zufrieden bemerkte ich, dass sich zwei dunkelhaarige Herren anscheinend heftig für sie interessierten.

»Kannst du das noch mal auf Italienisch sagen?«

Conny riss ihre Augen kullerweit auf, blähte ihre Nasenflügel, reckte den Oberkörper noch vorn und strich mit beiden Händen über ihre runde Hüfte. Sie sah aus wie eine Frau, der man nach vier Wochen Diät ein Stück Sahnetorte zeigte.

»Hmm, wenn ich Italienisch höre, dann …!« Conny schloss die Augen und atmete so tief ein, dass ihre Körbchengröße mindestens zwei Nummern übersprang.

Sie leckte sich über die Lippen, hatte das erste Stück Kuchen nun verkostet und schien uns alle vergessen zu haben. Dann der Bruch. Von genüsslich auf gierig in nullkommanix.

»Wenn ich Italienisch höre, verstehst du, da springen mir die Knöpfe an der Bluse auf, ganz automatisch, da schaltet sich irgendwas ab bei mir im Kopf. Ich krieg dann nur noch den einen Befehl: Sofort flach hinlegen! Da kann ich gar nichts machen gegen, echt!«

Die Herren lachten, und Conny stemmte ihre Arme in die Hüfte und rief entrüstet:

»Ihr glaubt, das ist lustig, aber das ist es nicht. Wenn mir zum Beispiel Francesco, dieser Kellner in meinem Lieblingsrestaurant, das Tagesgericht empfiehlt: *Kapattchio die Manzo konn Rukula e Parmigiono*. Also sofort, pling, pling, pling …!«

Ich hoffte inständig, dass Conny zur Demonstration ihrer Leidenschaft sich nicht gleich auf die Bar legen würde. Aber nein!

»Eine Frau, die lustig ist, nimmt man eben nicht ernst!« Mit einer gekonnten Umdrehung und einem Gesicht, das mich an die junge Gina Lollobrigida erinnerte, wandte sie sich schmollend ihrem Glas zu und überließ den Herren nur noch den Anblick ihres Hinterteils.

Und dann war da noch Julia, meine Schöne aus dem *Metropol*. Sie hatte die Unterhaltung von gleich vier Männern in teuren Maßanzügen übernommen.

»Zum Beispiel die Zeile im Heideröslein: *Und ich will's nicht leiden!* Das kann: *Es soll mir nicht leid tun* heißen, aber auch: *Ich kann es nicht leiden* oder *Ich will es nicht lieben.* Manche sprechen von Vergewaltigung, andere nur von Vertrauensbruch. Aber das Allerabenteuerlichste, was ich je darüber gelesen habe, ist, dass der Jüngling so voller Gier war, dass er die eindeutige Warnung des Mädchens ignoriert und sich bei ihr mit Syphilis angesteckt hat, und deshalb muss er nun ewig an sie denken!«

»Wovor warnst denn du die Männer?«, fragte ihr Gesprächspartner und sah dabei nicht sonderlich intellektuell aus.

»Davor, mich zu unterschätzen!«

Langweilte Julia die Herren? Nein, sie hörten ihr gebannt zu und schielten dabei auf ihre langen Beine und ins Dekolleté, was wahrscheinlich für die meisten faszinierender war als ihre Theorien. Mir fiel ein, dass Rosi früher am Abend noch Bedenken gehabt hatte, ein paar von den neuen Mädchen könnten vielleicht nicht genug Erfahrung mitbringen. Aber es war, wie ich es mir gedacht hatte. Genau wie alle anderen Frauen besaß auch Julia ein natürliches Talent, das sie jetzt meisterlich ausspielte. Sie wechselte die Position ihrer Beine – nur unmerklich langsamer, als es nötig gewesen wäre – fischte sich einen Eiswürfel aus dem Glas des Schlipsmannes neben ihr, schob ihn sich in den Mund und zerbiss ihn lautstark.

»Noch etwas, das du wissen möchtet?«

Auch Rosis Blondschopf tauchte immer wieder in der Menge auf. Sie flirtete mal mit diesem, mal mit jenem, integrierte Vereinzelte, ermutigte Schüchterne, erheiterte Ernste und warf mir immer wieder begeisterte Blicke zu. Schließlich war es ja auch ihre Vision, die sich an diesem Abend erfüllte. Voller Bewunderung beobachtete ich, wie schnell sie die Männer betören konnte.

Eifersucht war mir fremd, Liebeskummer kannte ich nicht. Der taugte vielleicht für traurige Lieder oder Filme, aber nicht für mich. Und außerdem war Rosi nicht die Einzige von uns beiden, die an diesem Abend dutzende, eindeutige Angebote bekam.

Ich, Detlef Uhlmann, besaß nun den exklusivsten Nachtclub der Stadt, war der Nabel der Welt, in dem die Reichen und Schönen ihr Geld für meine Mädchen und meinen Champagner ausgaben, und ich war unheimlich stolz auf mich.

Die Tage nach der gelungenen Eröffnungsparty verbrachte ich, indem ich in Begleitung von einigen Mädchen durch die Stadt flanierte, zumeist mit der schönen Julia und der aristokratischen Daniela, einer 23-Jährigen aus gutem Hause, die ihre weißblonden Haare in schier unglaublichen Zöpfen bis zum Hintern trug. Wir tranken Champagner im *Tasti*, nahmen unser Abendbrot im *Cupee 77* zu uns, amüsierten uns im *New York, New York*. Wo immer sich Prominente, Reiche oder Angesagte trafen, war ich dabei. Und es bewies sich: Nichts ist anziehender als eine schöne Frau. Die meisten Männer, die wir auf unseren Streifzügen wie zufällig in ein Gespräch verwickelten und denen wir ganz nebenbei einen Drink spendierten, saßen abends an meiner Bar im *Bel Ami*.

Habe ich schon erwähnt, dass ich auf Frauen mit großen Brüsten und blonden Haaren stehe? Natalie und Alicia hatten beides, und zwar in doppelter Ausführung. Sie waren gerade 21, kamen aus Polen und hatten klare Ziele. Zwei Frauen, wie ich sie mochte. Natalie wollte Kohle, Alicia eine lukrative Heirat. Und beide sahen so aus, als müssten sich ihre Wünsche – und meine – in kürzester Zeit erfüllen. Sie klopften von sich aus an die Tür des *Bel Ami* und wollten für mich arbeiten, ich sagte zu, und sie enttäuschten mich nicht. Schon nach wenigen Tagen nahm ich sie mit auf meine Streifzüge durch die Berliner Szeneclubs, postierte sie an gut einsehbaren Plätzen, achtete auf ihre Kleidung und Tischetikette. Anfänglich versuchte ich auch ihre Aussprache zu korrigieren, bis ich mitbekam, dass ihr Akzent den meisten Männern sogar sehr gefiel. Alicia und Natalie waren wie der Klebstoff auf der Fliegenfalle. Sah ich einen potenziellen Kunden, der besonders finanzkräftig wirkte, schickte ich die beiden los und wartete, bis sich das Zielobjekt heillos verfangen hatte. Verließ das Fliegenmännchen am nächsten Morgen das *Bel Ami*, dann war zwar kein Flügel, kein Bein kleben geblieben, aber eine Menge Geld. Und Alicia und Natalie hatten zudem die wunderbare Eigenschaft, dass ihre Anziehungskraft nicht nur eine Nacht anhielt. Ihre Kunden waren wie benebelt und kamen fast alle wieder.

20 Ketten und ein Brandloch

Es war ein Freitagabend im Spätsommer. Seit drei Wochen war mein Club geöffnet, und seit dieser Zeit wartete die Stadt auf Regen. Für September war es ungewöhnlich heiß. Die Klimaanlage sorgte für konstante 23 Grad Celsius. Dennoch hatte ich an diesem Tag schon das dritte Mal die Kleider gewechselt. Meine Hemden, die ausschließlich von Versace, D&G, Armani oder Valentino waren, ließ ich von einer zuverlässigen polnischen Frau bügeln. Ich erwog, mich das vierte Mal umzuziehen, bevor der leichte Schweißfilm, der sich trotz des Körperpuders schon wieder auf meiner Haut zu bilden begann, das Hemd durchdringen konnte.

Vor mir saßen Karl-Heinz, Rosis »Spezieller« von der Bank, der trotz Gipsbein seine regelmäßigen Besuche bei uns wieder aufgenommen hatte, sowie ein Mann mit graublondem Haar. Seine Augenbrauen und Wimpern waren so hell, dass sein Gesicht fast nackt wirkte. Ab und an fuhr er sich mit einem Taschentuch darüber. Ich schenkte Bier nach, stützte mich mit einem Arm auf die Bar und wartete auf den nächsten Witz aus dem schier unerschöpflichen Repertoire der beiden. Julia klaubte sich einen Eiswürfel aus dem Glas, schob ihn sich aber diesmal nicht in den Mund, sondern strich damit langsam ihren Arm entlang. Er war geschmolzen, bevor sie am Handgelenk ankam. Vor der Tür hörte ich es grummeln. Lieber Gott, betete ich, lass es endlich regnen. Marlen kam aus Richtung der Toiletten, rieb sich einmal zu oft die Nase und schwebte zur Sitzgruppe in der Ecke. Fünf Herren, drei Mädchen, das wusste ich, ohne hinzusehen.

»Treffen sich zwei Geraden«, sagte Karl-Heinz.

Der Gesichtsnackedei beendete die Eiswürfel-Beobachtung und hob erwartungsvoll den Blick.

»Sagt die eine: Beim nächsten Mal gibst DU aber einen aus.”

Meine Barfrau Karin schlängelte sich geschickt mit einem Tablett an mir vorbei, auf dem sie acht Gläser, zwei Champagner-Flaschen und ein halb gefülltes Rotweinglas balancierte. Auf dem Weg zur hinteren Sitzecke stellte sie Roland, dem Pianisten, den Rotwein auf das Klavier, wich Conny aus, die allein und selbstvergessen zur Musik tanzte, und stellte die Gläser und Flaschen dann auf den Tisch der illustren Achtergruppe. Roland und ich hatten uns auf ein spezielles Honorarsystem geeinigt: Er spielte umsonst und trank umsonst. Gerade wechselte er Song und Rhythmus, spielte »We Don't Talk Anymore« von Cliff Richard, als ich den Wind vor der Tür hörte. Die ersten Tropfen schlugen gegen die Scheibe. Plötzlich wurde alles lauter und schneller. Die Stimmen, das Lachen, Connys Tanz. Der Himmel hatte seine

Schleusen geöffnet und entließ einen gewaltigen Sommerregen. Es klingelte, Sorina öffnete, und durch die geöffnete Tür konnte ich den lärmenden Regen hören. In der Bar war es schlagartig still geworden. Ich drehte mich um.

Der automatische Schließmechanismus der Tür schloss geräuschlos. Kurz sah ich das überraschte Gesicht von Nico, meinem Türsteher, der zwischen zwei kräftigen Männern in schwarzen Lederjacken vor dem *Bel Ami* zurückgehalten wurde, obwohl er selbst nun wahrlich kein Hering war. Ungefähr 20 Typen mit schlecht versteckten Schlagstöcken und klirrenden Fahrradketten standen vor mir. Ich war wie versteinert. Wasserpfützen bildeten sich unter ihren schweren Stiefeln, und ich hatte das Gefühl, im falschen Film gelandet zu sein.

»Wer ist denn hier der Chef?«

Die Stimme klang süßlich und nicht halb so Furcht einflößend, wie der Mann aussah, zu dem sie gehörte. Ich begann zu frösteln und kam langsam hinter der Bar vor. Die Männer hatten sich im Raum verteilt und die freien Sessel und Barhocker belegt.

»Das bin ich! Detlef Uhlmann.«

Ich versuchte, meiner Stimme Festigkeit zu verleihen, und streckte die Hand aus.

Die Honigstimme grinste ein Haifischgrinsen, ignorierte meine höfliche Geste und schlug mir mit der regennassen Hand auf die Schulter. Dort blieb sie liegen, bis ich die Feuchtigkeit auf der Haut spürte. Überrascht hörte ich das Klavier. Ich kannte die Melodie. Roland spielte »Kriminaltango«. Ich unterdrückte ein hysterisches Kichern.

»Schöner Laden hier. Gibt's auch was zu trinken?«

»Champagner, Sekt, Wein?« Karin wirkte professionell und kein bisschen eingeschüchtert. Ich wusste nicht, was ich mit der Hand auf meiner Schulter tun sollte.

»Sehn wir aus wie Schwuchteln?«

Missbilligendes Gemurmel aus allen Ecken.

»Wir trinken Bier, meine Jungs und ich!«

»Und wer sind Sie?«, fragte ich beherzt.

»Oh, wir sind deine besten Freunde!«

Die Männer grölten.

Der Typ lümmelte sich in das Ledersofa, bestellte auch für mich ein Bier und wies mit einladender Geste auf den freien Platz neben sich.

»Komm her, Detlef. Trinken wir einen auf … auf …«, seine Lippen spannten sich, schoben sich über das Zahnfleisch und verharrten in einer Position, die ich als Lächeln deutete.

»… auf unsere Freundschaft!«

Ich vergaß meine Abneigung gegen Bier und trank, als hätte ich nie etwas anderes bestellt. Die Ringe an den Fingern des Rockers sahen aus, als wären sie weniger als Schmuck gedacht, sondern eher als Schlagwaffe.

»Tolles Sofa.« Er tätschelte das Polster wie den Hintern einer Frau. »Wie viel hat das gekostet? 1000? 2000?«

Ich trank und wartete ab.

»Und Deine Püppis? Wie viel bringen dir die ein? Noch mal so viel?«

Er griff mit der ringbewehrten Hand nach seinem Glas und trank. Ich nutzte die Chance und wagte einen Blick zu Karin, die ungerührt Gläser polierte. Nur ihre Augenlider flatterten nervös. Ich glaubte *Telefon* von ihren Lippen lesen zu können und deutete ein Kopfschütteln an. Haifischmann stellte das Glas auf dem Tisch ab, umarmte mich vertraulich und blies mir seinen Atem ins Gesicht.

»Mal im Ernst, mein Freund, hast du das Mädel aus 'ner Klosterschule geklaut?«

Ich brauchte seinem ausgestreckten Finger nicht zu folgen, um zu wissen, dass er Marlen meinte. Er quietschte wie ein Irrer über seinen Witz und hörte dann abrupt auf.

»Weißt du, Detlef, es würde mir das Herz brechen«, er fasste sich theatralisch an die Stelle, an der er sein gefährdetes Organ vermutete, »wenn ein paar durchgeknallte Kanaken hier reinplatzen und deinen schönen Laden kurz und klein schlagen würden. Vielleicht würden sie sogar auf deine Teppiche pissen oder das Nönnchen da drüben ein Ave-Maria singen lassen. Ich meine ja nur, Detlef. Ich hab so was schon erlebt, glaub mir! Ich bin kein Samariter oder so was, aber das greift mich jedes Mal an. Es gibt so viele Schweine auf der Welt. Wenn du mich fragst, …«

Seine wasserblauen Augen betrachteten mich wie ein Insekt auf der Petrischale. Er senkte die Stimme, legte seinen Arm um mich und vertraute mir seine Erkenntnis an:

»… ich glaub nicht, dass das Kerlchen vor der Tür dich vor den scheiß Kanaken beschützen könnte. ICH schon. Und Ingo zum Beispiel und Arnold«, er zeigte auf zwei besonders schöne Anaboliker, »könnte ich dir gleich hier lassen. Und wenn ihr Unterstützung braucht, tauche ich mit dem Rest der Truppe auf und beschütze dich. Du bräuchtest nie wieder Angst haben, dass irgendwelche Arschlöcher sich an deinem schicken Laden und deinen süßen Miezen vergreifen.«

Erneut warf er einen Blick auf Marlen.

Ich hatte allmählich den Verdacht, versehentlich in die Dreharbeiten zu einer neuen *Tatort*-Folge geraten zu sein. Gleich würde der Kameramann aus der Kulisse springen und *Schnitt* rufen. Oder die Maskenbildnerin käme zu mir und würde mir mit der Puderquaste vorm Gesicht herumfuchteln.

Mein Freund grinste: »Du hast wirklich keine Ahnung, wie das Geschäft läuft, oder Detlef?«

Ich hatte meinen Text vergessen und entschied mich fürs Naheliegendste: Ich schwieg.

»Apropos Geschäft. Monatlich 10 000? Wäre das okay für dich? Also ich würde das auch umsonst machen, aber meine Jungs, weißt du? Die kennen dich ja nicht so gut wie ich!«

Er tätschelte mein Knie, und ich bekam allmählich Angst, dass das männliche Bier nur zur Tarnung diente.

»Pass auf, Kumpel. Du denkst in Ruhe drüber nach, und ich komme in einer Woche wieder. Dann sagst du mir, ob du mein Angebot annimmst, okay? – Scheiße, was machst du denn da?«
Er brüllte und sah ernsthaft böse aus. Einer seiner Leute hatte eine Zigarette auf meinem Perser ausgedrückt und sah nun schuldbewusst zu seinem Chef.

»Detlef hat doch so schöne Aschenbecher. Heb das auf, du Rindvieh!«

Der Gescholtene pulte die Kippe, die einen hässlichen Brandfleck hinterlassen hatte, wie befohlen aus dem Flor.

»Das ziehst du einfach von der ersten Rate ab, okay? Udo hatte eine schwere Kindheit, weißt du?«

Niemand kam und rief: *Klappe, die erste,* oder *Ton ab.* Dafür hievte sich die Lederjacke nun aus dem Sofa, pfiff seine rasselnden Männer zusammen und wandte sich zur Tür. Dort angekommen, drehte er sich noch mal um.

»Das mit dem Fleck tut mir echt leid. Aber warte mal«, er griff nach dem Rotwein auf Rolands Klavier, »meine Oma hat immer gesagt, das hilft!«

Langsam goss er den Wein auf den Brandfleck und rieb ihn mit dem Schuh tief in den Hochflor. Er zuckte mit den Schultern und grinte.

»Hat sich wohl geirrt, die Alte!«

Er zeigte noch einmal mit dem Finger auf mich.

»Eine Woche, ja?«

Dann waren sie fort.

Angewidert spürte ich plötzlich die Schweißflecken unter meinen Armen.

»Was war das denn für 'ne Nummer!«

Ich war hin und her gerissen zwischen dem dringenden Bedürfnis nach viel, sehr viel und sehr kaltem Champagner einerseits und andererseits einem neuen Hemd und ein bisschen Ruhe für mich.

»Eine Runde Champagner für alle. Geht aufs Haus! Und für Roland 'nen neuen Wein!«

Ich merkte selbst, dass mein munterer Ausruf nicht überzeugend klang, und ging in mein Büro. Dort wusch ich mich mit kaltem Wasser, bis ich fror, und wählte dann ein zitronengelbes Leinenhemd von Versace, dessen Armmanschetten auf der Innenseite weiß abgesetzt waren. Ich betrachtete mich im Spiegel. Das Gelb wirkte frisch und betonte meine blonden Haare. Ich zwinkerte mir zu und entdeckte dabei kleine Fältchen an den Augen. Ich war 37 Jahre alt, besaß ein Kapitänspatent, eine Bar und seit drei Wochen ein Bordell, ich fuhr einen Sportwagen mit 134 PS, der kein halbes Jahr alt war, wohnte in einer Sechs-Zimmerwohnung und trug ein Hemd im Wert von 200 Mark. Ich hatte noch nie jemanden geschlagen, noch nie einen Hund getreten, hatte niemanden bedroht oder erpresst. Ich war großzügig und freundlich und bekam keine Absagen, wenn ich jemanden einlud. Der Kerl hatte recht gehabt.

Ich hatte tatsächlich keine Ahnung, wie das Geschäft lief. Nun, jetzt wusste ich es. Was ich nicht wusste war, wie ich mich in dieser Situation verhalten sollte.

Es klopfte. Ich drehte mich zur Tür und sah Rosi mit zwei Gläsern Champagnern in der Hand.

»Dachte, den könntest du gebrauchen!«

»Gefällt es dir?«

»Was?«

»Das Hemd!«

Rosi schwieg verwirrt und sagte dann:

»Du bist verrückt, weißt du das? Da stürmen 20 Schlägertypen in deine Bar, ruinieren den Perser, bedrohen und erpressen dich, und du fragst mich, ob mir dein Hemd gefällt? Geht's dir wirklich gut?«

»Meine Oma hat immer darauf bestanden, dass wir gepflegt aussahen. Nichts, sagte sie, könnte schlampiges Aussehen rechtfertigen!«

Ich drehte mich zum Spiegel um und knöpfte die Manschetten zu. Rosi winkte entnervt ab.

»Hör auf damit, Detti! Was willst du jetzt machen? Du wirst doch nicht bezahlen, oder?«

»Mir fällt schon was ein!«

Im Spiegelbild sah ich, wie Rosi ihr Glas in einem Zug leer trank. Sie setzte sich, stellte das zweite Glas auf den Marmortisch und begann mich ausgiebig zu betrachten.

»Sieht sexy aus!«

Ich grinste sie an.

Dann hielt sie mir das Glas hin und spreizte die Schenkel. Ihr Rock war kurz und eng und warf einen dunklen Schatten auf ihre Scham.

»Was zum Entspannen?«

»Was ist mit den Gästen?«

»Die meisten sind schon gegangen. Der Abend ist wohl gelaufen!«

Ich drehte mich um, nahm ihr das Glas ab und blieb vor ihr stehen. Noch bevor ich es ausgetrunken hatte, stand ich ohne Hose da und blickte auf ihr dichtes, blondes Haar hinab. Ihre Technik war schon immer ausgefeilt gewesen, aber anscheinend war sie noch geschickter geworden. Ich schloss die Augen und entspannte mich.

Nachdem Rosi gegangen war, drehte ich mich wieder zum Spiegel, stellte mich seitlich, zog den Bauch ein und füllte meinen Brustkorb mit Luft. Ich war durchtrainiert, aber nicht sehr muskulös. Und Gewalt verabscheute ich zutiefst. Ich ließ die Luft aus dem Brustkorb. Ich war Tennisspieler, der seine Trainingseinheiten vernachlässigte, kein Schläger. Ich musste mir eingestehen, dass Wolfgang …Wolfgang! Mein Trainingspartner war nicht nur der zuverlässigere Tennisspieler, sondern er war auch bei der Kripo. Er würde wissen, was zu tun war. Ich verschob das Problem auf den nächsten Tag und verschaffte mir einen Überblick über die Lage in der Bar. Karl-Heinz und der Mann mit dem nackten Gesicht waren fort, die Männergruppe in der Ecke ebenso. Statt von Roland kam die Musik jetzt aus der Anlage, und Nico stand statt hinter der Tür jetzt davor. Die Mädchen drängten sich in einer Gruppe zusammen, schnatterten wie Gänse, schimpften wie Rohrspatzen, scharrten sich wie Hühner um den Hahn – Nico. Ich schickte ihn auf seinen Platz und kümmerte mich selbst um die Mädchen. Ein paar Korken knallten noch, einige Tränen flossen, etwas Koks wurde geteilt, aber letztlich hatte Rosi wie immer recht gehabt. Der Abend war gelaufen. Ich schloss den Laden um zwei Uhr morgens und fuhr nach Hause.

Gleich nach dem Frühstück rief ich Wolfgang an und bat ihn um ein Treffen. Nein, nicht zum Tennis, nein, am Telefon würde ich darüber nicht sprechen wollen. Wolfgangs Ton veränderte sich, er wurde ernst, drang nicht weiter in mich, ahnte wohl etwas und nannte mir Ort und Uhrzeit.

Wolfgang – Ein Held

Wolfgang war Mitte 30, gedrungen, mit breitem Kreuz und flachem Bauch. Die dichten Augenbrauen unter seiner kurzen Stirn waren fast zusammengewachsen und etwas dunkler als sein staubbraunes, stoppliges Haar, das seinen großen Kopf noch lückenlos bedeckte. Seine Nase war so breit wie sein Mund schmal. Man musste schon einen genauen Blick in seine grünen Augen werfen, unter denen immer schwarze Augenringe waren, um zu erkennen, dass sein Äußeres trügerisch war. Sein Erscheinungsbild hätte die Kandidaten in *Wer bin ich?* alles Mögliche spekulieren lassen. Von Drogendealer über Boxtrainer bis Türsteher. Auf Hüter des Gesetzes wäre wohl keiner gekommen. An diesem Abend war sein Gesichtsausdruck zudem ziemlich ernst. Es fehlte das verschmitzte Lächeln, mit dem er mich immer an einen Lausbuben erinnerte, der gerade Eier geklaut hatte. Er war zu früh da gewesen und hatte einen Kaffee und eine Flasche Wasser vor sich stehen. Als er mich sah, stand er auf und reichte mir die Hand.

»Willst also nicht über deine miserable Rückhand reden.«

»Würde das was bringen?«

Er schüttelte den Kopf und blickte mich dabei so resigniert und traurig an, dass ich unwillkürlich grinsen musste.

»Hab schon bestellt«, sagte er. »Antipasti, Risotto. Hatte Hunger.«

Nach einem kurzen Blick in die Karte entschied ich mich für Miesmuscheln und ein Tonicwasser.

»Reicht das?«

Wolfgang hatte die Tendenz, Fett anzusetzen, und deshalb ständig ein schlechtes Gewissen beim Essen. Dass andere freiwillig nur wenig aßen, konnte er nicht verstehen.

»Schieß los! Wo drückt's?«

In den Jahren unserer Freundschaft hatte ich mich an Wolfgangs leise Stimme, seine direkte Art und die knappen Formulierungen gewöhnt. Ich spreche normalerweise viel und laut, in seiner Gegenwart fiel mir das jedoch schwer. Dankbar nahm ich das Tonicwasser entgegen, trank in großen Schlucken und begann zu erzählen, kurz und knapp – für meine Verhältnisse.

Wolfgang hörte mir schweigend und reglos zu. Nur als der Kellner unser Essen auftrug, veränderte er kurz seine Position. Dann ließ er mich weiterreden.

»Hm.«

Ich sah ihn erwartungsvoll an.

»Lass uns essen. Wird sonst kalt!«

Nachdem alle Auberginen-, Karotten-, Paprika- und Zucchini-Streifen in seinem Mund verschwunden waren, wandte er sich dem Risotto zu und kaute schweigend. Ich wusste, dass er sich beim Essen ungern stören ließ, konnte mich aber trotzdem kaum gedulden.

»Gut?«

»Was soll gut sein?«

»Die Muscheln!«

»Ja, ähm ... Ehrlich gesagt, hab ich gar nicht drauf geachtet!«
Wolfgang schüttelte missbilligend den Kopf und kratzte akribisch die letzten Reiskörner vom Teller.

»Kann ich?«

Ich nickte konsterniert.

Er nahm sich eine Muschel von meinem Teller, öffnete sie sorgfältig und steckte sie in den Mund. Etwas genervt beobachtete ich die langsamen Bewegungen seines Kiefers.

»Sind gut. Solltest du essen.«

Kurz dachte ich daran, sie ihm ganz zu überlassen. Im letzten Moment fiel mir ein, dass ich dann noch länger auf die Antwort warten müsste. Also schlang ich sie selbst herunter und hakte kauend noch einmal nach.

»Also, was meinst du sollte ich jetzt machen?«

Wolfgang seufzte, goss sich Wasser nach, trank und sah mich traurig an, korrekter: meine Muscheln.

»Zahlst du Steuern?«

Obwohl ich nicht wusste, was das damit zu tun haben sollte, nickte ich pflichtschuldig und öffnete die letzte Muschel.

»Und wofür werden Steuern verwendet?«

Ich wischte mir mit der Serviette über den Mund, lehnte mich zurück und spürte ein leichtes Drücken in der Magengegend. Es fiel mir schwer, mich auf die merkwürdige Gesprächsführung meines Freundes einzulassen. Tapfer begann ich aufzuzählen.

»Kunst, Kultur, Straßenbau, Arbeitslosengeld, Kindergärten, Schulen, Armee ...« Jetzt wusste ich worauf er hinauswollte!

»Dich. Ich bezahle DICH damit!« Ich grinste ihn triumphierend an.

»Bin nicht im Dienst. Bin als Freund hier.«

Wolfgang winkte dem Kellner und bestellte Champagner.

»Den magst du doch!«

Ich nickte verwirrt.

»Du zahlst Steuern und hast RECHTE!«, klärte er mich auf. »Heißt: auch Recht auf Schutz! Also: Mach 'ne Anzeige und fordere Schutz ein!«

»Kann ich das nicht gleich hier machen? Ich mein', ich hab dir doch alles erzählt, und du weißt, dass sie in sechs Tagen wieder bei mir auftauchen. Und du weißt, dass ich Steuern zahle und damit also das Recht …«

»Seh ich aus, als ob ich das passende Formblatt mit mir rumschleppe?«, unterbrach er mich, öffnete sein Jackett und grinste mich fröhlich an.

»Mach die Anzeige. Sobald sie auf meinem Tisch liegt, kümmere ich mich darum.«

»Und was heißt das? Wie kann ich mir das vorstellen?«

Der Kellner stellte zwei Gläser und einen Eiskübel auf unseren Tisch, nahm die Flasche heraus und schenkte ein.

»Entspann dich, Detlef. Auf nächsten Freitag!«

Wir prosteten uns zu. Dann erklärte er mit knappen Sätzen, wie die Polizei in solchen Fällen vorging.

Einerseits war ich beunruhigt, andererseits erleichtert. Zumindest fand ich es schön, dass meine Steuergelder in diesem Fall für mich persönlich verwendet werden sollten.

»Und das funktioniert?«

Kurzes Nicken.

»Sag mal«, Wolfgang grinste mich lüstern an, »arbeitet diese Stefanie eigentlich noch bei dir?«

Freitagabend polierte ich wie wild die Gläser. Es war kurz vor acht. Die Mädchen waren alle eingeweiht, ebenso Nico, der Türsteher. Unser einziger Gast war Werner. Auch er wusste Bescheid, wollte es sich aber nicht ausreden lassen, trotzdem zu kommen. Werner war pensionierter Verwaltungsbeamter. Mit der gleichen Regelmäßigkeit, mit der er 40 Jahre lang zur gleichen Uhrzeit seinen Dienst begonnen hatte, kam er nun mit Wolle auf ein oder zwei Bier bei uns vorbei. Wolle war sein Pudel und Alibi. »Wären alle Menschen so zuverlässig wie Hunde, hätten wir 'ne Menge Probleme weniger!«, war Werners Lieblingsspruch. Heute hatte er den Hund allerdings zu Hause gelassen, und ich fragte mich, wie er nun Gitti, seiner Ehefrau, den abendlichen Spaziergang erklären würde. Rosi nahm mir das Tuch aus der Hand.

»Trink was, Daddy!«

Wann war aus Detti eigentlich Daddy geworden?

»Lieber Tomatensaft!«

Rosi stellte das Glas mit dem Schampus ab und nickte Karin zu.

»Gibt aber böse Flecken.«

Sie schmunzelte mich an und strich mir mit dem Zeigefinger über Wange und Hals.

»Kennst du nicht noch einen Witz?«

Ich schob Werner ein neues Bier über den Tresen und war froh, dass er da war.

»Tja, weiß nicht. Hab ich den schon erzählt?«

Er fuhr sich mit der Hand über seine Glatze. Die Geste erinnerte mich an den Sommerregen vor genau einer Woche. Es schien Jahre her zu sein.

»Also: Ein Lkw-Fahrer sieht nachts ein gelbes Männchen am Straßenrand. Er hält an und fragt, wo es hin will. Das Männchen sagt: ›Ich bin schwul und habe Durst.‹ Also gibt er ihm 'ne Cola und fährt weiter. Nach ein paar Kilometern das Gleiche: wieder ein Männchen. Diesmal rot. Er hält an und hört: ›Ich bin schwul und habe Hunger.‹

Der Mann gibt ihm 'nen Schokoriegel und fährt weiter. Kurz darauf das nächste Männchen. Grün. Der Fahrer ist wütend und schreit: ›Jaja, ich weiß schon! Du bist das kleine grüne Männchen und bist schwul. Was willst du jetzt noch haben?‹ Darauf …«

Die Tür ging auf und zehn Männer betraten meine Bar. Plötzlich erschien mir die Musik zu laut. Ich registrierte: kräftig, jung, keine Lederjacken, keine Fahrradketten, und ich atmete auf.

»Was wollt ihr trinken, Jungs? Geht aufs Haus!«

Kurz dachte ich an meine Steuergelder, kurz an die 10 000 Mark Schutzgeld, dann entkorkte ich.

»Kaffee.«

Wolfgang setzte sich an die Bar, seine Jungs verteilten sich im Raum. Meine Mädchen waren schnell und setzten sich neben sie. Julia brachte einen jungen Beamten in Verlegenheit, indem sie sich gleich auf seinen Schoß setzte. Ich hatte ja allen eingeschärft, sich so natürlich wie möglich zu verhalten.

»Wolfgang, das ist Werner, Stammkunde. Werner: Wolfgang, Kriminalkommissar!«

Wolfgang klopfte dem alten Herrn auf die Schulter und blitzte ihn fröhlich an.

»Noch immer Stamm- oder bloß noch Kunde?«

»Stamm. Jawohl. Noch immer.«

Werner grinste stolz ob seiner Schlagfertigkeit und prostete Wolfgang zu. Ich wusste, dass er nicht ein einziges Mal mit einem Mädchen nach oben gegangen war. Konnte auch an den Preisen liegen. Aber im Witze-Erzählen war er unübertroffen.

»Was hat das Männchen denn eigentlich gesagt?«

Es war fast Mitternacht. Die Polizisten in Zivil unterhielten sich angeregt mit meinen Mädchen. Es standen Gläser unterschiedlichsten Füllstandes auf den Tischen. Keiner hatte getrunken, und doch waren die meisten Gesichter gelöst. Die Mädchen schien die bizarre Situation zu animieren. Sie verführten ohne Erfolgsaussichten. Nun ja, später würde sich herausstellen, dass dieser Abend mir drei weitere Stammkunden eingebracht hatte, doch noch blieben die Diener des Staates standhaft. Ich sah Marlen entzückt den Schaft einer Dienstwaffe streicheln. Dann schloss sich die Jacke wieder, und sie schaute den jungen Helden mit großen Augen an. Stefanie hatte sich an Wolfgang erinnern können und lehnte neben ihm an der Bar. Sie lachten, als sich die Tür das zweite Mal an diesem Abend öffnete.

Ich dachte: Und wieder steht ein Männchen vor ihm. Diesmal schwarz. Jaja, ich weiß, du bist das kleine schwarze Männchen und du bist schwul.

Darauf das Männchen:

»Hey, Detlef. Du hast bestimmt auf mich gewartet. Schöner Teppich!«

Mein alter Freund zeigte auf den neuen Perser. Seine Begleiter suchten nach freien Plätzen.

»Spendierst du uns ein Bier?«

Er setzte sich zwischen Werner, der zwei Barhocker weitergerückt war, und Wolfgang, der das nicht tat.

»Hast du keine abgekriegt? Die kleine Blonde schmachtet dich doch schon an. Ich denk, du solltest da mal hingehen!«

Mein Erpresser lehnte sich mit beiden Armen auf die Bar und suchte Blickkontakt mit mir. Sein Ellenbogen schob Wolfgangs Glas zur Seite. Der half kurz nach und brachte es zum Kippen. Der Wein lief über die Bar und schwemmte das gute Benehmen fort.

»Verdammte Schwuchtel. Ich hab gesagt, verpiss dich!«

»Wär ich 'ne Schwuchtel, wär ich wohl nicht hier! Warum bist'n du hier?«

»Zum Ficken. Aber bestimmt nicht dich! Also geh zu der Süßen da drüben und mach die nass. Nicht mich, du Arschloch!«

»Kann ich 'n neuen Wein haben?«

In diesem Moment verehrte ich Wolfgang sehr. Routiniert griff ich nach der Flasche und wartete auf die Fortsetzung. Ich war das Objekt der Begierde, Anlass und Ursache des Duells zwischen Gut und Böse. Und das Gute gewinnt immer, wusste ich aus sicherer Fernsehquelle.

»Ich glaube, wir sollten in dein Büro gehen, mein Freund. Was meinst du?«

Der Typ hatte mich gemeint! Irgendwer hatte vergessen, mir das Drehbuch zu schicken.

»Du hast mir nicht geantwortet!«, improvisierte Wolfgang und stieß der Lederjacke seinen Finger in die Brust.

Der stand auf, griff Wolfgang an den Hals und damit ahnungslos voll in die Scheiße. Denn plötzlich hatte er einen Dienstausweis vor seinen Pupillen und wusste nicht mehr, was er mit seiner Hand tun sollte.

»Nimm deine Pfote weg!«, half ihm Wolfgang. »Und vielleicht willst du ja jetzt antworten?«

Ich trank Wolfgangs Glas in einem Zug aus.

»Hey, hey. Mal ganz langsam. Ich hab vielleicht 'n bisschen überreagiert.«

Der Böse streckte beide Hände beschwichtigend aus und nickte in Richtung entblößter Dienstwaffe.

»Is' ja kein Grund, gleich mit 'ner Wumme zu drohen!«

»Also, was wollt ihr hier?«

»Netten Abend, bisschen was trinken, vielleicht bumsen. Was man halt so macht, wenn man in' Puff geht. Bist doch auch hier!«

Er versuchte ein Kumpellächeln.

»Und deshalb wolltest du mit Uhlmann ins Büro?«

»Vielleicht 'n paar Tipps?«

Er lächelte schief und hoffte wohl, es würde versöhnlich wirken. Er hatte noch immer nicht begriffen, dass das Spiel gelaufen war.

»Alles okay da drüben?«

Eines der schwarzen Männchen wurde auf die etwas ungewöhnliche Körperhaltung seines Bosses aufmerksam. Er schwenkte eine Fahrradkette über dem Kopf wie ein Cowboy im Western und grölte:

»Wenn das Schwein nicht zahlen will, schneiden wir ihm einfach die Kehle auf.«

Unwillkürlich griff ich mir an den Hals.

Mein Exfreund hob beschwichtigend den Arm.

»Vielleicht sollten wir einfach 'n Bier zusammen kippen und die Sache vergessen, he?«

Beide setzten sich wieder und bestellten Bier.

»Zweimal?«, fragte ich, weil ich wusste, dass Wolfgang gar kein Bier trank. Dieser nickte genervt.

»Nehme an, ihr hattet 'n bisschen Schutzgeld erhofft, oder?« Wolfgang schien keine Antwort zu erwarten und sprach ruhig weiter: »Da muss ich dir leider sagen, dass du 'ne Kuh nicht zweimal melken kannst. Der hier zahlt nämlich schon!«

Wenn mich nicht alles täuschte, sah ich einen kleinen Funken Hoffnung in Ledermännchens Augen.

»Nämlich Steuern! Heißt: Der Staat schützt ihn! Deshalb denke ich …«, Wolfgangs Stimme wurde jetzt so dröhnend, wie ich sie sonst nur nach einem schwer erkämpften und siegreich verwandelten Satzball erlebt hatte, »dass DU dich jetzt verpisst. Und deine Uschis kannst du auch gleich mitnehmen!«

In der rechten Hand ein Tuch, in der linken ein Glas, verharrte ich in meiner Alibi-Tätigkeit und beobachtete fasziniert das Gesicht des finsteren Typen. Verblüffung, Wut, Panik und schließlich Resignation lösten sich ab. Alles in allem dauerte es eine volle Minute, bis die Erkenntnis der Niederlage gesackt war, was mich vermuten ließ, dass der Rocker noch nicht allzu oft in eine solche Situation geraten war.

»Schwerhörig?«

Lederjacke rutschte vom Barhocker und flüsterte einem seiner Schläger etwas ins Ohr. Kurzer Blickkontakt, dann erhob sich die ganze Truppe und verließ meine Bar.

Nach kurzem Schweigen machte sich unsere Anspannung lautstark Luft. Ein Hey und Ho, eine Runde für alle, ein Hoch auf Wolfgang und seine Helden, Korken knallten, Karin drehte die Musik auf, Gläser klirrten. Der Auftakt für eine Party, die bis weit in den Morgen gehen sollte. Stefanie flüsterte Wolfgang etwas zu, und der begann zu grienen. Ich stellte das mittlerweile auf Hochglanz polierte Glas auf den Tresen, wo es im Laufe des Abends zerbrach. Ein Glas und etwas Naivität.

Freistoß

Zum zweiten Mal sponserte ich während eines Fußballbundesligaspiels ein Büffet in einer VIP-Loge des Olympiastadions. Als Sahnehäubchen legte ich diesmal meine zwei leckeren Polinnen oben drauf. Das alte Prinzip: Sehen und gesehen werden. Vor einigen Jahren hatte sich eine Urlaubsbekanntschaft von mir überraschend als teuerste Edelhure Münchens entpuppt und mich in das Nachtleben der bayerischen Hauptstadt eingeführt. Aus dieser Zeit waren mir etliche Freunde geblieben, auch Sportler und Funktionäre, die sich gern der unkomplizierten Lust hingaben. Alle diese Menschen würden sich – neben den Freunden und Stammkunden, die ich eingeladen hatte – hier im Olympiastadion in Berlin unter meinen Gästen befinden.

Das Spiel war ausverkauft, und dass ich noch eine VIP-Loge für 80 Leute hatte mieten können, lag nur an meinen Beziehungen zu einem Mitglied der Stadionverwaltung, dem ich beim Ausleben einiger Fantasien behilflich gewesen war. Die Längsseiten der Logen im Olympiastadion bestanden aus riesigen Panoramascheiben, durch die man einen hervorragenden Blick auf den Rasen hatte. Außerdem gab es eine Leinwand, auf der das Geschehen übertragen wurde. Die Räume waren an sich sehr stylish, wirkten auf mich aber ein wenig kühl, und deshalb entschloss ich mich zu einigen kleinen Verbesserungen. Die dunkelgrauen Ledersessel wurden durch rote ersetzt, in den Ecken türmten sich riesige Blumenbouquets, und die runden Marmortische wurden von bodenlangen weißen Damasttüchern bedeckt. Die Wirkung war verblüffend: Fast sah es aus wie bei uns zu Hause im *Bel Ami*.

Es war Samstag, der 30. April 1983, der 29. Spieltag der Fußballbundesliga, und es spielte der Tabellenvierte FC Bayern München gegen den Tabellenletzten Hertha BSC. Die tief verwurzelte Rivalität zwischen Bayern und Preußen sorgte immer wieder für volle Stadien, und eigentlich hätte ich wohl für die Berliner sein müssen – letztendlich war mir aber vollkommen egal, wer gewann. Da die Münchner über eindeutig mehr Geld verfügten, hatte ich beschlossen, einfach für den Besseren zu sein – also für die Münchener, was ja wohl das Gleiche war, wenn die Tabellenplätze aussagekräftig waren.

Den vorherigen Tag hatte ich fast ausschließlich meinem Aussehen gewidmet: neuer Anzug, neue Schuhe, Sauna mit anschließender Massage, Maniküre, ausreichend Schlaf. Ich hatte die Erfahrung gemacht, dass selbstsicheres Auftreten entscheidend davon abhing, ob man sich gut in seiner Haut fühlte oder nicht. In abgelatschten Schuhen konnte man unmöglich einem Spitzenfußballer die Hand schütteln. Nun, ich hatte dafür gesorgt, dass ich in den richtigen Kleidern steckte, und fühlte mich bestens gerüstet für ein neues Abenteuer. Alicia und Natalie musste ich die Bedeutung des heutigen Tages nicht erklären. Die Polinnen hatten anscheinend von Natur aus einen Sinn für festliche Anlässe und den ungezwungenen Umgang mit berühmten und reichen Männern.

Alicia war etwas kleiner als Natalie, auch gerundeter, ohne dabei dick zu sein. Sie trug ein enges, weinrotes Kleid, das kurz über den Knien endete und einen Ausschnitt am Rücken bot, der zwar tief war, aber die Grenze des Schicklichen nicht überschritt. Eine kunstvolle Hochsteckfrisur betonte ihren langen Hals und ein Paar Schuhe mit elf Zentimeter hohen Absätzen ihre schlanken Fesseln. Natalie hatte einen blauen Farbton gewählt, der ihre schönen, kühlen Augen leuchten ließ. Ihr Kleid war etwas kürzer, schimmerte in verschiedenen Nuancen und ließ mich an Meerjungfrauen denken. Beide sahen umwerfend aus und waren mein Garant für die Art von Aufmerksamkeit, die ich mir wünschte.

Ich fuhr mit meinem Mercedes direkt in die VIP-Zufahrt und betrat, flankiert von meinen Schönen, das einzigartige, vierstöckige Atrium. Es war viel los: schöne Damen, gepflegte Herren, diensteifrige Kellner und in der Luft das Summen, das eine große Anzahl von Menschen in einem Raum mit diesen Ausmaßen gewöhnlich erzeugt. Wir schritten über die weichen Teppiche, und bevor ich überhaupt nach der Garderobe gesucht hatte, bot mir ein aufmerksamer Herr im schwarzen Anzug seine Hilfe an.

»Ich habe eine VIP-Lounge für heute gemietet.«

»Herr Uhlmann, richtig? Darf ich Ihnen die Mäntel abnehmen? Folgen Sie mir doch bitte!«

Während wir seiner Bitte nachkamen, überlegte ich mir ernsthaft, ob der arme Kerl gestern wohl den ganzen Tag die Namen der Logen-Mieter hatte auswendig lernen müssen. Soweit ich mich erinnern konnte, gab es davon im Olympiastadion weit mehr als 70. Wir ließen uns Zeit. Zufrieden registrierte ich die langen Blicke, die Alicias nackter Rücken und Natalies ellenlange Beine zur Folge hatten. Nein, keine Entrüstung. Anerkennung bei den Männern, Neid bei den Frauen. So war es richtig. Ab und an ein *Hallo, Detlef, schön dich mal wieder zu sehen!* aus der Menge, worauf ich meist *Hey, du bist auch hier? Komm doch nachher vorbei!* antwortete. Ich suchte weiter den Empfangsbereich nach Gesichtern ab, die mir eine Einladung wert waren.

»Ah, sind Sie es wirklich? Gilbert Mathieu? Ich bin Detlef Uhlmann. Ich habe Ihren neuen Film gesehen und war fasziniert. Die Rolle war Ihnen wie auf den Leib geschnitten!«

Der Mann war irritiert, und sehr wahrscheinlich hätte er mir einfach den Rücken zugedreht, wenn sein Blick nicht auf Natalie gefallen wäre. Er war nicht größer als ich und wohl auch in meinem Alter, und trotzdem schüchterte mich seine ganze Erscheinung ein. Endlich griff er meine Hand und schüttelte sie fest.

»Ich kenne Sie nicht, aber Sie haben sehr schöne Begleiterinnen«, sagte er in nicht ganz fehlerfreiem Englisch.

»Sie interessieren sich für Fußball?«

»Mehr für schöne Frauen!«, gestand mir der Mann, und als er lächelte und die kleinen Fältchen um seine Augen entstanden, verstand ich sofort seinen Erfolg bei den Frauen. Schön war er nicht, aber er hatte Charme. Noch immer wartete der Herr im schwarzen Anzug darauf, dass wir ihm weiter folgen würden.

»Sie finden uns in unserer VIP-Loge. Vielleicht haben Sie nach dem Spiel noch Lust, vorbeizuschauen! Hat mich sehr gefreut!«

Das Büfett in unserem Raum sah ich jetzt das erste Mal und stellte zufrieden fest, dass man sich an meine genauen Anweisungen gehalten hatte. Es sah umwerfend aus und würde auch gehobenen Ansprüchen gerecht werden. Die Hälfte meiner Gäste war schon da, und ich ließ umgehend den Champagner öffnen.

»Detlef, du hast dich selbst übertroffen. Super Idee, das hier!« Karl-Heinz legte mir seine Hand auf die Schulter und grinste mich an, was ihn im Gegensatz zu Gilbert eben nicht unbedingt anziehender machte. Trotzdem war er selbstverständlich mein Gast, da er mir mit meinem Kredit wirklich sehr geholfen hatte.

»Hey, schön, dich mal wieder zu sehen, Detlef. Wer sind denn deine Begleiterinnen?«

Den Frager links von mir hatte ich vor Kurzem erst im *Tasti* gesehen. Sicherlich hatte er mir damals auch seinen Namen und seine Funktion gesagt, im Moment war mir aber beides entfallen. Etliche Jahre später würde er wichtiger Funktionär eines internationalen Sportverbandes sein und absolutes Stillschweigen von mir verlangen. Heute wollte er eine Auskunft.

»Alicia im roten und Natalie heißt die Dame im blauen Kleid.«

»Interessieren die sich auch für Fußball?«

In solchen Momenten kommt es auf Feingefühl an. Ich unterzog den Mann vor mir einer kurzen Prüfung. Seine Gesichtszüge waren weniger markant, erinnerten mich aber trotzdem entfernt an Marlon Brando. Wären der förmliche Anzug und seine etwas unbeholfene Körpersprache nicht gewesen, hätte er durchaus als Womanizer durchgehen können. Er schaute mich noch immer ganz unzweideutig an und schien eine bestimmte Antwort zu erwarten.

»Wohl mehr für die Fußballer!«, vertraute ich ihm schließlich an und lächelte in der Hoffnung, dabei genauso harmlos zu wirken wie er.

Sein Gesicht entspannte sich. Er drehte sich zu Alicia um und gab mir damit zu verstehen, dass ich in seinem Sinne geantwortet hatte.

Der Anpfiff. Fast hätte ich den Rahmen meines kleinen Festes vergessen gehabt. Wie schon erwähnt war ich nicht der größte Fußballfan, weshalb ich mich in den folgenden 90 Minuten vor allem ums Buffet kümmerte und mich im Raum von einer Gruppe zur nächsten treiben ließ. Irgendwann stöhnten der Berliner Teil meiner Gäste wie in einem gemeinschaftlichen Orgasmus auf. Hatte ich eine Chance der Hertaner verpasst? Man hatte mir gesagt, dass es so weit eigentlich gar nicht kommen würde. Gleich darauf ein martialischer Schrei aus der anderen Ecke der Loge: das erste Tor für München. Noch drei weitere Gefühlsausbrüche der bayrischen Herren, die vorhin so gesetzt gewirkt hatten, dann war das Spiel vorbei.

Alle waren in höchst ausgelassener Stimmung, und ich war mir sicher, dass etliche der Herren nach diesem Spiel auch ganz gern selbst noch einen Treffer landen wollten. Gerade wollte ich meinen Vorschlag unterbreiten, da rief jemand seinen Namen: Mathieu! Gilbert Mathieu! Er war also tatsächlich gekommen.

»I followed the smell of women!«

Ich schnappte lediglich das Wort women auf – und verstand alles. Ob ich ihm die beiden Mademoiselles nicht vorstellen könne? Noch bevor ich dazu kam, hatte sich Natalie zu uns gesellt, reichte Gilbert ihre Hand und flötete:

»Je suis Natalie. Enchanté.«

Ich war perplex. Gilbert war höchst erfreut.

»C'est juste moi. Parlez-vous français?«

»Je suis encore à apprendre! Je ne comprends pas.«

Dass Natalie recht passables Englisch sprach, wusste ich. Auch ihr Deutsch war mittlerweile ziemlich gut geworden, aber dass sie auch noch Französisch …? Was hatte er gesagt? Der große Gilbert Mathieu schaute mich fragend an, und ich stand blöde herum und grübelte.

»Es wäre schön, wenn sie heute Abend noch Lust hätten, uns zu besuchen. Eine sehr schöne Villa und sehr angenehme Gesellschaft!«, bemühte ich mein English.

Gilbert schaute mich verwundert an. Dann schien er zu verstehen und lächelte mir zu. Er nahm meine Visitenkarte, küsste Natalie und Alicia galant die Hand und wandte sich seinem nächsten Fan zu.

Ich verließ das Olympiastadion mit meinen beiden Hübschen gegen 20 Uhr und wettete mit mir selbst, wie viele der Herren meiner Einladung wohl folgen würden. Leichter Nieselregen hatte eingesetzt. Durchaus ein Wetter, bei dem man sich gern in ein gemütliches Etablissement zurückzog, dachte ich während der Fahrt.

Und sie kamen. Zahlreicher als ich gedacht hatte. Ein Konvoi von Taxen, und alle hielten sie vor meinem Tor.

»Sie sind da! Spiel was Flottes!«, rief ich Roland zu. Kurz darauf erinnerte mich mein Club an einen Bienenstock, an den man Feuer gelegt hatte. Roland spielte »Beat it« in einem mir völlig neuen Tempo und mit einem Bassanschlag, der das Klavier erbeben ließ.

Meine Mädchen verschwanden reihenweise auf dem Klo und kamen mit roten Wangen und glänzenden Augen zurück. Rosi flog auf mich zu, presste ihre Lippen auf meinen Mund und schob mir ihre feuchte Zunge hinein. Ihre Hände tätschelten erst meinen Hintern, dann ordneten sie ihr Haar. Sie schaute mich voller Gier an, bevor sie sich zur Tür umdrehte. Marlen drehte ihre Haare zu zwei dicken Strähnen und legte sie artig über die Stelle, an der der Push Up unter der Korsage kaschierte, was die Natur ihr versagt hatte. Rosi stand in der offenen Tür und rief den ersten Männern ein: »Oh Hallo, kommt rein!« zu. Ich überschlug den Strom an finanzkräftigen, trink- und beischlaflustigen Männern und hörte bei 20 Personen zu zählen auf. Natalie war schnell, hatte Gilbert entdeckt und ihn in Beschlag genommen. Rosi, meine kleine, geile Rosi, begrüßte Karl-Heinz unter den Angekommenen überschwänglich, und fast hätte ich ein wenig Eifersucht auf meinen Kreditgeber verspürt. Stefanie lächelte Wolfgang an, der ebenfalls mit von der Partie war, und Marlen hielt die Augen gesenkt.

»Ist er das wirklich?«, keuchte mir Rosi ins Ohr. Zu gern hätte ich ihr die Strähne, die widerspenstige, wieder hinters Ohr geschoben. Sie hatte einen Spitzenfußballer erkannt, wandte sich im nächsten Moment aber schon wieder von mir ab. Ihre Professionalität beeindruckte mich. Ein charmantes Lächeln, und sie ging an dem berühmten Fußballer vorbei, um sich neben den wartenden Filialleiter der Bank zu setzen.

»Hast du einen guten Beaujolais?«, fragte mich der berühmte Gilbert, und ich teilte ihm vertraulich mit, dass er bei mir alles bekommen könne.

Ich war überwältigt. Das Erdgeschoss war voll. Nur wenn sich alle gleichzeitig in die anderen Etagen bewegen wollten, würde es ein Problem geben.

Julia unterhielt sich in fließendem Französisch mit Gilbert. Hätte ich mir denken können. Natalie saß daneben und wartete freundlich ab. Sie wusste um ihre Wirkung, auch ohne Konversation.

»Detlef. Eine Flasche Champagner!«

Sofort hatte ich das Geforderte in der Hand und stand neben der Ruferin.

»Er sagt, er schafft es zehnmal hintereinander!«, erklärte mir Conny lachend und zeigte auf den Fußballer, der seine Hosenbeine nach oben gekrempelt und mir die Flasche aus der Hand genommen hatte. Das wollte ich mir nicht entgehen lassen. Ein Kreis aus Schaulustigen hatte sich um den Mann gebildet und feuerte ihn nun an. Ich sah eine muskelbepackte Wade, einen Schuh von Ferragamo und meinen Champagner – der gefährlich von links nach rechts kippelte, von einem Fuß zum anderen flog, ohne dabei den Boden zu berühren. … Acht, neun, zehn! Mit dem letzten Schwung flog die Flasche kopfhoch und … rutschte ihm aus der Hand. Sie landete unversehrt auf dem Teppich, nachdem sie zuvor zehn fehlerfreie Flüge hinter sich gebracht hatte. Damit war die Wette gewonnen. Ich hoffte sehr, dass das arme Ding nicht Opfer und Trophäe in einem sein musste. Zu spät. Sie wurde geköpft und sprudelte aus vollem Hals. Der tosende Applaus erinnerte mich an das Fußballspiel, das vor wenigen Stunden stattgefunden hatte.

Fußballer sind in erster Linie Athleten, aber nichtsdestotrotz – oder vielleicht gerade deswegen – Männer mit großer Libido. Kein Alkohol, kein Nikotin, kein Müßiggang bremst die Ausschüttung ihres Testosterons. Meine Mädchen waren begeistert von so viel Muskelmasse.

Nach dieser Nacht hatten sich meine beiden polnischen Lockvögel hausintern den Beinamen »One-Million-Dollar-Babys« eingehandelt und ich war ein begeisterter Fußball-Fan geworden.

Hausarrest für Gefühle

»Ach, komm schon, Süße, jetzt trinken wir einen zusammen, und dann vergessen wir den Scheißkerl einfach, okay?«

»Davon bekomm ich Kopfweh!«

Langsam begann sich Rosi zu ärgern. Seit fast 20 Minuten hatte sie von Marlen nichts anderes gehört als immer wieder: »Das ist nicht fair, das ist nicht richtig.« Sie sah nicht nur kindlich aus, sie verhielt sich auch so. Rosi langte nach ihrer Elfenbeindose und schob zwei schöne weiße Linien auf dem Tresen zusammen. Mit einem zusammengerollten Geldschein zog sie sich den Stoff in die Nase, schloss die Augen und wartete auf die Wirkung. Augenblicklich wurde es kühl im Hals, dann im Rachen. Sie warf ihren Kopf nach hinten und schaute mit schwarzen Pupillen an mir vorbei, dann auf die trauernde Marlen. Entschieden drückte sie ihr das Röllchen in die Hand.

»Dann nimm das! Davon bekommst du bestimmt kein, hmm ... Kopfweh!«

Wie leicht ihr nun fiel, sich auf ihre infantile Kollegin einzulassen. Marlen richtete sich auf, wischte sich mit dem Handrücken über die verheulten Wangen und zog dann den Stoff samt Rotz geräuschvoll durch die Nase.

Ich stand auf der anderen Seite des Tresens, sah mir das Drama also aus nächster Nähe an. Marlen wirkte mit ihrem Porzellangesichtchen wie eine minderjährige Klosterschülerin, und wenn sie wie jetzt vor einem saß, den schmalen Rücken gebeugt und eine Haarsträhne vor dem Gesicht, dann musste man einfach von ihrer Kindlichkeit gerührt sein. Egal, wie sehr ihr Gehabe einem sonst auf die Nerven ging. Immer öfter fragte ich mich, ob es nicht doch ein Fehler gewesen war, Marlen aus dem alten *Bel Ami* zu übernehmen.

»Er hat immer gesagt, wie sehr er mich liebt und begehrt. Dass ich die Einzige bin, das Schönste, was er je gesehen hat. Und immer hat er mir was mitgebracht. Einen Ring, Unterwäsche, manchmal auch nur meine Lieblingsschokolade. Letzte Woche hat er mir eine Kassette mit Aretha Franklin geschenkt, die er selber zusammengestellt hat. Manchmal haben wir nichts weiter gemacht als zu reden oder uns zu streicheln. Dann haben sich seine Haare immer aufgestellt. Meine Finger über seine Brust: Haare hoch. Finger weg: Haare runter.«

Marlen hielt sich die Hand vor den Mund und kicherte. Dann weiteten sich ihre Augen und füllten sich wieder mit Tränen. Rosi war jetzt deutlich wacher und schien der schnellen Abfolge der Gefühle besser folgen zu können.

»Fast ein ganzes Jahr ist er ausschließlich zu mir gekommen. Und dann spaziert er heute hier rein und lächelt mich so beiläufig an, als wäre ich irgendeine x-beliebige Hure.«

Von einem Moment zum anderen hatte sich Marlens Gesicht in eine Fratze aus Hass und Zorn verwandelt.

»Er pflanzt seinen dürren Arsch neben Maria, die wenigstens 20 Kilo schwerer ist als ich, und sabbert auf ihren fetten Busen, als wär's 'ne Weihnachtsgans!«

Nach kurzem Zögern erlag Rosi der Versuchung, sich eine Zigarette anzustecken. Sie inhalierte tief. Dann betrachtete sie nachdenklich Marlens Dekollete. Sie hatte Körbchengröße B, wie ich wusste. Eindeutig die kleinsten Titten von allen. Klein, aber fest und wohlgeformt mit hellrosa Nippeln. Rosi warf mir einen Blick zu und sah mir wohl an, woran ich dachte. Ein irrationales Kichern stieg ihr den Hals hoch. Sie griff nach dem Champagner und spülte es hinunter. Irgendetwas schien sehr bitter zu schmecken.

Dass sich in Marlens Augen erneut Tränen bildeten, war Rosi nicht entgangen, und sie schien froh darüber zu sein, nicht wirklich laut losgelacht zu haben.

»Er hat meine Brüste so oft geküsst und gestreichelt und mir gesagt, wie schön er sie findet!«, jammerte Marlen.

Rosi tätschelte ihren Arm.

»Hätte sich der Arsch nicht wenigstens verabschieden können? Warum mache ich diesen Job überhaupt?«

Marlen tat sich leid.

Rosi machte ein neutrales Gesicht und klang betont gleichgültig: »Du wusstest doch, dass er nur ein Kunde ist. Das ist unser Geschäft. Männer sind so. Die wollen eben nicht jeden Tag Eintopf essen. Selbst wenn es feinster Kaviar wäre, würde es sie irgendwann anöden. Das muss ich dir doch nicht erzählen, Süße. Du bist doch lange genug dabei.«

»Das heißt doch nicht, dass ich keine Gefühle habe, und man auf mir herumtrampeln kann! Jeder Mensch hat Gefühle, oder nicht? Ist eine Hure etwa kein Mensch? Vielleicht gibt's ja irgendwo 'ne Klinik, die einem das Gefühlsleben rausschneidet. Wie einen Tumor, verstehst du. Oder …«

Rosi schaute auf die Uhr. Die Chancen, noch einen Kunden ins Bett zu kriegen, waren inzwischen nicht mehr sonderlich hoch.

Marlen gab ein kicherndes Geräusch von sich.

»Oder man schluckt ein paar Pillen und scheißt die ganzen Gefühle aus. Wie Schmetterlinge, alle tot, für immer!«

»Marlen …«

»Ja was denn, Miss Neunmalklug? Erzähl mir nicht, dass du nicht weißt, wovon ich rede. Was bist DU denn für Detti? Glaubst du, du bist die Einzige, die er vögelt? Wusstest du, dass er gestern, gleich nachdem du nach Hause gegangen bist, mit den beiden polnischen Lesben mit raufgegangen ist?«

Marlen konnte nicht wissen, dass Treue nicht die Basis unserer Beziehung war und musste davon ausgehen, einen Trumpf ausgespielt zu haben. Gehässig starrte sie Rosi an und wartete auf die Wirkung ihrer Worte. Ich fragte mich, ob die blöde Kuh wirklich so zugedröhnt war, dass sie mich nicht bemerkte, oder ob sie mir absichtlich eins hatte auswischen wollen. Vielleicht würde ich sie doch rausschmeißen müssen. Natürlich erntete ich nun einen Blick von Rosi, in dem die Überraschung kurz aufflackerte und dann von etwas abgelöst wurde, das ich nicht richtig einschätzen konnte. Ich begann allmählich, mich über beide Frauen zu ärgern.

Angeekelt betrachtete Rosi Marlens tränenverschmiertes Gesicht, und es war klar, dass sie sich mit ihrer Petzerei auch bei ihr unbeliebt gemacht hatte.

»Ich denke, du solltest jetzt nach Hause gehen.«

Später hockte Rosi mit angewinkelten Beinen auf der Couch in meinem Büro.

Ich schloss das Fenster. Die Nacht war eiskalt. In der Scheibe sah ich, dass sie mich beobachtete, und ich drehte mich um.

»Was hatte sie denn?«

»Liebeskummer!«

»Ralf?«

Rosi nickte.

»Der ist mit Maria grad hoch.«

»Er hätte sich wenigstens von ihr verabschieden können!«

»Na, was glaubst du denn, warum die Männer hierherkommen?«, blaffte ich sie wütend an.

»Weil sie scharf drauf sind, euch Frauen zu verstehen? Um Schuldgefühle haben zu müssen? Erklären, entschuldigen, trösten – das müssen sie zu Hause machen. Hier nicht. Dafür bezahlen sie. Wenn ihr das nicht begreift, hättet ihr euch im Supermarkt hinter die Kasse stellen oder Briefe abtippen und es dem Chef dann umsonst besorgen sollen. Das hier ist doch nicht Barbie-Land, in dem Ken auf Knien um eure Hand anhält. Es gibt hier klare Regeln, wie in jedem anderen Job auch. Niemand wird zu irgendwas gezwungen, jeder kann jederzeit gehen. Marlen hat die Regeln missachtet – nicht Ralf!«

Rosi hatte mir schweigend zugehört, ihr Glas geleert und stand nun auf.

»Wir sind keine Roboter, Detlef.«

Dann ging sie.

Ich stellte mich vor den Spiegel und sah mir in die Augen. Deutlich und langsam formulierte ich:

»Schade eigentlich!«

Ich fand nicht, dass ich dabei gefühllos oder gemein wirkte. Eher wie ein gut aussehender, erfolgreicher Mann in den allerbesten Jahren, der genug Selbstdisziplin und Geschäftssinn besaß, um seine Gefühle dort zu lassen, wo sie hingehörten: zu Hause. Warum konnten die Frauen das nicht auch?

II. Brasilien

Exotenjagd

Das *Bel Ami* hatte sich prächtig entwickelt. Ich schwamm in Geld und Champagner, sorglos wie ein Goldfisch. *Etwas blass, etwas müde,* stellte ich bei einem Blick in den Spiegel fest. Ich schlief nur am Tage und auch das oft nur wenige Stunden. Zur Erholung buchte ich deshalb kurz entschlossen eine Reise nach Brasilien.

Mein Flugzeug landete um 14 Uhr in Rio de Janeiro. Die Landebahn flimmerte in der Hitze, das Taxi, das mich zum *Copacabana Palast* fuhr, war weit vor der Erfindung der Klimaanlage gebaut worden. Ich versuchte, den Kontakt zu den klebrigen, ausgesessenen Polstern auf ein Minimum zu reduzieren, und sehnte mich nach einer Dusche.

Zwei Stunden später schlugen die Wellen des Atlantiks gegen meine Beine, und ich tauchte ab in die paradiesische Welt Brasiliens. Straßenverkäufer priesen Mangos, Melonen und Zitronenwasser an, andere fangfrische Austern. Am Strand spielten unter den jubelnden Zurufen der Mädchen junge, muskulöse Männer Fußball. Überhaupt sah ich so viele, wunderschöne Mädchen in den kleinsten Bikinis an mir vorbeiflanieren, dass ich mein Glück kaum fassen konnte. Ich stellte mein Cocktailglas in den Sand, verschränkte die Arme hinter dem Kopf, überließ mich lüsterner

Vorfreude auf die Dinge, die in diesem Urlaub noch auf mich zukommen würden, und schloss die Augen. Als ich erwachte, hatte man mir Handtuch und Sonnencreme geklaut. Nun, sei's drum. Nichts konnte mir die Stimmung vermiesen. Ich lächelte und lauschte den Sambarhythmen, die mich geweckt hatten.

Drei Tage verbrachte ich an der Copacabana. In dieser Zeit lernte ich einen wichtigen Mann im deutschen Konsulat, seine *Happypillen*, den Polizeipräsident von Rio sowie dessen Begleitung, Miss Brazil, kennen. Die Mädchen tanzten auf den Tischen und vögelten nachts mit mir am Strand. Dunkle, schweißnasse Haut, wild kreisende Hüften, treibender Rhythmus der Trommeln, mein hämmerndes Herz – brasilianische Nächte!

Dann flog ich weiter nach Manaus. Unter mir lag das Amazonas-Delta mit seinem rotbraunen Wasser, in dem die Alligatoren träge auf ihre Beute warteten. Ich war kein Reptil und wollte nicht warten. Ich war voller Abenteuerlust und eroberte die Welt, Stück für Stück. Und morgen war der Dschungel dran mit seinen exotischen Schönheiten.

Ich stieg aus der kleinen Propellermaschine und ließ mich in einem Jeep aus dem vergangenen Jahrhundert in mein Basislager fahren. Das *Tropical*, eine Villa im Kolonialstil, hatte einst einem Kautschukbaron gehört, bevor es zum Hotel umgebaut worden war. Es galt als das beste in Brasilien, vielleicht sogar in ganz Südamerika. Direkt am Ufer des Rio Negro gelegen, der elf Kilometer weiter in das Amazonas-Delta mündete, verfügte es über einen kleinen Privatsteg, von dem die Boote zu den Dschungel-Expeditionen starteten. Schon am nächsten Morgen würde auch ich zu einer solchen aufbrechen. Doch zuvor brauchte ich dringend ein Bad. Ich hatte mich in der Luxussuite eingemietet, und nach alter Gewohnheit betrat ich als Erstes den Balkon und schaute hinaus.

Unter mir breitete sich die bunt blühende Parkanlage des *Tropical* mit seinem nierenförmigen Pool und den gewundenen, weißen Kieswegen aus. Zwischen den Palmen schimmerte der Strand des Rio Negro. Ich war zufrieden. In der Minibar fand ich einen kalten Sekt und im Badezimmer eine frei stehende Wanne, in der das Wasser schon dampfte. Ich legte mich zwischen die roten Blütenblätter und schloss die Augen.

Erfrischt, duftend und äußerst gut gelaunt begab ich mich zwei Stunden später in die Hotelbar. Dort kellnerte ein junges Indianermädchen, das mich sofort in ihren Bann zog. Sie war klein, sehr schlank und bewegte sich wie eine Raubkatze zwischen den Tischen hindurch. Ihr langes, schwarzes Haar reichte in festgeflochtenen Zöpfen bis zu ihrem kleinen, muskulösen Hintern. Den Kopf stolz erhoben, den Rücken gespannt, ließ sie die lüsternen Blicke der Männer kalt von sich abprallen. Auch meine. Ich war beeindruckt, erregt, und mein Jagdinstinkt erwachte. Also wartete ich, bis sich die Bar geleert hatte und sprach sie dann an. Ihr Körper spannte sich, die dunklen Augen wurden fast schwarz, dann entblößten ihre Lippen spitze, weiße Zähne. Ein kompromissloses *Nein*, sie verschwand, und ich musste die Nacht allein verbringen. Vielleicht war ich ein klein wenig verärgert, vielleicht überrascht. Ganz sicher aber war ich kein Mensch, der zu überflüssigen Grübeleien neigte. Die warme Nacht, irgendein Tier, das weit entfernt seine monotonen Laute ausstieß, dazu das gleichmäßige Zirpen der Grillen – das alles ließ mich bald einschlafen.

Ich unternahm eine fünftägige Expedition durch den Dschungel, kämpfte mich an der Seite meines Führers mit der Machete durch die wild wuchernde Vegetation, schlief in einem Indianerdorf hoch in den Bäumen, wurde Beute für unzählige Moskitos, ohne selbst welche gemacht zu haben, und kehrte dann in mein klimatisiertes Appartement zurück, wo ich sofort in einen komatösen Schlaf fiel. Zwölf Stunden später erwachte ich erholt und glücklich. Aus dem Spiegel blickte mich ein sonnengebräunter Mann mit weißblondem Haar an, dessen blaue Augen noch stärker leuchteten als sonst. Eine kleine Schramme auf der Wange ließ mich wie der Held aus einem Abenteuerroman aussehen. Ich lächelte mich an, strich meinen Anzug aus weißem Leinen glatt und stieg die Stufen mit dem dicken, roten Teppich zur Hotelbar hinunter. Die Welt sollte nicht länger auf mich warten.

In der Bar entdeckte ich die Widerspenstige, die mich vor meiner Dschungeltour so schnöde hatte abblitzen lassen, und begann mich auf ihre Zähmung zu freuen. Anscheinend konnte auch sie sich noch gut an mich erinnern, denn sie schenkte mir ein winziges Lächeln. Jetzt war klar, dass ich ohne diese Trophäe nicht nach Berlin abreisen würde. Ich erwischte mich bei geilen Tagträumereien, in denen ich mir die Kleine als stolze Häuptlingstochter vorstellte, die ich nur mit Gewalt und Tücke entkleiden und vögeln konnte. Tatsächlich war es dann doch leichter, als ich dachte.

Nachdem ich ihr von meinem Ausflug in den Dschungel erzählt hatte, war der erste Damm gebrochen, und wir verabredeten uns zu einem Spaziergang am Fluss. Sie hieß Malila – aufwärts schwimmender Lachs – und war 20 Jahre alt.

»Und du?«

Malila schaute mich kurz neugierig an und senkte dann wieder scheu ihren Blick.

»Detlef!«

»Hat das auch Bedeutung?«

Ich lächelte sie an und entschloss mich zu einer kleinen Lüge:

»Der mit der Schönsten geht!«

Zwar schien sie zu schmunzeln, aber ihr Körper hatte sich gespannt. *Langsam, langsam, Detti,* befahl ich mir.

»Als ich dich das erste Mal gesehen habe, da habe ich mir vorgestellt, du wärst die Tochter eines Häuptlings.«

Jetzt lächelte sie tatsächlich.

»Nein, mein Vater ist Fischer, meine Mutter Tänzerin. Sehr gute Tänzerin!«

»Tanzt du auch?«

»Ja, aber nicht für Geld!«

»Für mich?«

Sie verstummte und betrachtete unsere nackten Füße, die flüchtige Abdrücke im nassen Flusssand hinterließen. Ich verfluchte meine Geilheit, die mich zu gierig hatte werden lassen.

Plötzlich blieb Malila stehen und schaute mich frech an. Dann warf sie ihre Sandalen in weitem Bogen von sich, lief einige Schritte ins Wasser und begann sich wild zu drehen. Tropfen stoben nach allen Seiten, ihre Zöpfe peitschten wie Schlangen um ihren Kopf, und ihr muskulöser, kleiner Körper vollführte in schneller Folge die aberwitzigsten Figuren. Mir wurde schon vom Zusehen schwindlig. Ich lachte und flüchtete mich vor dem spritzenden Wasser.

»Du bist verrückt, Malila!«, rief ich und brachte sie damit zur Ruhe. Sie kam langsam auf mich zu und schaute mich an. In ihren Haaren hingen tausend funkelnde Tropfen, und sie atmete schnell. Ich sah, wie ihre kleinen, festen Brüste sich gegen das feuchte Kleid drückten.

»Ja, Malila ein bisschen verrückt. Mann muss vorsichtig sein!«

Sie sagte nicht *Man must be careful.* Sie sagte tatsächlich auf Deutsch *Mann* und stieß mir mit ihrem Finger dabei in die Brust.

Als schämte sie sich für die Berührung, veränderte sich urplötzlich ihr Gesichtsausdruck. Das freche Grinsen war spurlos verschwunden, und ich sah nur noch das hochmütige und verschlossene Gesicht der Kellnerin aus dem *Tropical*. Sie sammelte die Sandalen ein und verschränkte ihre Arme vor den Brüsten. Bei jedem Schritt schlugen ihr die Schuhe gegen den flachen Bauch. Den Blick auf den Fluss gerichtet, begann sie weiterzulaufen, und ich folgte ihr wie festgeklebt.

Sie hatte mich kurz hinter ihre Maske sehen lassen, und ich zweifelte keinen Moment länger daran, dass sich der Fang lohnen würde. In solchen Momenten, wusste ich, durfte *Mann* keine Zeit verschwenden, musste *Mann* unbedingt den Spalt erweitern und den Beschuss verstärken.

»Eine Frau wie du ist mir noch nie begegnet! Und ich bin schon in vielen Ländern gewesen, habe viele schöne Mädchen überall gesehen. Aber du …!«

Hier nahm ich mich etwas zurück, suchte anscheinend nach den richtigen Worten, um nicht zu routiniert zu wirken. Dadurch räumt man der Frau die gebührende Macht ein, zeigt sich selbst ein wenig schwach und gleichzeitig mutig, weil man diese Schwäche offen eingesteht. Sie war geschmeichelt. Natürlich.

»Du bist einzigartig, Malila, wie, wie …«

Ich grub meinen nackten Fuß in den Sand. Dann blickte ich ihr in die braunen Augen und legte so viel Wahrhaftigkeit in meine Worte wie irgendmöglich.

»… wie ein Diamant unter lauter Kieselsteinen!«

Und das war sie. Ich glaubte mir selbst.

»Aber du hast Frau und Kinder in Deutschland?!«

»Nein, ich lebe allein!«

»Warum? Du bist ein schöner Mann!«

»Ich arbeite zu viel.«

»Deutsche Männer immer zu viel arbeiten. Vergessen Spaß am Leben!«

Dabei lachte sie laut auf und rannte los. Ich blieb dran.

Es dauerte noch drei Tage, bis sie sich von mir zum Essen einladen ließ. Ich erzählte ihr von mir, von Deutschland, vom Schnee und von zugefrorenen Seen. Sie hing ganz gebannt an meinen Lippen, während ich ihr das Schlittschuhfahren beschrieb. Ich schilderte ihr das Nachtleben in Berlin in den buntesten Farben, überzeugte sie davon, dass ihr jeder, wirklich jeder Mann zu Füßen liegen würde, dass sie mit ihrem Charme, Temperament und Aussehen nicht nur Deutschland, sondern die ganze Welt erobern könne. Ja, sie sei es diesen Geschenken der Natur, um die sie jede Frau beneiden musste, geradezu schuldig. Und das Geld! Jeden Traum würde sie sich damit erfüllen können. Schuhe – für jeden Tag des Jahres ein anderes Paar, Kleider aus Seide, Schmuck, eine Wohnung mit Teppichen, dicker und weicher als die im *Tropical*. Rosa, ich liebe rosa, flüsterte sie verträumt und hörte mir andächtig zu. Ich musste wirklich alle Geschütze auffahren und zwei Flaschen Wein investieren, bevor sich mein Dschungeltiger in ein Kätzchen verwandelte, das sich in meinen Arm schmiegte und aufs Zimmer führen ließ. Der Portier schaute pflichtschuldig darüber hinweg, dass sich eine Angestellte mit einem Gast eingelassen hatte, weil ich ihm dafür 100 Mark gegeben hatte.

»Du sagst, ich bin schön, ja?«

Sie drehte sich vor mir im Kreis und strich sich einen Träger ihres Kleides über die Schulter.

»Ja!«

Meine Stimme war heiser und zu leise, als dass sie meine Antwort gehört haben konnte.

»So schön wie keine Frau auf der Welt?«

»Ja, ja, so schön wie keine! Komm zu mir, komm her!«

In wilder Lust war ich vom Bett aufgesprungen und griff nach ihren Armen. Sie entschlüpfte mir, funkelte mich an, hob ihren Finger und zeigte auf meine Hose.

»Du siehst mich fast nackt. Aber ich sehe gar nichts von dir!«

Das ließ ich mir nicht zweimal sagen. Ich sprang aus meinem Anzug, zog mir die Unterhose herunter und stand mit hoch aufgestelltem Schwanz vor ihr. Malila lachte und zog sich nun ebenfalls völlig aus.

»Du sagst, ich bin schön! Aber du hast nur ein bisschen gesehen von mir. Was sagst du jetzt?«

Völlig ungeniert und mit sichtlicher Freude an ihrem eigenen Körper begann sie erneut zu tanzen, mir ihren kleinen, braunen Hintern entgegenzustrecken, die Beine zu spreizen, die festen Brüste zu streicheln, und das alles in so rascher Abfolge, dass ich ihren fliegenden Zöpfen manchmal zu spät auswich. Abrupt blieb sie stehen. Ihr dunkler Körper glänzte, und ihre Brust hob und senkte sich schnell. Sie funkelte mich an wie eine Raubkatze vor dem Sprung. Bevor ich mich noch einmal vor ihren peitschenden Zöpfen hüten musste, warf ich sie aufs Bett und stieß zu. Oh Gott, wenn es Sex in seiner reinsten, urgewaltigsten Form gab, dann hatte ich ihn jetzt. Sie begann mit ihrer Möse zu pumpen, als wäre es eine Hand. Ich spürte ihre Nägel in meinem Rücken, aber keinen Schmerz. Malila hielt ihr Becken gehoben, ihre Beine klafften in fast perfektem Spagat auseinander. Kurz darauf brach ich stöhnend über ihr zusammen. Sie hatte mich vollkommen erlegt.

»Du großer, starker Mann. Du schöner Mann. Du …«

Sie lag ganz still unter mir und drückte ihr Gesicht leicht an meinen Hals. Sie war unglaublich. Sie war die Sexgöttin, nach der ich gesucht hatte. Behutsam wand sie sich unter mir hervor, hockte sich über mich, löste ihre langen Zöpfe, bis das prächtige, glänzend schwarze Haar ihren Körper wie ein Mantel umhüllte. Mein Samen lief langsam an ihren dunklen Schenkeln herunter.

»Soll ich tanzen für dich?«

Malila hatte sich im Bett als ausgesprochen leidenschaftlich und einfallsreich, gleichzeitig zärtlich und anschmiegsam erwiesen. Eine Mischung, die ich als absolut erregend empfand und die meine Gäste wohl ebenfalls zu schätzen wissen würden. Ich hatte den Samen gepflanzt und musste jetzt nur noch darauf warten, dass er aufging. Noch nie war mir eine Frau begegnet, die sich letztendlich und bei näherer Überlegung nicht doch für Reichtum und Luxus entschlossen hätte. Malila ließ sich Zeit und mich im Ungewissen. Dann nahm sie mich überraschenderweise mit zu ihren Eltern und erzählte ihnen von unseren Plänen. Die Unterhaltung verlief stockend, weil Malilas Eltern nur Portugiesisch sprachen. Aber vieles brauchte sie mir gar nicht zu übersetzen. Ich sah den Stolz in den Augen ihrer Mutter und auch ihre Sorgenfalten. Ihr Vater schien Gewinn und Risiko abzuwägen und seiner Tochter dann etwas zu sagen, das sie sehr zornig machte. Letztlich umarmte mich ihre Mutter, nahm die Hand ihrer Tochter, drückte sie in meine und sagte mir unter Tränen etwas, das ich Malila bat zu übersetzen.

»Meine Mutter sagt, sie will das Beste für mich. Sie ist traurig, weil ich ihr einziges Kind bin. Sie schimpft mit sich selbst, weil es egoistisch ist von ihr. Sie gibt uns ihren Segen und will, dass du gut aufpasst auf mich.«

Mein Herz hüpfte. Ihre Mutter war in meinem Alter, noch immer sehr schön und reichte mir gerade bis zur Brust. Sie schaute mich offen an und wartete auf meine Reaktion. Ich beugte mich zu ihr, legte ihr meine Hände auf die Schultern und sagte:

»Ja, ich passe auf euer Mädchen auf. Sie wird es gut haben bei mir. Ich verspreche es!«

Eine Träne lief ihr über die Wange und blieb an ihrem Kinn hängen. Dann umarmte sie mich fest und schniefte an meiner Brust unverständliche Worte, in denen ich deutlich ihre Sorge spürte. Das war völlig unnötig. Ich hatte Malila die Welt versprochen und Männer, die ihr zu Füßen liegen würden. Und dieses Versprechen würde ich auch ohne jeden Zweifel halten …

Am nächsten Tag flog ich mit Malila im Gepäck zurück nach Deutschland.

Die gläserne Tür zur Eingangshalle des Flughafengebäudes öffnete sich automatisch, und Malila griff nach meiner Hand. Hatte ihr Mund während des gesamten Fluges kaum eine Minute stillgestanden, so tat er es jetzt. Das war also Deutschland, ihr Tor zu Abenteuer, Glück und Reichtum. Ich bemerkte den Schweiß auf ihrer Handfläche, ihre aufkommende Panik, da sie sich nun an einem Ort befand, der ihr völlig fremd war und an dem sie sich weder orientieren noch verständlich machen konnte. Sie fröstelte und zog die Schultern nach oben, ohne dabei meine Hand loszulassen.

»Ist dir kalt?«

Malila schaute mich mit großen Augen an und nickte stumm. Endlich konnte ich meine Hand aus der ihren befreien. Ich blieb stehen, stellte meine Tasche neben mich und suchte nach einem Taschentuch, um mich von ihrem Schweiß zu säubern. Dann wickelte ich ihr meinen Schal aus feinem Kaschmir um den Hals. Sie lächelte mich an und hielt sich nun dankbar an ihrem wärmenden Ersatz fest. Ich betrachtete die grünen Glasperlen an ihrem Handgelenk, die mir noch vor zwei Tagen so magisch erschienen waren. Jetzt wirkten sie billig.

»Komm, ich zeige dir meinen Club und wo du wohnen wirst. Und dann gehen wir etwas essen. Du hast doch bestimmt Hunger, oder? Und wir werden dir ein paar schöne Sachen kaufen, ja?«

Bevor sie sich erneut an meine Hand klammern konnte, winkte ich nach einem Taxi und ließ uns zum *Bel Ami* fahren. Der Taxifahrer musterte meine Begleitung, grinste und drückte dann ohne nach der Straße zu fragen den Knopf am Taxameter.

Es war ein Montagnachmittag. Im Laufe der Fahrt war der Scheibenwischermotor bald als einziges monotones Geräusch im Wagen zu hören. Ich war müde, und Malila schaute stumm aus dem Fenster. Wohl auf der Suche nach all den Männer, die ihr bald die Welt zu Füßen legen würden. Der beginnende Herbst hatte gelbe Blätter auf dem Rasen vor der Villa verteilt. Malila blieb vor dem Messingschild am Eingang stehen und las langsam: *Nachtclub*, was bei ihr wie *Nächtclub* klang. Ich wiederholte, und sie hatte ihr erstes deutsches Wort gelernt, noch bevor sie mir die Stufen zur Eingangstür folgte: Nacht.

Außer dem Hausmeister und einer polnischen Putzfrau befand sich um diese Zeit niemand im *Bel Ami*. Ich steuerte auf die Bar zu, öffnete routiniert die erste Flasche Champagner und bot Malila ein Glas an. Sie trank und folgte mir neugierig und etwas entspannter in die obere Etage.

»Hier kannst du erst einmal bleiben, bis ich etwas anderes für dich gefunden habe.«

Direkt nach dem Besuch bei ihren Eltern hatte ich mit einem Freund telefoniert, der eine kleine, aber sehr hübsche Pension betrieb. In zwei Wochen würde dort eine kleine Wohnung frei werden. Bis dahin müsste Malila, wie schon einige Ausländerinnen vor ihr, mit einem Zimmer im *Bel Ami* vorlieb nehmen. Sie betrat vorsichtig den Raum und sah sich um. Wie sie den Hals bog ohne die Schultern mitzubewegen, den Rücken durchstreckte und die Füße zuerst mit der Ferse auf den Boden setzte, erinnerte mich an meinen ersten Eindruck von ihr im *Tropical*: eine Katze.

»Das ist sehr schön, Detlef!«

Sie strich mit den Fingerspitzen über die vergoldeten Schnitzereien des Barock-Imitats, stellte Tasche und das leere Sektglas ab und begann sich langsam vor dem Spiegel zu drehen. Sie lächelte mich an, dann ihr Spiegelbild, wieder mich, drehte sich immer schneller und ließ sich schließlich rücklings auf das breite Bett fallen.

»Komm zu mir, mein Schöner!«

Sie war gerade erst 21 geworden und voll unverbrauchter Energie.

»Wir haben heute noch einiges vor, Malila. Hier kannst du deine Sachen unterstellen. Dort drüben ist das Bad. Für den Fall, dass das Zimmer benutzt wird, möchte ich, dass ab 20 Uhr nichts mehr von dir hier herumliegt. Keine Zahnbürste, keine Unterwäsche, kein Glas«, ich zeigte auf den Champagnerkelch, den sie auf dem Tisch abgestellt hatte, »keine Marienbildchen, Kruzifixe oder was auch immer. Hast du das verstanden?«

Mein Englisch war ganz brauchbar, aber nicht perfekt. Vielleicht kamen meine Erklärungen deshalb schroffer herüber, als ich es beabsichtigt hatte. Beunruhigt entdeckte ich aufsteigende Tränen und das Zittern ihrer vorgeschobenen Unterlippe. Also setzte ich mich zu ihr aufs Bett, strich ihr über die Wangen und küsste sie auf die Stirn.

»Du bist wunderschön, Malila. Lass uns erst einmal essen gehen, okay? Und schau mal, bis du es dir in deiner eigenen Wohnung richtig gemütlich machen kannst«, ich suchte angestrengt die Tapete ab, bis ich ihn endlich entdeckt hatte, »kannst du deine *Nossa Senhora* ja hier aufhängen.«

Ich zeigte ihr den kleinen Stahlstift, an dem vor einem Monat noch die elfenbeinblasse Mutter Gottes ihrer Vorbewohnerin gehangen hatte. Die *Nossa Senhora* war schwarz, trug eine Diamantenkrone und einen bodenlangen, blauen Umhang und war, wie mir Malila versicherte, schon 100 Jahre alt. Neben wenigen Kleidern und persönlichen Dingen, war es das Einzige, was Malila aus ihrem Elternhaus mitgenommen hatte. Sie lächelte mich dankbar an, wischte sich über die Augen und sprang vom Bett.

»Ja, lass uns essen gehen!«

Und sie meinte *gehen*! Entschieden lehnte sie eine weitere Taxifahrt ab, zog sich in Ermangelung einer dicken Jacke zwei Pullover übereinander und mich hinaus auf die dämmrige Flatowallee. Ich war wenig begeistert von ihrer Idee und schätzte den Fußweg zum nächsten annehmbaren Restaurant auf wenigstens 20 Minuten.

»Hörst du?«

Malila war plötzlich stehen geblieben und suchte die Bäume auf der gegenüberliegenden Straßenseite ab. Die Straße war vierspurig mit einem breiten, begrünten Mittelstreifen, und ich konnte mir beim besten Willen nicht vorstellen, was dieses Mädchen auf der anderen Straßenseite zu hören glaubte. Mein Magen knurrte, ich war müde vom Flug, und ich vernahm: Autos – weit entfernt und direkt neben mir, ein Flugzeug über mir und »Like A Virgin« von Madonna, zumindest bis die Ampel umschaltete und das Cabrio mit quietschenden Reifen anfuhr.

»Das ist ein Zaunkönig. Die gibt es bei uns auch!«, klärte sie mich fröhlich auf. Ich strengte mich ein bisschen mehr an und hörte es trotzdem nicht.

»Die Ohren wollen nur hören, was sie kennen. Hast du eine Münze?«

Genervt suchte ich aus meinem Portemonnaie eine Mark heraus.

»Nein, kleiner!«

Herrgott nochmal, was hatte ich mir da bloß eingefangen. Ich gab Malila einen Pfennig und sah ihr zu, wie sie ihn in die Luft warf. Er fiel auf den Gehweg, trudelte aus und blieb liegen.

»Hast du gehört?«

Ich starrte verständnislos die kleine Münze an und dann Malila.

»Das Geräusch war nicht lauter als der kleine Vogel dort hinten. Aber du hast es trotzdem gehört!«

Sie lachte, hakte sich bei mir unter und zog mich weiter.

Am frühen Abend kehrten wir gesättigt und mit etlichen Einkaufstüten beladen ins *Bel Ami* zurück. Sie war nun im Besitz diverser, exklusiver Dessous, eines warmen Mantels und eines Buch mit dem Titel *Deutsch für Anfänger*, das ich ihr unbedingt hatte kaufen sollen.

»Mädels, das ist Malila aus Brasilien. Sie wohnt vorübergehend in der kleinen, grünen Suite und spricht noch kein Deutsch. Maria, kannst du dich in der ersten Zeit ein wenig um sie kümmern, ihr alles zeigen, erklären und so weiter?«

Die Angesprochene kam lächelnd auf uns zu, legte den Arm um Malila und drückte die drahtige Brasilianerin an ihren großen Busen. Maria war zweisprachig aufgewachsen und lange genug im Geschäft, um diese Aufgabe gut zu erfüllen. Bewundernd ließ sie Malilas lange, geflochtene Zöpfe durch ihre Hand gleiten und begann auf Englisch auf sie einzureden. Sie reichte ihr ein Glas, ließ sich selbst nachschenken und zog sie samt Tüten zur Treppe. Während ich mich zu Karl-Heinz umdrehte, glaubte ich Malilas Blick zu spüren. Ich drehte mich um, sah aber nur noch ihren Rücken.

»Bernhard!«, begrüßte ich einen anderen Stammkunden. »Du warst ja schon ewig nicht mehr hier. Schön, dich wiederzusehen. Wie geht es dir?«

»Ja, bin auch nicht mehr der Jüngste. War acht Wochen zur Kur. Herz-Kreislauf, das Übliche.«

Er trank sein Bier aus.

»Die Kleine ist Brasilianerin?«

Meine wilde Exotin erwies sich als echter Kassenschlager. Sie hatte bald mehr Anfragen, als sie bereit war anzunehmen. Ihr ungezügeltes Temperament machten sie zwar begehrenswert – denn kein Mann konnte sicher sein, sie auch wirklich aufs Zimmer zu bekommen –, aber es sorgte auch für einen nicht gerade geschäftsfördernden Unfrieden. Etliche Einschläge von umherfliegenden Aschenbechern zeugten von ihren haltlosen Wutausbrüchen und leider auch von unzufriedenen Gästen. Gerd, ein langjähriger Freund und lieber Stammgast, wurde einer von ihnen.

»Bitte, Detlef, ich zahle alles, was du willst. Aber bring mir diese Wildkatze an meinen Tisch!«

Es war einer dieser Abende, die endlos schienen. Noch nicht mal Mitternacht, und schon waren mehr Gäste mit meinen Schönen auf den Zimmern verschwunden als an manchen anderen Tagen, an denen ich das *Bel Ami* erst um fünf Uhr morgens abgeschlossen hatte. Noch immer zeigte das Thermometer fast 20 Grad an.

Die Sommernacht erregte die Gäste und meine Mädchen anscheinend gleichermaßen.

Gerds Gesicht war gerötet, sein langes, blondes Haar klebte ihm an den Schläfen. Er war Mitte 50, klein und drahtig. Ich schätzte ihn als einen freundlichen und äußerst spendablen Gast und war nicht verwundert, dass er Gefallen gefunden hatte an meinem brasilianischen Neuzugang, der sich gerade in einem hautengen, glänzend roten Kleid an der Bar rekelte. Obwohl sich ihr Haar in einer schweren Hochsteckfrisur über ihrem schönen Kopf türmte, hielt sie ihren langen Hals stolz nach oben gereckt.

Ich nannte ihm die Bedingung, welche die unberechenbare Schönheit an meiner Bar sicherlich stellen würde, und versprach ihm, mein Bestes zu versuchen. Malila warf einen kurzen, hochmütigen Blick auf den kleinen Gerd und lehnte ab.

»Verdammt noch mal, Malila. Er ist bereit, den Dom Perignon Rosé für dich zu bestellen. Das wären 50 Prozent von 250 Mark für dich! Rechnen wirst du ja wohl noch können!«

»Trotzdem nicht. Ich mag nicht!«, sagte sie so leichthin, als würde der Schampus in Cruzeiro bezahlt und nicht in Mark.

Ich starrte sie fassungslos an, sah aber ein, dass weitere Versuche, sie umzustimmen, zwecklos waren. Wütend schickte ich meine Polinnen und Moa, ein weitaus zahmeres brasilianisches Mädchen, an Gerds Tisch. Gerd verstand meine Geste und ließ sich trösten. Ein wenig später hörte ich die vier vergnügt lachen, was in Malilas Ohren offenbar wie Hohn klang. Erst rutschte sie unruhig auf ihrem Barhocker herum, dann zogen sich ihre Augen zusammen, und schließlich griff sie nach ihrem Champagnerglas und stürzte es in einem Zug herunter. Ich entdeckte keinen Aschenbecher in ihrer Nähe, zog mich aber sicherheitshalber hinter die Bar zurück. Malila glitt vom Hocker, näherte sich Gerd von hinten und umschlang ihn mit ihren langen, sonnengebräunten Armen. Dann beugte sie sich tief über ihn und hauchte ihm ins Ohr:

»Leck mich, mein Schöner. Sofort. Ich bin total nass da unten.«

Gerd war von der plötzlichen Wendung völlig überrascht, beobachtete erregt die kleine, schmale Hand, die pfeilschnell in seine Hose vorgedrungen war, und buchte im nächsten Moment das Penthouse für sich und alle vier Mädchen. Vergnügt begleitete ich die Gruppe nach oben. Das Penthouse bestand aus Wohn- und Schlafzimmer, einer Küche und einem großem Bad mit rundem Whirlpool. Noch während ich den Champagner einschenkte, hatte sich Malila auf den Schreibtisch im Wohnzimmer gesetzt und die Beine weit gespreizt auf die Stuhllehnen gestellt. Sie blickte mich provozierend an, und ich sah ihr aufgeklapptes, tatsächlich total nasses, dunkles Fötzchen, an dem sich Gerd sofort zu schaffen machte. Ich vergoss etwas Champagner, riss mich von dem erregenden Anblick los und ließ die fünf allein.

Noch bevor ich die Bar wieder erreicht hatte, vereitelten lautes Schreien und Kreischen meine voreilige Erleichterung über Malilas Sinneswandel. Ich eilte zurück, riss die Tür auf und sah, dass sich Malila mit beiden Händen in Natalies blonde Haare gekrallt hatte. Beide rollten über den Boden und schrien. Die eine aus Wut, die andere vor Schmerzen. Das zweite brasilianische Mädchen lehnte an der Wand, hielt die Hände vors Gesicht und rief irgendwas auf Portugiesisch. Gerd stand mit heruntergelassener Hose in diesem Tumult und sagte gar nichts. Alicia zerrte an meiner Anzugjacke und brüllte mich an:

»Tu doch was, Detlef, Malila ist total ausgeklinkt. Sie bringt sie noch um. Oh mein Gott! Bring sie doch hier raus!«

Ich schüttelte Alicia ab und versuchte, einen der wild um sich schlagenden Arme zu erwischen. Als es mir gelang, riss ich Malila mit einem Ruck von der schreienden Polin herunter. Sie schlug, trat und spuckte nach mir wie eine Irre, zog einen Schuh aus und stach mit dem Absatz auf mich ein. Fast reflexartig schlug ich zu. Ich hatte noch nie eine Frau geschlagen und wollte mich gerade schlecht fühlen, als ich mich plötzlich einem abgebrochenen Flaschenhals gegenübersah. Malila fuchtelte mit der Flasche vor meinem Gesicht herum und rollte wie ein Tier mit den Augen. Während sie hysterisch in Englisch, Portugiesisch und Deutsch auf mich einschrie, flogen die Speicheltropfen nur so aus ihrem Mund.

»Was sucht diese miese Schlampe hier? Und die anderen beiden Nutten? Was machen die hier, wenn ich mit MEINEM Kunden zu Gange bin? Porra putas! Eu te odeio! Verpisst euch doch alle! Du auch, du Schwein! Ich stech dich ab. Ich stech euch alle ab!«

Ich war entsetzt und für eine Sekunde ratlos. Sie war verrückt geworden. Diesmal holte ich härter aus und schlug ihr fest ins Gesicht. Ich hörte das laute Knacken in meiner Hand. Malila flog fast einen Meter weit und war tatsächlich für einen kurzen Moment still.

»Braucht ihr Hilfe?«

Ich wollte mich gerade zu Nico, dem Türsteher, umdrehen, als ich aus den Augenwinkeln die Flasche anfliegen sah und ihr in letzter Sekunde ausweichen konnte. Sie zersprang am Türrahmen.

Malila hatte sich aufgerappelt und stand schon wieder wutschnaubend vor mir. Blut tropfte von ihrer Unterlippe auf den Teppich. Sie schien es nicht zu merken.

»Is that ALL, you motherfucking bastard?! Ist das etwa schon ALLES?«, schrie sie mich hasserfüllt an. Dann stürmte sie an uns

vorbei aus der Bar und verschwand in der Nacht. Ein einzelner
Schuh lag auf der Treppe. Kein Prinz hob ihn auf und eilte ihr
nach.

Ja, du durchgeknallte Nutte, dachte ich, *das IST Alles.* Was
denn sonst noch?

Tollhaus

Der Abend war noch jung, aber ich fühlte mich steinalt. Meine
Hand schmerzte. Ich holte mir einen Beutel Eis aus der Bar,
ging in mein Büro und legte ihn mir auf den Handrücken. Erschöpft lehnte ich mich in meinem Sessel zurück und schloss die
Augen. An diesem Abend bereute ich zum ersten Mal, Malila
ins *Bel Ami* gebracht zu haben. Natalie hatte ich nach Hause
geschickt. Rosi räumte das Penthouse auf und hatte sich über
diese Aufgabe zu Recht beschwert. Aber Karin brauchte ich in
der Bar, da ich mich selbst gerade zu schwach fühlte, um den
Betrieb zu übernehmen. Was für ein mieser Abend. Gerd hatte
sich geweigert, die vollen zwei Stunden zu bezahlen, zwei meiner besten Mädchen waren auf dem Weg nach Hause, und eines ruinierte gerade seine Nägel, weil es den versauten Teppich
schrubben musste. Ich suchte in meinem Schreibtisch nach der
kleinen Schachtel, in der ich die brasilianischen Happypillen
aufbewahrte. Es kullerte nur noch eine darin herum. Das letzte
brasilianische Glück! Oh, Malila. Ich spülte das kleine weiße
Ding mit Champagner herunter und wartete auf die Wirkung.
Ein Knall in meinem Kopf, und die Welt begann zu leuchten.
Alles war wieder neu und schön und voller Möglichkeiten.
Ich übernahm den Bardienst, schickte Karin nach oben, um

Rosi abzulösen. Eine Flasche aufs Haus, und die Party konnte weitergehen.

»Was war denn da oben los, Daddy? Malila ist hier rausgefegt, als wär der Teufel in sie gefahren!«

»Vielleicht *ist* ja der Teufel in sie gefahren!«

Ich warf Karin ein anzügliches Grinsen zu und entdeckte Marlen-Püppchen in einem smaragdgrünen Kleid.

»Marlen, du siehst heute atemberaubend aus. Das Kleid ist neu, oder?«

»Hey, Detti. Nicht nur das Kleid!«

Die Süße drehte sich mir strahlend entgegen und drückte ihren Rücken durch. Im Licht der Kerzen entstand ein deutlicher Schatten zwischen ihren Brüsten.

»Die Brüste auch!«, rief ich, »Verflucht, seh'n die geil aus! Hast du dich doch endlich getraut! Darf ich?«

Die üppige Marie hatte sich zu uns gesellt und beobachtete lächelnd meine Hände, die Marlens Brüste abtasteten.

Jetzt legte sie Marlen einen Arm um die Schulter und erklärte stolz: »Das war meine Idee. Ich hatte dir doch von diesem Dr. Sander erzählt. Der nimmt nur knapp 4000. Bei Marlen hat er 300 pro Seite reingepackt. Und sie kann später noch nachlegen.«

Die beiden Mädchen lächelten sich zu und hatten den alten Streit augenscheinlich vergessen.

»Ganz so üppig wie die hier werden sie wohl nie«, Maria hob ihre schweren Brüste so an, dass sie ihr fast aus dem Ausschnitt rutschten. »Aber wenigstens können die Männer bei ihr jetzt auch was mal was anfassen.«

»Ralf haben sie auch schon vorher gefallen!«

Marlen verfiel wieder in ihre alte Klein-Mädchen-Rolle, die bei ihrer neuen, fraulicheren Erscheinung allerdings nicht mehr ganz so überzeugend kam.

»Hör mir doch auf mit dem! Wahrscheinlich hat er bei dir an seine Tochter gedacht!«

»Und bei dir dann wohl an seine Mutter?«, giftete Marlen zurück.

»Vielleicht, ich kenn sie ja nicht!« Maria blieb locker. Dann begann sie zu kichern. »Hab' ich dir eigentlich erzählt, was er das letzte Mal von mir gewollt hat?«

Die neue Marlen wollte von den alten Sachen eigentlich gar nichts hören, war aber nicht schnell genug, um das Gespräch wirklich abzubrechen. Und wahrscheinlich hätte Maria ihren Einwand sowieso ignoriert.

»Ich habe ihn ja nur aus deinen Erzählungen gekannt und war auf eine solche Sache überhaupt nicht vorbereitet.«

Marlen krümmte sich unmerklich.

»Er hat sich einfach ausgezogen und sich breitbeinig aufs Bett gelegt. Ich will grad loslegen, da schreit er mich an: *Los, gib mir Tiernamen. Mach schon, beschimpf mich!* Vielleicht hat seine Mutter ihn ja immer Ferkel oder Schwein genannt, aber mir ist in dem Moment nichts eingefallen, verstehst du? Überhaupt nichts!«

»Und dann?«, hakte Marlen nach, von dieser Variante ihres Ex-lovers offenbar völlig überrumpelt.

»Ich hatte mit so was überhaupt nicht gerechnet. Tiernamen! Du hast uns ja immer erzählt …«

»Ich weiß, was ich erzählt habe!«, unterbrach Marlen gereizt.

»Na, jedenfalls war ich völlig leer im Kopf. Dann ist mir diese Tiersendung eingefallen, die ich gestern im Fernsehen gesehen habe …« – spannungserhöhende Pause – »über Eichhörnchen!«

»Nein!«

»Doch!«, quiekte Maria. »Ich hab ihn ein *dreckiges Eichhörnchen* genannt!«

Jetzt brüllten beide los und lachten, bis ihnen die Tränen über die gut geschminkten Gesichter liefen.

Die Tür öffnete sich, und ich drehte mich noch immer grinsend um. Zuerst sah ich nur rot – dunkelrot – blutrot. Dann den Boten. Ein junger Mann hielt einen riesigen Strauß herrlicher Rosen im Arm und fragte, wer Alicia denn wohl sei.

»Alicia, dein Verehrer hat dir mal wieder Rosen geschickt!«, rief ich nach hinten. Alicia kam vom Klo direkt zum Eingang, las sich das goldene Kärtchen durch und schüttelte resigniert, aber nicht unerfreut ihren schönen Kopf.

»Michael?«

»Wer sonst!«

»Der gibt aber auch nicht auf, was?

Seit Wochen belagerte Michael eines der One-Million-Dollar-Babys und gefährdete damit mein polnisches Lesben-Duo. Fast täglich schickte er Blumen, organisierte Picknicks, ließ Geigenspieler Alicias Namen hoch und runter fiedeln oder jagte gleich eine ganze Band ins *Bel Ami*. Typen, die lange Sonette schrieben, in denen von Herzen die Rede war, die füreinander bestimmt waren, von Errettung oder der Vision eines glücklichen Lebens zu zweit, solche Typen mochte ich nicht. Bis er sich in Alicia verguckt hatte, waren er und sein Vater regelmäßige Besucher bei mir gewesen. Der Vater, ein stinkreicher Geschäftsmann um die 60, hatte ihn als Geschäftsführer eingesetzt und ihn dabei gleich in die Firmeninterna eingeführt: Geschäfte lassen sich am besten in der Sauna abwickeln, hübsche Mädchen steigern den Umsatz. Eine Rechnung vom *Bel Ami* pro Monat gehörte in jede ordentliche Buchhaltung – steuerlich absetzbar und auch persönlich sehr befriedigend. Anfänglich fand ich die Idee des alten Herrn sehr gut, zumal sein Sohn kein Kostverächter und ebenso spendabel wie der Vater war. Bis diese Sache mit Alicia angefangen hatte.

»Er muss zumindest ganz gut verdienen!« Alicia hielt ihre Nase in die Rosen und schloss die Augen.

»Der Vater hat die Kohle. Den solltest du dir angeln, wenn du noch immer auf eine lukrative Ehe scharf bist!«

In Wahrheit war ich nicht mal ansatzweise bereit, meine lukrativsten Pferde im Stall so schnell von der Leine zu lassen. Was Malila anging, hatte sie sich zwar schon öfter Wutausbrüche und derartige Anfälle von blinder Zerstörungswut geleistet, aber so schlimm wie heute war es noch nie gewesen. Ich wusste also nicht, ob sie wiederkommen würde. Und es konnte ja wohl nicht sein, dass ich gleich zwei Mädchen auf einmal verlor. Ich würde ein paar neue heranschaffen müssen. Sicherheitshalber!

Da ging die Tür meiner Bar auf und eine Frau trat ein. Sie war fett, alt und wütend.

»Ist Werner hier? Das ist mein Mann, und er hat einen Pudel bei sich. Ich wette, er ist hier!«

Lag es an der Happypille oder war dieser Abend wirklich so bizarr? Ich spürte ein Kichern im Hals. Ein paar Mädchen hatten sich weniger unter Kontrolle. In der Ecke zwischen Bar und Fenster glaubte ich eine flüchtige Bewegung wahrzunehmen. Ich ergriff die nächstbeste Flasche und ein Glas und eilte der Schachtel entgegen.

»Guten Abend, ich bin Detlef und mir gehört diese Bar. Leider weiß ich nicht, wer Ihr Mann ist. Aber vielleicht darf ich Sie auf ein Gläschen …«, ich schaute auf die Flasche in meiner Hand, »… Rotwein einladen? Und während Sie ein Schlückchen trinken, schauen Sie sich in Ruhe um. Und wenn Sie ihn hier nicht finden, zeige ich Ihnen auch gern unsere Zimmer oben!«

Werners Frau schob das ihr angebotene Glas energisch beiseite und inspizierte misstrauisch meine Bar.

»Harti ist mit Alicia gerade ins *Blaue* gegangen!«, flüsterte mir Karin zu. Oh, nein! Das war mir entgangen. Harti war ein befreundeter Steuerprüfer in fortgeschrittenem Mannesalter, der mir schon öfter mit Rat und Tat zur Seite gestanden hatte und dem ich auf keinen Fall diesen Drachen auf der Suche nach Werner auf den Hals hetzen wollte. Mittlerweile wurde ICH von der Dame beäugt.

»Gibt es etwas, das Sie mir verschweigen möchten?«

»Meine Teuerste, ich habe gerade erfahren, dass sich einer meiner Gäste in die oberen Zimmer zurückgezogen hat. Den möchte ich ungern stören. Sie verstehen?«

»Ich verstehe sehr gut. Ich denke aber auch, dass ich nach 45 Jahren Ehe das Recht habe, zu erfahren, was mein Ehemann treibt, wenn er eigentlich mit Wolle Gassi gehen soll!«

Damit drängte sie sich an mir vorbei und in Richtung der Zimmer. Nico hob die Arme und schaute mich fragend an. Ich winkte dem Türsteher ab und eilte der Frau hinterher, die zielsicher auf das Blaue Zimmer zusteuerte. Ich überholte sie und appellierte an Vernunft und Diskretion, aber das machte sie nur noch wütender und mich in ihren Augen verdächtiger. Sie pochte gegen die Tür.

»Mach auf, Werner. Ich weiß, dass du da drin bist. Dachtest wohl, ich bin blöd, oder was? Wie viel von unserem Geld …?« Plötzlich öffnete sich die Tür und Harti, der Steuerprüfer, stand breitbeinig und splitternackt vor uns.

»Ich war noch nie verheiratet, junge Frau, und …« Harti musterte die Dame von oben bis unten, weidete sich an ihrem entsetzten Blick und beendete: »… und bereue es auch nicht. Guten Abend!«

Ich schluckte erneut mein Gekicher herunter und bekam davon einen Schluckauf. Hick. Werners Frau schaute mich wütend an, stieß ein angestrengtes *Danke* hervor, drehte sich um und stampfte hinaus. Hick. Aus dem Blauen Zimmer hörte ich es wiehern. Waren hier alle verrückt geworden?

»Wo ist Werner denn hin?« Hick.

Karin grinste mich an, zeigte auf den roten bodenlangen Samtvorhang zwischen Bar und Fenster und wedelte dann mit einem Hundertmarkschein.

»Er stand die ganze Zeit dahinter und hat Wolle die Schnauze zugehalten. Als ihr nach oben gegangen seid, ist er raus, und den hat er hier gelassen.«

Jetzt stimmte auch ich endlich in das Gelächter der Mädchen und Gäste ein, entkorkte eine Flasche und rief: »Auf die Freiheit der Unverheirateten!« Hoffentlich laut genug, dass mich Alicia oben hören konnte. Die 30 roten Rosen standen in einem Eiskübel auf dem Klavier und warteten geduldig.

Voodoo – Pisse – Happy End

Brasilianerinnen gehören zu den schönsten Mädchen der Welt – aber sie verblühen sehr schnell. Malila hatte Gefallen gefunden am Schnee in Deutschland, von dem ich ihr einst vorgeschwärmt hatte. Noch besser als der, der vom Himmel fiel, gefiel ihr aber bald der, den sie bei mir zu kleinen, feinen Linien zusammenschob. Nur kühlte er sie nicht ab. Ihre Aus- und Zusammenbrüche häuften sich und machten sie bei den Mädchen zunehmend unbeliebt. Einmal kam sie halb nackt zu mir an die Bar gerannt, wedelte mit einem knittrigen Stück Papier vor mir herum, schrie und fluchte auf Portugiesisch und brach schließlich weinend in meinem Arm zusammen. Sie hatte den Zettel mit ihrem Namen in dem Schuh von einem der neuen brasilianischen Mädchen gefunden. Das Mädchen war tagelang auf dem Papier herumgelaufen. Ein alter Voodoo-Zauber, erklärte mir Malila schluchzend, der bei gehassten Menschen angewendet wird und der, je länger er praktiziert wird, sogar dessen Tod bewirken kann. Sie war zutiefst verängstigt, und gleichzeitig raste sie vor Wut.

Ein anderes Mal musste ich bei einem Gast erste Hilfe leisten, der mit tiefen Kratzwunden aus ihrem Zimmer gestürzt kam und mir mit einer Anzeige drohte. Sie erzählte mir unter Tränen, dass er sie von hinten gefickt und dabei den Gummi heruntergezogen hätte. Ich versuchte, sie zu trösten, und überlegte kurz, ob ich einen Zettel mit *seinem* Namen in meinen Schuh stecken sollte.

Einige Wochen später löste Malila den Tumult nicht in meiner Bar aus, sondern davor. Wir standen alle an der großen Fensterfront, die zur Straße zeigte, und beobachteten das absurde Schauspiel. Ein Taxi stand mit laufendem Motor vor unserer Tür. Malila und der Fahrer saßen drinnen, gestikulierten wild und schrien sich an. Plötzlich hob Malila ihr Bein in einem aberwitzigen Winkel nach oben, trat mehrmals gegen das Armaturenbrett, riss die Tür auf und flüchtete in die Bar. Der Taxifahrer hechtete hinter ihr her, drohte mit Anzeige und Polizei. Malila schrie zurück, nannte ihn ein verficktes Oberarschloch und einen hinterfotzigen Abzocker – ihr Vokabular überraschte selbst mich – und suchte schon wieder nach einem Aschenbecher. Ein beherzter Gast sprang herbei und änderte damit den vorprogrammierten Ablauf.

»Stopp jetzt mal. Ruhe!«

Der Gast hielt wie ein Dompteur die Arme ausgestreckt nach oben und dann zur Seite. Jetzt sah ich, dass er ein paar Scheine in der Hand hielt.

»Ich werde jetzt den Schaden begleichen, und Sie verzichten auf die Polizei und vergessen die ganze Sache hier!«

»Nichts da, diese wildgewordene Fotze gehört in die Klapse. Die ist doch nicht richtig im Kopf!«

»Du fettes, schwanzlutschendes Arschloch denkst wohl, ich lass mir von dir mein hart verdientes Geld aus der Tasche stehlen!«

Diesem neuerlichen Beweis ihrer Deutschkenntnisse ließ Malila einen fetten Spuckeflatschen folgen, der den eben Beschimpften an der Wange traf. Die Sache drohte erneut zu eskalieren, und mir und dem Retter der geschmähten Hure gelang es nur mit Mühe und Not, den Bespuckten von versuchtem Totschlag abzuhalten. Die Polizei wurde gerufen, trug aber nicht wirklich dazu bei, Malila oder den Taxifahrer zu beruhigen. Ganz im Gegenteil ereiferte sich nun auch noch ihr Beschützer. Als die Polizisten versuchten, die sich heftig wehrende Malila in den Polizeiwagen zu quetschen, platzte ihm endgültig der Kragen, vielleicht auch der Gürtel, weshalb er schließlich mit heruntergelassener Hose auf der Straße stand und anfing, ausgiebig gegen das grün-weiße Auto zu pinkeln. Wir johlten vor Vergnügen hinter dem Fenster laut auf. Ein zweiter Polizeiwagen wurde gerufen, in dem unser blasenschwacher Held dann ebenfalls zum Revier gebracht wurde.

Es war schon verrückt, was dieses Weib mit den Männern machte. Ich sah den abfahrenden Autos hinterher, drehte mich zur Bar um und spendierte eine Flasche Champagner, um die aufgeheizte Stimmung nicht abflachen zu lassen. Langweilig wurde es mit Malila jedenfalls nie.

Wir hatten uns vom Fenster zum Garten zurückgezogen und werteten lachend die Heldentat des unbekannten Gastes aus. Roland saß wieder am Klavier und spielte »Rote Rosen«, als die Tür aufging. Alicia kam herein und wurde jubelnd empfangen. Etwas irritiert schaute sie mich an. Ich griff mir ein Glas mit Champagner, eilte auf sie zu und umarmte sie überschwänglich.

»Ist mir hier irgendwas entgangen? Hat jemand Geburtstag?« Alicia kam in der letzten Zeit nur selten ins *Bel Ami* und geriet allmählich in Vergessenheit. Sie fragte sich zu Recht, ob die Aufregung tatsächlich mit ihrem Eintreten zu tun hatte.

»Wunderbar siehst du aus. Schön, dass du mal wieder vorbeikommst.«

Ich half ihr aus der Jacke und fuhr dabei mit meinen Fingern über ihre nackten Schultern. Sie trug ihr kurzes, rückenfreies Kleid mit dem tiefem Ausschnitt und war wohl nicht bloß hier, um ein halbes Stündchen plaudernd an der Bar zu sitzen.

»Hier, trink einen Schluck auf den Helden der Stunde, den du leider verpasst hast!«

»Alicia, ich hab dich ja schon lange nicht mehr gesehen! Ist dir langweilig geworden ohne uns?«

Natalie presste ihren vollen Busen an die Freundin und drückte ihr einen Kuss auf die Wange.

»Komm zu uns rüber und erzähl, wie es dir geht!«

»Welche Heldentat habe ich denn verpasst?«

Offensichtlich hielt sie die Vorkommnisse im *Bel Ami* für interessanter als ihr neues, ach so romantisches Leben, dachte ich befriedigt und schaute Alicia nach, die von Natalie an den kleinen Ecktisch geführt wurde, wo sie augenblicklich auch von Rosi, Moa und Caro umarmt wurde. Etwas wehmütig betrachtete ich meine wiedervereinten Million-Dollar-Babys, die die Hände kaum voneinander lassen konnten. *Ich hätte mir Michael doch mal zur Brust nehmen sollen!* Viele Kunden hatten mehrmals nach Alicia gefragt und mich daran erinnert, um wie viel Geld mich dieser Romantiker gebracht hatte. Von Anfang an hatte ich die Verabredungen außerhalb des *Bel Ami* misstrauisch beobachtet, war aber nicht darauf gekommen, dass meine geschäftstüchtige Polin so blöde sein würde, tatsächlich bei diesem Typen einzuziehen. Ab diesem Moment hatte sich Michael nie wieder bei mir blicken lassen, und ich konnte die Katastrophe nicht mehr verhindern. Denn natürlich hatte er ihr als Erstes verboten, weiter bei mir zu arbeiten.

»Harti hat ständig nach dir gefragt, Matze auch! Du bist zu schön für nur *einen* Mann, Alicia. Bleibst du?«

Ich sah Natalies Finger über ihr Knie gleiten.

»Ich glaube, Natalie würde sich auch freuen!«, mischte ich mich ein.

»Die Katze lässt das Mausen nicht!« Alicia lächelte mich verschwörerisch an. »Und was hab ich nun verpasst?«

»Du erinnerst dich an Malila?«

»Die kann man nicht vergessen. Was hat sie denn diesmal zertrümmert?«

Ich verließ die Mädchenrunde, lehnte mich an die Bar und zählte die anwesenden Männer. 14, Nico und den klavierspielenden Roland nicht eingerechnet. 15 hätten es sein können, wenn Malila nicht wieder einmal durchgedreht wäre. Manchmal dachte ich an ihre Eltern in Brasilien. Ich hatte ihnen versprochen, auf sie aufzupassen. Hatte ich das? Es war doch wohl nicht meine Schuld, dass Malina ihren Drogenkonsum nicht unter Kontrolle bekam. Oder dass sie anscheinend geglaubt hatte, das Geld würde ihr hier in

Deutschland einfach so in den Schoß fallen. Ich entschied, dass es nun wirklich zu viel von mir verlangt war, auch noch für die Irrtümer der anderen die Verantwortung zu übernehmen.

Ihre kleine Showeinlage nahm ich ihr nicht mal übel. Sie hatte uns alle irgendwie zu Komplizen gemacht und die Stimmung gehoben.

Zwei Stunden später hatte sich die Zahl der Gäste im Barbereich um vier verringert. Der Rest johlte begeistert auf, als Retter und Gerettete Arm in Arm von der Polizeiwache zurückkamen. Malila hatte sich an *ihren Karl* geschmiegt, wie sie ihn inzwischen nannte, und lächelte uns sanft wie ein Kätzchen an.

»Eine Flasche Dom Perignon Rosé! Und für alle einen Drink auf meine Kosten!«

Malilas neuer Freund umfasste mit weit ausholender Geste alle Anwesenden, mit dem anderen Arm hielt er seine Beute fest umschlungen.

»Auf die schönste Frau der Welt!«

Wie sehr ich alle liebte, meine Mädchen, die Männer, das Leben im Allgemeinen – diesen Abend im Besonderen. Ich häufte ein winziges Häufchen Koks auf meinem Handrücken an und sog es tief ein – das Glück.

III. Mittelmeer

Verkokst

Mittlerweile betrieb ich das *Bel Ami* schon mehrere Jahre, und etwas, das man vielleicht als Routine oder Alltag bezeichnen könnte, hatte sich eingeschlichen. Ich hatte Angestellte, Mädchen und Gäste kommen und gehen sehen. Einige hatten geheiratet, waren schwanger oder schlicht zu alt geworden. Meine Stammkundschaft war gewachsen, der Bekanntheitsgrad des *Bel Ami* hatte die Grenzen meiner Heimatstadt weit überschritten, ich verfügte über ein ansehnliches Repertoire kleiner Anekdoten, mit denen ich stundenlang eine Abendrunde unterhalten konnte, meine Ehrfurcht vor berühmten Künstlern, Weltklassesportlern, Ehren- und Würdenträgern war selbstbewusster Professionalität gewichen, ich wunderte mich nur noch selten, und überraschen konnte mich fast nichts mehr. Vielleicht hätte meine alte Abenteuerlust mich schon längst nach neuen Herausforderungen suchen lassen, wenn es nicht doch immer wieder Abende wie den folgenden gegeben hätte.

Im *Bel Ami* öffnete ein Mann mittleren Alters die Tür und sah sich suchend um.

»Kein Stammgast«, raunte Natalie ihrer Freundin zu.

»Der war überhaupt noch nie hier!«, präzisierte die Tresenfrau, die scheinbar immer Gläser polierte und doch alles hörte und sah.

Der Mann war der erste Gast des Abends. Er trug einen Anzug der Mittelklasse, und auf seine Schuhe hatte sich der Staub der Straße gelegt. Sekundenschnell hatten die Mädchen den Gast gemustert und sich wieder ihren Drinks zugewandt. Er war ein eher normaler Typ. Seine Haare waren dunkelblond und kurz geschnitten, an den Schläfen schon weiß. Sein Bauchansatz ließ auf Büroarbeit schließen, seine Körperhaltung auf immerhin gelegentliche Besuche im Fitnessstudio. Ein Blick in seine grauen Augen erinnerte an trockene Erde. Ungewöhnlich an ihm war nur, dass er allein war. Üblicherweise kamen die Gäste zu zweit oder in noch größeren Gruppen. Manche Mädchen wussten auch von Pärchen zu berichten, bei denen es oft nur um die Befriedigung der weiblichen Neugier ging. Nur selten betrat ein Mann allein die Bar. Dieser hier hatte es getan und fühlte sich augenscheinlich unwohl. Also blieb er bei Nico vorn an der Tür stehen. Auch nicht ungewöhnlich. Er suchte in seinen Taschen erst nach Zigaretten und dann nach einem Feuerzeug. Sofort hatte Nico sein Zippo entflammt und hielt es dem Unbekannten hin. Ein tiefer Zug und der erste musternde Blick auf die Schönheiten an der Bar. Leise Musik und ein Duft zwischen Opium und Weihrauch. Die langen Beine der Mädchen waren in jeder erdenklichen Position um die Barhocker geschlungen. Rotes, blondes und schwarzes Haar lag lang und glatt oder in wilden Locken auf den nackten Schultern. Vereinzelt türmte es sich, kunstvoll hochgesteckt, über einem schmalen Hals. Vereinzelte Worte oder leises Gelächter übertönten ab und an die Musik.

»Wie läuft das hier?« Der Mann mit den grauen Augen schaute Nico neugierig an und drückte seine Zigarette in einem Aschenbecher aus rotem Kristall aus.

»Nun, man setzt sich hin oder bleibt stehen, trinkt ein Glas Bier oder Champagner. Man lässt es sich gut gehen. Die meisten

finden das zu zweit angenehmer. Also fragen sie ein Mädchen, ob
es sich dazusetzt.«

»Wie viel kostet ein Mädchen?«

Nico bildete sich eigentlich eine Menge auf seine Menschen-
kenntnis ein und war nun überrascht, dass der Mann diese Frage
tatsächlich so direkt gestellt hatte.

»Eine Stunde mit einem Mädchen kostet 250 Mark. Kleinere
Dienste bieten wir hier nicht an. Außerdem ist es üblich, Champagner oder etwas anderes für das Mädchen zu bestellen.«

Das unbewegte Gesicht des Mannes ließ nicht erkennen, ob die
genannte Summe ihn abschreckte oder nicht. Nico wartete auf
die unvermeidliche Frage nach dem Champagnerpreis. Überraschenderweise blieb diese jedoch aus. Der Fremde genoss den Anblick der Frauen und schien den Türsteher vergessen zu haben.

Nico fuhr verunsichert fort: »Der Champagner kostet je nach
Marke zwischen 200 und 1250 Mark. In der unteren Etage gibt
es eine Sauna und ein Schwimmbad mit großem Wasserbett und
Ruheraum. Die kosten pro Stunde 300 Mark, sind allerdings
nicht separat zu mieten. Aber ein bisschen gucken kann ja auch
ganz amüsant sein. «

Zum ersten Mal lächelte der Fremde, und Nico entspannte sich.
Seit er Türsteher war, hatte er Bizeps und Brustumfang in fleißiger
Heimarbeit fast verdoppelt, obwohl das gar keine Einstellungsvo-
raussetzung gewesen war. Als er sich um diesen Job beworben hatte, war er ziemlich überrascht gewesen, dass ich mich für ihn und
gegen seine hünenhaften Mitbewerber entschieden hatte. Mittlerweile konnte er meine Entscheidung nachvollziehen. Es gab viele
Männer, die durch die Anwesenheit von schönen Frauen erst einmal verunsichert waren. Gerade am Anfang eines Abends, wenn
alle noch nüchtern und mehr Frauen als Männer in der Bar waren,

suchten sie häufig das Gespräch mit einem Mann, nicht selten mit dem Türsteher. Und Nico war der Beste, wenn es darum ging, lockere Gespräche zu führen, die Gäste ein bisschen zu entspannen und Vertrauen zu schaffen. Seine anfängliche Irritation schien sich nun zu verflüchtigen, als ihn der Mann, der sich selbst als Alex vorstellte, anlächelte und fragte: »Wie heißt du denn?«

Nico grinste und schlug in die angebotene Hand ein. »Nico!«

»Wie lange machst du das denn schon, Nico?«

»Sechs Jahre.«

»Und vorher?«

Der Mann, der Alex hieß, wirkte ganz und gar nicht mehr schüchtern.

»So dies und das. Eine Zeitlang war ich Tauchlehrer an der Costa del Sol!« Nico war durchaus bereit, ein paar seiner Anekdoten zum Besten zu geben, kam aber nicht dazu.

»Wirst du auch ab und an in Naturalien bezahlt?« Alex zwinkerte ihn mit Unschuldsmiene an.

Nico runzelte kurz die Stirn, wurde offensichtlich noch immer nicht schlau aus diesem Gast.

»Arbeit ist Arbeit! Unsereins begnügt sich mit den weniger Schönen!«, antwortete er diplomatisch und, wie er hoffte, an die Eitelkeit des Gastes appellierend.

»Aber Champagner trinkst du doch wenigstens?« Ohne eine Antwort abzuwarten, legte Alex dem Türsteher seinen Arm um die Schulter und schob ihn zur Bar.

»Champagner! Den besten!«, rief er Karin zu.

Spätestens jetzt hatte er die ungeteilte Aufmerksamkeit der Mädchen. Nur Karin blieb unbeeindruckt. Professionell öffnete sie eine Flasche, die mehr kostete als eine einfache Verkäuferin im Monat verdiente, und füllte zwei Gläser.

»Für die Schönen und für dich auch!«

Allen wurde langsam klar, dass sich hier ein ungewöhnlicher Abend anbahnte. Nachdem Marie weitere acht Gläser auf den Tresen gestellt und sie gefüllt hatte, hob sie die leere Flasche und ihre linke Augenbraue.

»Na, mach einfach noch eine auf!«

Jetzt hätte auch die Freundin der Verkäuferin einen Monat Ferien machen können.

»Wie viel kostet denn der ganze Laden?«

Diese Frage brachte Nico nun endgültig aus dem Gleichgewicht. Alex registrierte genüsslich das Schweigen, das auf seine Frage folgte.

»Wie meinst du denn das?«

»Nun, man fragt den Chef oder die Chefin. Man zahlt in bar oder mit Karte. Dann schließt man ab und lässt es sich gut gehen.«

Alex grinste Nico an, hob sein Glas und prostete den sieben Schönen zu.

»Auf den Überraschungsgast des Abends!«

Für die Mädchen war der Deal schon perfekt. Auf Nicos Wink verschwand Karin hinter der Bar und klopfte wenig später an meine Bürotür.

Kurz bevor sie das tat, war ich in die Betrachtung eines kleinen Flecks vertieft, den ich auf meiner weißen Versace-Hose entdeckt hatte. Ich grübelte über seine Herkunft nach: Er war nicht groß, störte aber dennoch ungemein mein Wohlbefinden. Zum hundertsten Mal nahm ich mir vor, unbedingt Wechselkleidung in die Bar mitzunehmen. Der Anblick der schönen Karin änderte an meiner Laune zunächst nur wenig. Wenn sie mich persönlich aufsuchte, musste es allerdings einen besonderen Grund geben. Ich hoffte inständig, dass es keiner war, der mich zwang, dermaßen besudelt nach unten zu gehen.

»Detti, da ist ein Gast, der die Bar für sich allein buchen möchte.« Sie strich sich eine blonde Strähne hinter ihr Ohr und fügte, jede Silbe betonend, hinzu: »Den *ganzen* Abend!«

Seit ich das *Bel Ami* führte, waren nur wenige Anliegen dieser Art vorgetragen worden. Und wenn waren es Prominente gewesen, und die hatten sich angekündigt und eine Vorbestellung aufgegeben. Der ungewöhnliche Vorfall ließ mich für kurze Zeit meinen unschicklichen Aufzug vergessen. Ich verließ mein Büro und fragte Karin über den Gast aus. Sie kannte ihn nicht, hatte nichts Ungewöhnliches an ihm bemerkt, beschrieb ihn als selbstbewusst und witzig. Neugierig betrat ich den Barraum und sah den Fremden, umringt von meinen Mädchen. Sie lachten und redeten, verhielten sich, als würden sie ihn schon seit Jahren kennen. Drei leere Champagnerflaschen registrierte ich – vom Teuersten – und ahnte, dass der Mann es ernst meinen könnte.

Ich schätzte den sonderlichen Gast auf mein Alter, auch wenn er älter wirkte und weit weniger Wert auf seine Kleidung zu legen schien. Aber ich war lange genug im Geschäft und hatte schon öfter einen Gast gesehen, der aus einer Tasche, in der man nicht mehr als ein paar Pfandmarken vermutet hätte, beeindruckende Summen zog. Ich reichte ihm meine Hand.

»Uhlmann. Detlef Uhlmann.«

Der Fremde nahm mir meine Unsicherheit bezüglich der Anrede, indem er meine Hand ohne Umstände ergriff, kräftig schüttelte und mich mit größter Selbstverständlichkeit duzte.

»Ich bin Alex. Und dir gehört die Bar?«

»Ja, tut sie. Karin hat mir gesagt, dass du mich sprechen willst?«

Alex bejahte und wiederholte dann die Frage, die Nico nicht hatte beantworten können. Ich zögerte nur kurz und nannte ihm dann eine Summe, die sämtlichen Verkäuferinnen der Stadt einen freien Tag verschafft hätte. Alex ging es allerdings nicht um die Masse. Ihn verlangte es nach dem Besten, und zwar für sich allein. Und das sollte er bekommen. Die Türen wurden geschlossen und Schilder für die spontan beschlossene »Privatveranstaltung« davor gehängt.

Die Party konnte beginnen. Alex bestellte noch einmal Champagner für alle. Sanna, der exotische Neuzugang, rechnete die bisher geflossenen Summen nicht in Monats-, sondern in kreolische Jahresgehälter um. Die beiden geschäftstüchtigen Polinnen befürchteten, der nette Herr mit den staubigen Schuhen könnte sein Vermögen in Champagner anlegen. Marlen befürchtete kurz, vielleicht in die falsche Schönheitsoperation investiert zu haben. Caro – eine Germanistik-Studentin, die nur an den D-days, also Dienstag und Donnerstag bei mir arbeitete, Maria und Sanna drückten ihre Rücken durch und die Brüste heraus, schlugen die Beine übereinander, schoben Haarsträhnen aus ihren makellosen Stirnen, befeuchteten die Lippen und klapperten mit ihren langen Wimpern. Jede versuchte die Vorlieben des sonderbaren Gastes zu erahnen. Doch der blieb noch immer unverbindlich. Ein längerer Blick in Alicias Dekolleté, eine Hand auf Malilas dunklem Schenkel, ein Kompliment für die kreolische Sanna, ein Lächeln für Natalie. Nicht einem der sieben Augenpaare entging der Griff des Mannes in seine ausgebeulte Hose. Langsam zog er einen braunen Schein aus der Tasche.

»1000 Mark für die Miss mit dem schönsten Popo der Welt!«

Die Mädchen kicherten, fuhren sich mit langen Fingern durchs Haar, wogen sich unschlüssig in den Hüften, waren sich nicht sicher, was es mit diesem Angebot auf sich hatte. Ich nippte an meinem Glas, genoss das Prickeln auf der Zunge und wartete gespannt auf den weiteren Verlauf.

»Na, kommt schon! Stellt euch dahin und dann ...«, hier ließ Alex seiner Sanges- und Dichtkunst ungehemmt freien Lauf, indem er das alte *Hänschen klein* bemühte: »Popos fein, rund und klein, wer wird wohl der Schönste sein?«

Dabei klatschte er wie ein Kind in die Hände und wedelte ausgelassen mit seinem Schein.

»Detlef, komm her, und Nico, mein Freund, du auch! Wir sind die Jury! Und jetzt, meine Damen: rauf auf die Bühne!«

Alex zeigte auf das kleine Podest, auf dem unser Klavier stand. Er entpuppte sich als wahrer Entertainer mit ungeahntem Einfallsreichtum, als er in breitestem Schweizer Dialekt einen berühmten Talkmaster imitierte und so seine Aufforderung noch einmal wiederholte. Meine Mädchen versammelten sich auf der »Bühne«, kreisten mit den Hüften, warfen die Köpfe in den Nacken und Kusshände in die Jury. Sie erinnerten mich an junge Rennpferde, die voller Ungeduld auf den Startschuss warteten.

»Halt! Noch nicht ausziehen. Dreht euch erst um, und wir setzen dann, ja?«

Alex sah uns, in der Hoffnung, wir würden mitspielen, mit großen Augen an. Spätestens in diesem Moment hatte er selbst bei mir einen gewissen Wetteifer entfacht. Ich mochte keine Wetten, vielleicht weil ich das Schicksal lieber selbst lenkte als umgekehrt. Aber in diesem Fall traute ich mir doch einiges Urteilsvermögen zu. Immerhin kannte ich meine Mädchen in- und auswendig, sodass mein Sieg nicht unwahrscheinlich war. Dieser Gedanke gefiel mir, und ich setzte eins zu zehn auf Malila. Ich wusste sehr genau, wie ihr prächtiger Hintern aussah. Nico und Alex verfügten nicht über mein Wissen, betrachteten eingehend die Beine meiner Mädchen und versuchten zu erahnen, in welcher Form sie unter den Röcken zusammenliefen. Nachdem sie ihren Wetteinsatz abgegeben hatten, wollten sie nun nackte Tatsachen sehen. Siegessicher bat ich meine Favoritin, mir mit ihrer entblößten Rückseite die Lorbeeren einzubringen.

»Ich bitte um ein klein wenig Ruhe, meine Herren!«, schnurrte Alex in sein imaginäres Flaschen-Mikrofon. »Miss Malila wird für uns nun als Erste ihr süßes Geheimnis lüften!«

Sie ließ sich nicht lange bitten, trat selbstsicher vor, zog sich blitzschnell ihren Slip herunter und streckte uns ihren süßen, braunen Po entgegen.

»Wunderschön! Klein und rund, von ausgesucht schöner Form und mit ganz entzückenden Einsichten. Michelangelo war ein Stümper gegen dieses Meisterwerk!«, rief Alex begeistert und erntete den Applaus der gesamten Belegschaft.

Dann betraten Sanna, Marlen und Caro die Bühne und stellten sich neben die Po schwenkende Malila. Sie hoben die Röcke, kappten die Bänder, rollten die Strümpfe, entfernten die Höschen und drehten uns das Körperteil zu, mit dem sie 1000 Mark gewinnen wollten. Die kleine Kreolin schlug sich selbst mit der flachen Hand auf den nackten Hintern, der ziemlich fest war und keine Sekunde wackelte.

»Bestnote: Festigkeit!«, rief ich ehrlich begeistert.

Der fünfte Vollmond leuchtete groß und rund am Bar-Himmel, als nun endlich auch die üppige Maria blank zog.

»Was ist denn mit den beiden?«

Alex' gerötetes Gesicht wandte sich meinen Polinnen zu. Seine Augenbrauen senkten sich, eine kleine Zornesfalte entstand. Er hatte ein lustiges Spiel inszeniert und mochte keine Spielverderber.

Endlich setzten Alicia und Natalie sich in Bewegung. Schüchtern näherten sie sich dem Podest. Die Schritte zögerlich, die Blicke gesenkt, die Augen von langen Wimpern beschattet. Da standen sie nun und wanden und zierten sich wie Jungfrauen. Ich war ungeheuer stolz auf meine beiden Million-Dollar-Babys, die sogar ein schamhaftes Rot auf ihre Wangen gezaubert hatten. Zaghaft, mit einem bittenden Blick auf ihre Freundin, zog Natalie seufzend an Alicias Höschen, die entsetzt die Hände vors Gesicht geschlagen hatte. Als sie nackt war, musste sie sich selbst bücken, um Natalie beim Entkleiden zu helfen. Die beiden Mädchen hielten sich tröstend an den Händen und präsentierten, mit ängstlichem Blick auf die gnadenlose Jury, nach verschämter Drehung ihre edle Ware.

»Wunderbar, wunderbar! Zwei Jungfrauen, so schön, wie ich sie im Louvre nicht sah!« Alex schloss seine Augen, legte beide Hände über sein Herz, als wolle er es am Zerspringen hindern, und stöhnte gekonnt in höchster Verzückung.

Eine Reihe aus sieben perfekt geformten Hinterteilen, weiß, rosa, beige und braun, wetteiferte nun also um den Titel.

Die Arme auf dem durchgedrückten Rücken, schritt Alex wie ein General die Reihe ab. Ich sah ihn förmlich am Schnurrbart zwirbeln, die Lippen dünn wie ein Strich, das Auge mit dem Monokel zusammengekniffen. Ich hörte seine Stiefel knarren und die Sporen klirren. Ab und an ein prüfender Griff, eine genauere Betrachtung, ein Dehnen und Ziehen, ein Klopfen und Tätscheln. Dann zog er auf jedem der höchst verführerischen Untergründe mit seinem Tausendmarkschein eine großzügige Linie. Er winkte uns heran.

»Kommt, Jungs. Gönnen wir uns was!«

Nacheinander beugten wir uns über die Mädchen und saugten mit dem Koks auch ihre individuellen Düfte in unsere Nasen.

Da explodierten die Synapsen, pumpten die Venen, pulste das Blut. Unter jeder prallen Rundung duftete, glänzte und lockte ein dunkler Spalt, verborgen unter rotem Flaum, geziert von zartem Blond oder provozierend nackt.

Die langbeinige Caro spürte einen Krampf in der Wade aufkommen und war als Erste bereit, den Sieg einer aufrechten Haltung zu opfern.

Links neben ihr stand klein und drahtig Malila, der vom unaufhaltsamen Kichern Tränen über die Wangen liefen. Über sie gebeugt stand Alex, den zusammengerollten Schein weit in der Nase und sog den Stoff tief ein. Dabei kitzelte er sie mit seinen Haaren und verursachte so immer neue Lachanfälle.

»Malila, halt doch mal still. Ich krieg's sonst nicht rein!«

Das war entschieden zu viel. Malila richtete sich auf, hielt sich die Hände vor den Bauch und verfiel in schrilles Gelächter. Ihr ganzer Körper bebte, weißer Staub rieselte ihren Po herab. Alex beugte sich herunter und begann sie langsam abzulecken. Fast ehrfürchtig betrachtete ich den Tanz der rosaroten Zunge auf Malilas dunkler Haut. Die Musik pulsierte im Rhythmus meines Blutes. Alles war Musik. Vor mir schimmerte weißes Koks und darunter spannte sich Alicias nackte Haut, entfaltete sich wie eine Blume. Ich beugte mich zu ihr herunter wie ein Falter zum Kelch, bewaffnet mit einem Rüssel, um aufzunehmen, was die Mitte verlockend darbot. Ich schloss die Augen und sog, als hinge mein Leben daran. Ganz deutlich hörte ich eine Stimme über mir. Ich konnte sie förmlich sehen. Alex berührte meine Schulter, zog mich von Alicia weg und erklärte noch einmal. Unwillig öffnete ich die Augen.

»Jeder kann maximal sieben Punkte pro Kandidatin vergeben. Geheime Abstimmung!« Aus seinen Wunderhosen hatte er nun auch noch Stift und Papier gezaubert. Er schrieb auf die linke Pobacke jeder Kandidatin langsam und mit sichtlichem Genuss eine Zahl, notierte alles auf drei Zetteln und reichte zwei davon an Nico und mich weiter.

Mittlerweile hatte Caro sich aufgerichtet und unauffällig ihr Bein entlastet. Karin schwebte mit einem Tablett voll kristallenen Gläsern durch den Raum. Ich konnte jedes einzelne Bläschen, das darin nach oben stieg, deutlich sehen. Die Mädchen griffen nach den Gläsern, bogen ihre langen Hälse und erinnerten an sieben Schwäne.

Dann fiel die Entscheidung. Die Wahl war auf die dunkle Malila gefallen. Sie ließ sich unter lautem Beifall und frenetischem Applaus zur »Miss schönster Hintern der Welt« küren und gewann die 1000 Mark. Kurz durchzuckte mich die Vision des Wutausbruchs, den eine andere Entscheidung vermutlich bei ihr ausgelöst hätte.

Aber das Spiel ging weiter. Der Vorrat an Scheinen in Alex' Tasche schien unerschöpflich. Gedanken an Bankraub, Lösegeld und Mafia blitzten kurz in meinem weiß bestäubten Gehirn auf. Dann war es die Drei, die alles andere darin verdrängte. Groß und rund bewegte sie sich auf Alicias Po. Ich wollte die Bühne stürmen. Aber Alex ließ noch einmal die Scheine tanzen und die Mädchen raten. Gerade oder ungerade Zahl auf dem Hunderter? Bei jedem richtigen Tipp wechselte der Schein seinen Besitzer. Alles sollte den Schönen gehören: das Geld, ach was, die ganze Welt, die nichts kostete, die so schön war wie die Mädchen selbst. Und jede hatte Glück, es gab nichts zu verlieren.

Irgendwann zog sich eine Autobahn von einem Ende der Bar zum anderen. Eine Autobahn im Winter. Mit einem Strohhalm bewaffnet, stürmte Caro die Bar, spreizte ihre ellenlangen Beine und verkündete lachend: »Hier kommt das Räumfahrzeug!« Sie kniete sich nieder und folgte, das spitzenverzierte Hinterteil steil nach oben gerichtet, der weißen Spur wie ein intergalaktisches Rüsseltier.

Sonnen schienen, Mädchen lachten. Die Nacht war hell – in meiner Welt! Alex zog endloses Glück aus seiner Hose. Sanna hatte aufgehört in kreolische Jahresgehälter umzurechnen. Alicia und Natalie dachten an Zinseszins. Nico zog sich gerade zum ersten Mal aus, um sein Gehalt bei einem neuen Spiel aufzubessern. Und ich hielt den Deckel fest verschlossen, um die Nacht einzuwecken.

Einstellungstest

Katja, ich erinnere mich nicht, wann genau sie bei mir auftauchte. Irgendwann saß sie einfach vor mir und schlug ihre langen Beine übereinander. In der Zeit, in der ich das *Bel Ami* nun schon betrieb, hatte ich, so glaubte ich, schon jede Art von weiblicher Schönheit gesehen, meist auch gevögelt. Katja toppte sie alle. In meinem Beruf ist man nicht lange allein, selten verliebt und nie monogam. Die Frau, die mir hier gegenübersaß und langsam ihr Glas an die Lippen hob, vertrieb allerdings augenblicklich jeden Gedanken an andere Frauen. Diese und keine andere – und mir kam der Gedanke noch nicht einmal lächerlich vor.

»Du bist Detlef Uhlmann?«

Sie reichte mir ihre Hand und schaute mir gelassen in die Augen. Ich griff zu und ließ sie nur ungern wieder los. Anfang 20, blond, voller Busen, sinnliche Lippen, schlanke Taille und unglaublich lange Beine. Ja, sie war der Typ Frau, der mich zum

Schmelzen brachte. Und ja, ich hatte einige andere kennengelernt: Rosi, Alicia und Natalie, die diesem Typ ebenfalls entsprachen. Aber *sie* war die Vervollkommnung von allen. Größer, schlanker, blonder, mehr Busen, mehr Taille, geradere Nase, vollere Lippen. Eine ungefilterte Erotik ging von ihr aus, unverstellt, rein, ohne Frivolität. Sie wirkte auf mich wie eine dem Wasser entstiegene Nymphe, deren weiße Haut ein Sterblicher nur einmal im Leben berühren durfte, um dann mit dem Leben dafür zu bezahlen. Jedes Haar auf meinem Arm stellte sich auf, als ich ihre Hand berührte. Ich lächelte sie an und musste mich nicht anstrengen, dabei beglückt und erregt auszusehen. Ich war es!

»Ja, bin ich. Und deine Anwesenheit macht mich zum glücklichsten Mann auf der Welt. Was kann ich für dich tun?«

»Champagner?«

»Das Mindeste!«

Ruhig sah sie mich an mit Augen, deren Blau im Schatten der langen Wimpern dunkel war.

»Ich habe gehört, hier zahlt man die höchsten Preise für die natürlichste Sache der Welt?«

Sie lächelte.

»Ich nehme nicht an, dass du von Champagner redest, oder?«

»Ist der so teuer?«

»Katja, richtig? Vielleicht hättest du Lust, in meinem Büro weiterzureden?«

Sie glitt vom Barhocker und stand auf ihren High Heels, als wäre sie darin geboren. Sie reichte mir bis zum Kinn. Mit vollendetem Hüftschwung nahm sie die Stufen zu meinem Büro. Ihr Hintern schwang vor meinem Gesicht von links nach rechts, und nie zuvor – ich schwöre – nie zuvor hatte ich den Duft von Sex so deutlich wahrgenommen wie in diesem Augenblick. Als hätte sie keinen beigefarbenen, knielangen Rock angehabt, sondern nur ein winziges Höschen, auf dem *Fick mich!* stand. Sie blieb auf dem Treppenabsatz stehen und wartete auf mich. Ich öffnete ihr die Tür zu meinem Büro, bot ihr einen Platz und einen Drink an. Letzteres lehnte sie ab, setzte sich aber und wirkte völlig entspannt. Ich wandte ihr den Rücken zu, genehmigte mir selbst einen Martini und griff nach dem Kübel mit den Eiswürfeln. Dann betrachtete ich die schlanke, junge Frau in dem weißen Sessel. Sie schien es zu genießen und ich ließ mir Zeit. Ich trank. Das Eis klirrte leise gegen das Glas.

»Von welchen Preisen hast du gesprochen?«, brach ich das Schweigen.

»Sex. Ich rede von Sex«, sie fixierte mich, »und von Geld.«

Ich war begeistert.

»Dann bist du hier genau richtig.«

»Wie viel?«

Das war die Art geschäftlicher Unterhaltung, die mir gefiel. Ich starrte ihre langen Beine an und fragte mich, wie oft sie die um meinen Körper schlingen konnte, bevor sie zu Ende waren.

»150 pro Stunde, 1000 für die Nacht, so in etwa. Hängt davon ab, welches Zimmer dein Kunde bereit ist zu bezahlen. Wir haben einfache, luxuriöse mit separatem Poolbereich und Suiten mit mehreren Zimmern. Zwei Drittel des Zimmerpreises behältst du. Dazu kommt der Champagner. Je nach Marke zwischen 250 und 1250. Davon ist auch wieder die Hälfte für dich. Je mehr dein Kunde also bestellt, desto besser. Stellst du dich geschickt an und überzeugst ihn davon, dass du von jedem Champagner unter 1000 Mark ...«, ich lächelte der blonden Schönheit zu, »... zum Beispiel Kopfschmerzen bekommst, dann könntest du es also durchaus auf 1500 pro Nacht bringen.«

Das war etwas mehr, als meine Mädchen im Allgemeinen verdienten. Aber Katja schien das erreichen zu können – und auch zu wollen.

»Trinkgelder?«

»Werden privat ausgehandelt!«

»Spezielle Kunden, Kondome?«

»Beides: Ja. Du kannst jederzeit ablehnen oder den Preis dann verändern. Das liegt bei dir.«

»Arbeitszeiten?«

»Nach Absprache.«

Sie saß in meinem Sessel, beide Arme auf der Lehne, lächelte und schwieg. Noch nie war mir eine Frau wie sie begegnet. Ihre Selbstsicherheit war provozierend.

»Du weißt, welche Preise du privat verlangen kannst, oder?«

Unverändert lächelnd: »Ja!«

Nein, sie provozierte nicht nur, sie erregte mich. Vielleicht reagierte ich deshalb so.

»Schön, aber ich kenne dich noch nicht und kann das also nicht einschätzen!«

»Ist das der Einstellungstest?«

Es gab keine Einstellungstests bei mir, und noch nie hatte ich eine Frau Probe gevögelt. Dass sie selbst dem Gespräch diese Wendung gab, verblüffte mich.

»Worauf ich hinauswollte: Sollten meine Gäste bereit sein, außerhalb dieser Räume für dich mehr zu bezahlen, könnte sich die Gewinnspanne erheblich vergrößern. Aber die meisten Gäste, die hierherkommen, kennen die Zimmerpreise. Die bezahlen das Grüne, Blaue oder den Pool – und zwar unabhängig davon, wen sie dahin mitnehmen.«

»Ich nehme 500 die Stunde, für die Nacht 2000!«

Sie war verrückt. Sie machte mich verrückt. Nein, 2000 machten mich verrückt. Ich schaute ihr auf die Brüste, den Bauch, die Beine. Sie hatte das Zeug zur Edelhure. Ganz sicher! Und wir wussten es beide.

Katja beugte sich leicht vor. Sie trug einen eng anliegenden, weißen Pullover und offensichtlich keinen BH. Allmählich begann ich, auf meinem Stuhl unruhig hin und her zu rutschen.

»Aber du weißt nicht, ob ich das Geld wert bin, oder?«

Irgendetwas an der Art, wie sie »oder« gesagt hatte, ließ mich glauben, sie würde auf meine Zweifel hoffen. Die hatte ich zwar nicht, wollte sie aber nicht enttäuschen.

»Was ich sehen kann, ist durchaus beeindruckend. Aber ich kenne nur sehr wenige Frauen, für die ein Mann 2000 hinlegt.«

Was dann kam, überraschte selbst mich. Sie stand auf und zog sich langsam völlig nackt aus. Rock, Pullover, Slip, Strümpfe – nur die hohen Schuhe zog sie wieder an. Sie tat das mit einer Natürlichkeit, als wäre ich gar nicht im Raum, als wollte sie nur unter die Dusche gehen – die es in meinem Büro aber nicht gab. Mein Penis hinterließ inzwischen eine eindeutige Falte in meiner Hose. Ich starrte sie an. Unglaublich große Brüste, an denen ich beim besten Willen keine Narbe erkennen konnte, schmale Taille, die in eine schlanke und dennoch weibliche Hüfte überging, die Scham, teilweise rasiert, unter zarten, blonden Locken versteckt, und die Beine, diese ellenlangen Beine. Helmut Newton würde später einmal sogar mit ihr arbeiten. Ich saß erigiert vor diesem unglaublich schönen, nackten Mädchen und war davon überzeugt, das achte Weltwunder vor mir zu haben. Sie hob ihre Wimpern, schaute mir direkt in die Augen und kam auf mich zu. Mein Penis begann zu pochen.

»Meinst du, dass ich eine der wenigen sein könnte, die dieses Geld wert ist?«

»Ich ...«

»Du bist ganz schön schwierig, Herr Uhlmann!«

Plötzlich stand sie mit gespreizten Schenkeln über meinem Schoß.

»Probier's aus!«

Das war zu irreal. Ich versuchte nicht länger zu begreifen, was sich hier abspielte, und steckte ihr meinen Finger in die Möse. Heiß, nass, sehr eng. Ich stöhnte auf – wohl auch, weil mein Schwanz inzwischen kaum noch in die Hose passte. Katja hob ein Bein, stellte es auf meinen Oberschenkel ab und ließ mich gewähren.

»Es hat geklopft!«

»Ja, ja!«

Ich hörte nichts mehr, sah nur noch ihr kleines rosa Fötzchen vor mir und fummelte an meinem Reißverschluss.

»Oh, tut mir leid, Daddy!«

Natalie, lediglich in ein Handtuch gewickelt, schien nicht wirklich schockiert.

»Aber es gibt da eine etwas merkwürdige Anfrage.«

Sie betrachtete die nackte Katja, in der noch immer mein Finger steckte.

»Und ich weiß nicht, ob ich die Dame noch lange warten lassen sollte.«

Katja nahm ihr Bein von meinem Schenkel, und ich spürte die Stelle, an der sich zuvor der Absatz ihres Schuhs befunden hatte.

»Ich komme gleich, Natie!«

»Das sehe ich!«, sagte sie mit einem Blick auf meinen geöffneten Hosenschlitz und verließ grinsend das Büro. Katja hatte Slip und Pullover bereits wieder angezogen, und ich versuchte, mich und meinen Schwanz unter Kontrolle zu kriegen. Bei mir selbst gelang das relativ schnell. Der Rest brauchte länger. Ich ging zum Waschbecken und wusch mir gründlich meine Hände. Sauberkeit gehört in meinem Geschäft zu den obersten Geboten. Als ich mich umdrehte, saß Katja wieder im Sessel und sah aus, als wäre sie nie daraus aufgestanden. Ich setzte mich ihr gegenüber und bot ihr nochmals einen Drink an. Diesmal lehnte sie nicht ab, und wir prosteten uns zu. War das wirklich gerade passiert? Aber ich hatte an diesem Abend noch keinen Koks gezogen. Also …

»Also was?«

Hatte ich laut gedacht?

»Also, ich bin überzeugt, dass du durchaus mit 2000 anfangen könntest – wenn du einen Gast privat beglückst!«

Sie lächelte.

»Willst *du* mich bezahlen?«

»Ich bin kein Zuhälter, Katja. Und ich bezahle auch nicht. Ich hab dir gesagt, welche Zimmerpreise wir hier haben und dass trotz individueller Trinkgelder die Spanne nicht so groß ist wie im privaten Bereich.«

»Wie privat möchtest du denn werden, Detlef? Oder Daddy?«

»Du bist die schönste Frau, die ich je gesehen habe, Katja. Und außerdem bist du mutig und offen. Lass dir durch den Kopf gehen, was ich dir gesagt habe und dann …«

Ich stand auf, beugte mich zu ihr herunter und gab ihr einen Kuss. Ich öffnete mit der Zunge ihre Lippen und glitt in sie hinein.

»… und dann kommst du morgen wieder, ja? Und wenn du nicht kommst, werde ich dich suchen. Und wenn ich dich gefunden habe, meine Schöne, machen wir da weiter, wo wir jetzt unterbrochen worden sind, ja?«

Mit dem Zeigefinger fuhr ich ihr über Stirn, Nasenrücken und die feuchten Lippen.

»Versprochen?«

Auch wenn sie mir nicht antwortete, war ich sicher, dass der Funke übergesprungen war. Ich wusste, dass sie wiederkommen würde.

»Ich muss jetzt arbeiten, Katja.«

Kurz vor der Tür drehte ich mich noch einmal um, lächelte sie an und fragte:

»Sollte ich mir deine Telefonnummer geben lassen?«

»Solltest du mich danach fragen?«

Sie griff nach ihrer Handtasche, stellte das leere Glas auf den Tisch und folgte mir hinunter. Unter den taxierenden Blicken von sämtlichen Frauen und Männern durchquerte sie die Bar, öffnete die Tür und verschwand, ohne sich noch einmal umgedreht zu haben. Es war so leicht gewesen – und ich hatte *nicht* mit dem Leben dafür zahlen müssen. Ich wunderte mich über die Frauen. Ein wenig.

»Die Kleine ist wirklich bezaubernd!«

Mittlerweile hatte sich Natalie wenigstens einen Bademantel übergeworfen. Ihr langes, nasses Haar war offen und tropfte. Ich ärgerte mich über ihren Aufzug und nahm mir einmal mehr vor, den Mädchen unbedingt klar zu machen, dass sie aus dem Wellnessbereich nicht halb nackt in die Bar zu kommen hatten. Ich zog sie zur Tür und fuhr sie etwas ungehalten an:

»Also, was gibt es denn so Dringendes, dass du unbedingt in mein Büro platzen musstest!«

»Hey, ich hab schließlich angeklopft!«

Ich winkte genervt ab.

»Was also?«

»Du weißt doch, wer Susanne ist, oder?«

»Die Frau von Lutz, mit dem du jetzt eigentlich im Schwimmbad sein solltest!«

»Genau. Und wie du weißt, haben die beiden mich immer gern für ’n Dreier gebucht.«

»Deswegen frage ich mich, weshalb du jetzt im *Bademantel* hier draußen bist statt bei den beiden.«

»*Sie* hat mich rausgeschickt!«

»Eifersüchtig?«

»Nicht sie, *er*! Lutz hat’s noch nie besonders gefallen, wenn ich seine Frau geleckt habe. Aber jetzt …!«

Natalie sah mich grinsend an.

»Mach es nicht so spannend, Natie!«

»Jetzt will sie einen Mann, der sie *richtig* fickt!«

»Sie hat doch ihren eigenen da!«

»Der soll ihr dabei ja auch zugucken!«

»Soll ich mich jetzt auch noch *darum* kümmern?«

Susanne war 38 und sah dafür wirklich noch toll aus. Mein alter Bootsmaat hatte immer gesagt: *Auf alten Schiffen lernt man segeln*, aber erstens konnte ich das schon und zweitens sprengte diese Dienstleistung doch deutlich meinen Einsatzbereich.

»Ich lass mir was einfallen. Geh du zurück ins Bad und kümmere dich anständig um Lutz, bevor er’s sich noch anders überlegt.«

Natalie drehte sich um und wollte gehen.

»Und zieh dir nächstes Mal was an, wenn du die Bar betrittst, okay?«

»Ich hatte keine Zeit, Daddy. Die Frau war ganz wild.« Natie leckte sich über die vollen Lippen und grinste: »Ich lecke nämlich ziemlich gut!«

Bevor ich etwas erwidern konnte, verschwand meine talentierte Polin im Wellnessbereich. Ich sah ihr hinterher und spürte, dass sich mein Schwanz erneut in Stellung bringen wollte. Katja, Katja, Katja …

Nun, eins nach dem anderen. Es gab ein Problem, also musste es auch eine Lösung geben. Ich konnte alles organisieren und alles beschaffen, und dann wohl auch einen fickenden Mann. Ein prüfender Blick auf meinen Schritt. Der Anzug saß perfekt und zeigte keinerlei Spuren des kleinen Abenteuers, das ich vor knapp zehn Minuten *fast* gehabt hatte. Katja – ich verscheuchte abermals den Gedanken an sie und suchte den kleinen Ecktisch, an dem der, der mir helfen sollte, sein Bier getrunken hatte. Er saß noch immer da. Sein Glas war fast leer. Er hieß Thorsten und kreuzte ab und an bei mir auf, wenn er ein paar Mädchen bei mir absetzte und sie in den frühen Morgenstunden wieder abholte. Nur selten trank er noch ein Bier, bevor er losfuhr. Heute war das der Fall, und ich wertete das als glücklichen Zufall oder Fügung. Er wohl auch. Denn ich musste ihn nicht lange bitten, nicht mit Geld locken und ihn auch nicht mit dem Spruch von den alten – extrem gut erhaltenen! – Schiffen überzeugen.

»Na, dann wollen wir mal Erste Hilfe leisten!«

Er trank sein Bier aus, stand auf und strich sich seine Hose glatt.

»Susanne, ja?«

Ich streckte zustimmend den Daumen nach oben, nickte und sah Thorsten in Richtung Schwimmbad verschwinden.

Auch wenn ich wieder einmal bewiesen hatte, dass es kaum einen Wunsch gab, den ich nicht erfüllen konnte, bedauerte ich diesmal meine Bereitwilligkeit im Nachhinein. Vielleicht war ich nach der Begegnung mit Katja doch noch etwas erregt und abgelenkt gewesen, sonst hätte ich womöglich besser hingehört.

Jedenfalls hatte für mich zu diesem Zeitpunkt der Wunsch, zu ficken oder in diesem Fall: gefickt zu werden, oberste Priorität gehabt. Vielleicht hatte ich auch einfach vergessen, dass es Männer gab, die ihre Frau nicht gern von einem anderen besteigen lassen. Mich erregte jedenfalls die Vorstellung von dem lustigen Gruppensex, der sich, dank mir, gerade in den hinteren Räumen abspielen würde, und ich sah keinen Grund zu Vorsicht oder psychologischem Gründeln.

Ich kannte Lutz schon seit vielen Jahren, seine Frau Susanne erst seit Kurzem. Er hatte sich ein kleines Vermögen mit exklusiver Innenausstattung erwirtschaftet und mich als einer von mehreren während der Umbauarbeiten des *Bel Ami* beliefert. Seit damals brachte er mindestens einmal im Monat seine Geschäftspartner nach dem Essen bei mir vorbei. Die Rechnungen deklarierte er ordentlich beim Fiskus, und über einen Blick in die Buchhaltung hatte wohl auch irgendwann seine Frau von der Sache Wind bekommen. Anstatt sich zu ärgern, kam Susanne nun selbst mit. Meine Mädchen hatten mir erzählt, dass Lutz sich damit überhaupt nicht wohl fühlte, ihm manchmal die Lust sogar völlig verging. Deshalb hätte es mich nicht so überraschen dürfen, als ich ihn schon nach kurzer Zeit aus dem Bad stürmen sah. Bevor sich die Tür hinter ihm wieder schloss, hörten wir seine Frau lustvoll schreien.

»Seit wann arbeiten bei dir auch Männer, Detlef? Das ist ja widerlich!«

Er strich sich das nasse, spärliche Haar auf seinem wutroten Kopf glatt.

»Ach ja, und den Knaben bezahlt meine Frau nachher selbst!«

Noch bevor ich etwas sagen oder ihm wenigstens sein Jackett reichen konnte, hatte er es schon vom Haken gerissen. Er warf mir drei Scheine auf den Tresen und stürmte zur Tür. Ich starrte ihm stumm hinterher und sah die nassen Flecken auf seinem Hemd. Er hatte sich nicht einmal die Zeit zum Abtrocknen genommen. Dumm gelaufen. Meine Hilfsbereitschaft hatte mich einen Stammkunden gekostet, denn Lutz sah ich nie wieder. Wie ich hörte, haben sich die beiden kurz darauf scheiden lassen.

Nun, es gibt nicht immer ein Happy End.

Katja – Sonne satt

Vor ein paar Jahren hatte ich meinen 40. Geburtstag gefeiert und seitdem allen verboten, auf meine Geburtstagsgeschenke eine andere Zahl zu schreiben. Sollte sich einer meiner Freunde, Gäste oder Geschäftspartner nicht daran gehalten haben, so hatte ich davon zumindest nichts mitbekommen, da alle Päckchen und Grußkarten erst durch die Hände meiner treuen Freundin Rosi gegangen waren. Sie klebte dann kleine, goldene Sterne über die Zahlen. Einmal reichte sie mir einen wertvollen Füllfederhalter, auf dem ein solches Sternchen klebte.

»Da ist 'ne Gravur drauf und der klebt nicht!«

Rosi drückte hilflos an den Ecken des Sternchens herum.

»Wirf ihn weg!«

Es machte mich wütend, wenn man meine Wünsche ignorierte.

Ich wurde beschenkt, umarmt, bejubelt, man trank mir zu und wünschte mir Glück, Gesundheit und noch mehr Geld. Ich feierte Partys mit und ohne Anlass. Ich hatte alles. Manchmal allerdings beschlich mich das Gefühl, dass das Licht nur noch von den kleinen Sternen, Lampen oder Kerzen in meiner Bar kam. Wenn die Sonne schien, schlief ich. In der Nacht begann ich zu leben – wie ein Vampir. Nur wollte ich kein Blut – ich wollte Koks. Es vertrieb die Müdigkeit und die Dunkelheit.

Katja war wie versprochen wiedergekommen und hatte sofort angefangen, bei mir zu arbeiten. Sie erwirtschaftete unglaubliche Summen, etliches wohl auch außerhalb des *Bel Ami*, denn schon in der dritten Woche schenkte sie mir eine Cartier Santos 100 mit wasserdichtem Saphirglas, Ziffern und Zeigern aus Roségold und einem Gehäuse, das ebenfalls mit 18-karätigem Roségold besetzt war. Ich schätzte den Wert der Uhr sehr hoch und die Wahrscheinlichkeit einer unverhofften Erbschaft eher niedrig ein. Die Gravur auf der Rückseite wies das Stück als ein Geschenk *meiner* Katja aus. Ich fühlte mich geschmeichelt und nahm sie an. Sie war nicht nur die schönste Frau, der ich je begegnet war, sie war auch leidenschaftlich und ehrgeizig wie kaum eine andere.

Sechs Monate nach unserer ersten Begegnung entschied sie, bei mir einziehen zu wollen. Meine Wohnung sei ja groß genug, und die Zeit, die ich mehrmals in der Woche auf der Stadtautobahn verbrachte, um sie in Steglitz zu besuchen, könne ich doch viel angenehmer verbringen. Sie öffnete meine Hose und demonstrierte mir, was sie damit meinte. Welcher Mann hätte da zu diskutieren begonnen? Also ließ ich das große Südzimmer renovieren und nach ihren Wünschen einrichten. Sie bestand darauf, die Kosten selbst zu tragen. Und auch diesen Wunsch erfüllte ich ihr.

Ich beschloss, in diesem Jahr meinen Urlaub nicht mehr allein, sondern mit ihr gemeinsam zu verbringen. Ich sehnte mich nach Sonne und Wärme, und ich wollte schlafen, in der Sonne schlafen. Hand in Hand mit Katja spazieren gehen, barfuß im Sand.

Kurz entschlossen buchte ich einen Flieger und flog mit ihr ans Mittelmeer. Ich hatte uns in dem mondänen Fünf-Sterne-Hotel *Intercontinental Carlton* eingemietet. Von der Hotelterrasse hatte man einen herrlichen Blick auf das Mittelmeer und das geschäftige Treiben auf der Croisette. Ich hatte uns einen Tisch reserviert und freute mich auf den eisgekühlten Champagner, den ich mit Katja dort zu trinken gedachte.

An unserem ersten Urlaubstag lagen wir auf unseren Strandliegen und dösten in der Sonne. Katja war unruhig und schon etwas angetrunken. Sie stellte mir das kalte Cocktailglas auf den Bauch und amüsierte sich über mein erschrecktes Quietschen.

»Es ist leer! Ich geh mal rüber. Möchtest du auch noch was?« Noch bevor ich auf mein halb volles Glas zeigen konnte, war sie aufgestanden und zur Bar unterwegs. Sie trug einen winzigen, türkisfarbenen Bikini, den ich ihr von meiner letzten Brasilienreise mitgebracht hatte. Ein älterer Herr mit vollem, weißen Haar stand an der Bar und richtig – Katja schien der Platz direkt neben ihm der beste, um einen Drink zu bestellen. Ich legte mich zurück und döste wieder ein.

»Daddy!«

Die Sonne und der Alkohol ließen mich nicht schnell genug wach werden. Also zog Katja ungeduldig an meinem Arm, bis ich unwillig knurrte und die Augen öffnete.

»Der Typ da drüben sucht eine Begleitung zur Hochzeit seiner Tochter und ist der Meinung, ich wäre die Richtige, um seine Familie zu schocken. Wir fahren jetzt los und kaufen ein angemessenes Kleid für mich und dann geht's weiter nach Cap Antibes ins *Eden Roc*. Kennst du das?«

Sie roch nach Sonnencreme und etwas Alkohol. Ihr blondes Haar leuchtete im Sonnenlicht wie eine Korona. Ich war zu träge, um etwas anderes zu denken, als dass sie wunderschön war. Sie schien meine Antwort nicht abwarten zu wollen, griff sich ihre Tasche und ging. Ich kniff die Augen zusammen und sah Katja zu einem Schatten werden. Jetzt erst begann ich die Situation zu begreifen und spürte eine ungewohnte Sentimentalität in mir. Natürlich kannte ich das *Hotel Du Cap-Eden-Roc*, eines der teuersten Hotels weltweit. Ein weißes Schloss aus dem 19. Jahrhundert mit Meerwasserschwimmbecken und Privat-Cabana direkt auf den Klippen. Katja würde es gefallen. Und mal ehrlich – ein Strandspaziergang machte sich super als Postkartenmotiv, wurde in Wahrheit aber schnell langweilig. Ich stand auf, lief zum Meer und stürzte mich in die kühlen Wellen.

Zwei Tage später betrat Katja unsere Suite und warf mir ihren Verdienst vor die Füße. 20 000! Sie lachte, warf sich auf mich und öffnete meine Hose. Die Scheine knisterten, während sie sich an meinem Penis zu schaffen machte. Ich lächelte schmerzlich. Das war es. Mein Leben. Knisternde Tausender auf und unter mir und mein Schwanz im Mund der schönsten Hure der Welt. Ich spürte es kommen und schloss die Augen. 20 000! Ich stöhnte laut auf.

Wir blieben noch fünf Tage in Cannes, dann fuhren wir weiter nach Monaco. Anschließend in die Schweiz. Dort blieben wir verfickte drei Tage, bis uns der Wahnsinn oder das Geld – vielleicht auch die Verbindung von beidem – weiter in die Karibik und bis nach Amerika trieben. Wir verdienten uns dumm und dämlich. Katja ließ sich nicht bremsen, die Männer ließen sich nicht lumpen und die Hotelsafes nicht mehr schließen. Jede Mark brachte sie zu mir und überließ mir die Freude, sie auszugeben: für Hotels, Flüge, Champagner, Austern, Kleider, Schmuck und Pelze. Aber der Preis war hoch – und das wurde mir zu spät bewusst.

Katja war besessen vom Geld *und* vom Sex! Das mag für müde Ehemänner nicht vorstellbar sein – aber es begann mich anzuwidern. Sie stöckelte um zwei, drei oder fünf Uhr morgens auf elf Zentimeter hohen High Heels in unser Zimmer und verlangte von mir, sie gleichzeitig zu lieben und zu ficken. Manchmal war ihr Haar verklebt, manchmal ihr Mund, manchmal alles zusammen. Sie roch nach Sperma und Alkohol und konnte häufig ihren Wunsch nach Geschlechtsverkehr nur noch lallend äußern. Manchmal gelang es mir, sie davon zu überzeugen, dass ein Fellatio von ihr mir den größten Genuss verschaffen würde, nur um mich nicht ihrer ungewaschenen Möse aussetzen zu müssen. Meist schlief sie schnell ein und enthob mich dadurch meiner Pflicht. Hatte ich in Berlin gekokst, um wach zu bleiben, bevorzugte ich im Urlaub nun den Champagner, der mich müde und unempfindlich machte.

»Ich ekel dich wohl an, ja?«

Katja stand nackt und mit gespreizten Beinen vor mir. Ihre Hand zur Faust geballt, darin etliche zerknüllte Tausendmarkscheine. Das Haar hing ihr in die Augen. Sie schien es nicht zu merken. Wütend stopfte sie sich die Faust zwischen die Beine, bewegte sie mehrmals hin und her und hielt sie mir dann unter die Nase.

»Na, ekelt dich das Geld jetzt auch an? Das sind zwei- oder dreitausend. Was weiß ich. Komm, nimm es Daddy. Ich hab's für dich gemacht. Also nimm es jetzt auch!«

Katja stopfte mir das Knäuel in mein Hemd und fing an zu lachen. Als ich sie umarmte, knisterte es.

»Du bist betrunken. Lass uns schlafen gehen. Und morgen«, ich schluckte kurz, als sich ihre Hand automatisch zwischen meinen Beinen auf und ab bewegte, »morgen machen wir einen Strandspaziergang.« *Hand in Hand* sparte ich mir. Es klang auch so schon verlogen genug. Ich wollte nur noch weg von ihr und meine Ruhe. Katja verkrampfte sich und fing haltlos an zu weinen. Ich zog sie zum Bett, legte sie ungewaschen hinein und deckte sie zu. Sie schlief fast augenblicklich ein. Ich stellte mich auf den Balkon, schüttete im Stehen so viel Champagner in mich hinein, wie ich brauchte, um mich neben sie legen zu können. Natürlich hatte ich schon davon gehört, dass sich ab und an eine Hure in ihren Chef verliebt und ihn mit übertriebenem Arbeitseifer zu beeindrucken versucht. *Schau her, wie sehr ich dich liebe! Ich hab mich die ganze Nacht von anderen vögeln lassen.* Wie absurd! Dass das ausgerechnet mir passieren musste und mit einer Frau wie Katja. Wankend schleppte ich mich noch ins Bad, um mir wenigstens die Zähne zu putzen.

Unser letzter Abend wurde der schlimmste. Der Rückflug war für den nächsten Tag um acht Uhr gebucht. Trotzdem schlug sie die Einladung eines fetten Kerls nicht aus, der sie direkt von unserem Tisch auf sein Zimmer brachte, das sich zwei Zimmer neben dem unseren befand. Fünf Sunden vor Abflug öffnete Katja völlig nackt, ihre Klamotten in der einen, die Schuhe in der anderen Hand, unsere Tür und kam auf mich zu. Ich hatte mit einigem gerechnet, aber nicht mit diesem Anblick. Sie hatte die Sachen fallen gelassen und hielt nun eine Pistole auf mich gerichtet.

»Unser letzter Abend, Daddy. Und noch mal 800 verdient. Aber das ist nicht genug, damit du mich fickst, oder?« Sie steckte sich den Lauf der Waffe erst in ihr Loch und dann in den Mund. Sprachlos beobachtete ich den gefährlichen Fellatio. So lange, bis sich die Mündung feucht glänzend wieder auf meine Brust richtete.

»Katja …!«

Ich hob beschwichtigend die Hände und machte einen Schritt auf sie zu.

»Bleib stehen, du Scheißzuhälter! Das werde ich ja wohl noch verlangen können! Dass du mich anständig fickst. An deine Liebe glaube ich nämlich schon lange nicht mehr!«

Bevor ich fragen konnte, wann ich je von Liebe gesprochen hatte, wurde die Tür gegenüber unserer Suite geöffnet und eine ältere Frau bot sich beherzt an, die Polizei zu rufen.

Mit erhobenen Händen konnte ich sie davon überzeugen, dass Katja, von der sie nur die nackte Rückseite sehen konnte, meine Freundin und der lautstarke Wortwechsel nur eine Art erotisches Vorspiel war. Die Frau schloss missbilligend ihre Tür und ich die unsere. Als ich mich umdrehte, riss mir Katja mein Hemd auf und die Hose herunter. In Anbetracht der Tatsache, dass sie dabei noch immer die Pistole in der Hand hielt, entschied ich, dass Sex, selbst unhygienischer, dem Tod vorzuziehen sei. Tatsächlich empfand ich in dem Akt, der nun folgte und in dessen Verlauf ich unentwegt in die offene Mündung einer Pistole schaute, eine Art perverser Lust. Denn auch wenn sie mich missbrauchte, war ich es doch, der brutal in sie eindrang. Ich war gezwungen, ihr mein Sperma zu geben, weil ich um mein Leben fürchtete, und sie fühlte sich gezwungen, mir ihr Geld zu geben, weil sie glaubte, mich zu lieben. Nun, wer war da besser dran? Ich entlud mich in ihr und ging duschen. Sie drehte sich zur Seite und weinte. Diese ständige Heulerei – wozu sollte das gut sein? Ich trocknete mich gründlich ab und schaute auf meine wasserdichte Cartier Santos 100. Noch vier Stunden Schlaf.

Wir waren zehn Wochen unterwegs gewesen. Zwei Wochen länger als geplant. Ich betrat meinen Club gebräunter und reicher, als ich ihn verlassen hatte. Allerdings weniger erholt als erhofft. Meine Mädchen, Nico, ein paar Stammgäste und Rosi umarmten mich stürmisch, reichten mir Gläser und ein Tablett mit Horsd'œuvre. Rote Rosen standen auf dem Klavier und weckten die bittere Erinnerung an Michael und Alicia. Ich hatte das Gefühl, in einer Dauerendlosschleife zurück zu sein. Und da entdeckte ich ihn auch schon: Michael, den ich seit fast einem Jahr nicht mehr gesehen hatte. Er grinste über beide Ohren und umarmte mich. Irgendetwas schien ich verpasst zu haben! Rosi sah blendend aus, wenn auch fülliger, als ich sie in Erinnerung hatte. Oh Scheiße, ich hatte ihren Geburtstag vergessen. Deshalb die Rosen. 30 – wenn ich sie zählen würde. Sie musste es wohl bemerkt haben, denn ich sah einen Anflug von Enttäuschung über ihr Gesicht huschen.

»Du denkst, ich hab dich vergessen, oder?«

Ich zog eine kleine Schatulle aus meiner Tasche und schenkte ihr den hübschen kleinen Ring, den ich in Monaco gekauft hatte. Von meinen Reisen brachte ich für die Mädchen immer etwas mit. Rosi wusste das, bedankte sich aber trotzdem und schenkte mir einen dicken Kuss.

»Und du«, fragte ich, »hast dich ja auch ewig nicht mehr sehen lassen! Geht's gut?«

Michaels Hand strich über Coras Hüfte, und nicht sehr unauffällig.

»Tja, hatte halt Lust, euch alle mal wiederzusehen. Und dann hab ich gehört, dass Rosi Geburtstag hat – und dachte: Das passt!«

»Und wie geht's Alicia?«

»Schläft, kotzt und schläft wieder ein!«

Michael schien mein verständnisloser Gesichtsausdruck sehr zu erheitern. Er lachte laut auf, und nachdem er sich beruhigt hatte, klärte er mich auf:

»Sie ist schwanger! 13. oder 14. Woche. Zu spät auf jeden Fall, um noch abzubrechen. Weißt doch, wie Frauen sind: Erst wollen sie, dann wieder nicht. Und ständig das Gejammer um die Figur.«

Michael kroch dichter an mich heran und flüsterte mir ins Ohr: »Wenn du 'ne Frau halten willst, mach ihr 'n Kind!«

Er klopfte mit der einen Hand mir auf die Schulter und mit der anderen Cora auf den Hintern.

»Ein bisschen Spaß braucht der Mann, oder?«

Ich erinnerte mich deutlich an den verliebten jungen Kerl, der vor gar nicht langer Zeit meiner Alicia so vehement den Hof gemacht hatte. Der Typ, der hier vor mir stand, sah genauso aus, hieß auch so, schien ansonsten mit ihm aber keine Ähnlichkeit mehr zu haben.

Natalie verschwand aufs Klo und erinnerte mich daran, dass ich mir auch schon lange nichts mehr gegönnt hatte.

»Nun erzähl doch mal, wie war's denn?«

»Wartet mal kurz. Ich komm gleich wieder!«

Von der Damentoilette hörte ich unterdrücktes Schluchzen. Natalie war Michaels Verhalten also auch nicht entgangen. Es war ja wirklich rührend, dass sie so für ihre Freundin mitfühlte, aber sie war dabei gewesen, als ich Alicia gewarnt hatte, und sie selbst hatte sie auch nicht davon abhalten können, bei Michael einzuziehen. Egal, ob sie ihre eigene Unfähigkeit oder die Treulosigkeit der Männer im Allgemeinen beweinte – ich hatte nur wenig Mitleid. Wer sich wie eine Frau verhielt, musste auch wie eine Frau leiden können. Die erste Line seit drei Wochen. Das Weinen wurde leiser und das Licht heller. Ich war wieder da!

IV. PRAG

Grenzerfahrung

»Brauchen Sie das noch?«

Der Mann vom Hausmeisterservice hielt mir einen staubigen Karton entgegen.

»Weil da Papiere drin sind und so!«

Er klang verunsichert, schließlich hatte ich seine Firma ausdrücklich beauftragt, meinen Keller zu entrümpeln, *ohne* mich damit zu belästigen. Ich bin nicht sonderlich sentimental, aber als ich ein paar Fotos aus meiner Seefahrerzeit in dem Karton entdeckte, wurde ich es doch.

»Danke, stellen Sie ihn einfach dahin!«

Der Mann freute sich darüber, dass er anscheinend das Richtige getan hatte, und verschwand wieder im Keller. Im Nachhinein ist mir klar geworden, dass mein Leben völlig anders verlaufen wäre, wenn er einfach seinen Anweisungen gefolgt wäre und den Karton ungefragt entsorgt hätte.

»Was hast du denn da?« Katja war unbemerkt hinter mich getreten. Sie war noch im Bademantel und sah müde aus. »Hey, bist du das?«

Und schon hockte sie vor meinem Karton und zog eine alte Schwarz-Weiß-Aufnahme heraus. Was ich an Frauen wirklich nicht mag, ist ihre Neugier. Ich nahm ihr das Foto weg und legte es zurück.

»Willst du dir nicht erst einmal was anziehen? Wir sind hier heute nicht allein.«

Wenn Katja nicht gerade erst aufgestanden wäre, hätte sie bestimmt zurückgeschnauzt. So sah sie mich nur säuerlich an und verschwand türknallend im Bad.

Ich nahm meinen Karton und setzte mich damit in den Wintergarten. Staubflocken wirbelten in der ersten Frühlingssonne, als ich den Deckel öffnete. Unter ein paar uralten Briefen meiner Mutter fand ich ein Gruppenfoto, das während meiner Zeit im Berufsinternat für Seefahrt aufgenommen worden war. Sechs Jungen im Alter zwischen 14 und 15 Jahren: Stube sechs. Die Jungen trugen weiße Hemden und kurze, weite Hosen, die Haare nach hinten gekämmt. Einer überragte sie alle, war blond und hatte die Hände tief in die Hosentaschen gesteckt. Das war ich – vor einer halben Ewigkeit. Dann fand ich noch eine Urkunde, die mir die Teilnahme am Müggelseeschwimmen im Jahre 1955 bestätigte und ein kleines, schwarzes Notizbuch, in dem etliche Seiten fehlten. Ich überflog die hingekritzelten Notizen, unter denen ich neben längst verjährten Terminen auch eine Telefonnummer fand, die mit *neu* und dicken Kreisen markiert war. Jürgen! Mein alter Schulfreund. Es war fast auf den Tag genau 15 Jahre her, dass wir uns in Prag das letzte Mal getroffen hatten, kurz bevor ich nach Berlin gegangen war, um mein Glück mit der *Kneese* zu versuchen. Ich bekam ein schlechtes Gewissen, weil ich auf seinen Brief nicht geantwortet hatte. Inzwischen kamen keine weiteren mehr, und ich hatte ihn vollkommen vergessen gehabt. Ich glaube nicht an Schicksal, nur an Taten. Also griff ich zum Telefon und wählte die Nummer, die vor den drei Ausrufezeichen stand. Seine Frau nahm ab, blieb distanziert und reichte mich an Jürgen weiter. Er freute sich um einiges mehr, meine Stimme zu hören, und wir verabredeten uns kurzerhand für das nächste Wochenende in Prag.

Prag – nicht nur eines meiner beliebtesten Reviere, um schöne, junge Mädchen für mein Geschäft zu gewinnen, sondern auch die einzige Verbindung zu meiner Heimat und den alten Freunden hinter der Mauer, die sie nicht heraus und mich nicht hinein ließ – wegen Mädchenhandels. Man hatte mich bespitzelt und sich daran gestört, dass ich einen Nachtclub betrieb. Nun, mochte die DDR etwas dagegen haben, Jürgen schien es nicht zu beunruhigen.

Eine Woche später umarmte er mich innig und stellte mir seine Tochter Simone vor, die ihn begleitete, um sich Prag anzusehen – und vielleicht auch den reichen, westberliner Schulfreund ihres Vaters. Ich ließ die Koffer zu meinem Jaguar bringen und fuhr mit ihnen ins *Hotel Intercontinental*. Dort hatte ich drei der besten Zimmer gebucht und für den Abend einen Tisch im zehnten Stock, von dem aus man einen atemberaubenden Blick über die Prager Altstadt hatte. Ja, ich hatte mich nicht lumpen lassen. Die Bewunderung von Vater und Tochter tat mir wohl. Das, was mir längst zur Gewohnheit geworden war, bekam durch die verblüfften Blicke der beiden wieder neuen Glanz. Ihre vorsichtige Art, sich in das weiche Leder meines Autos sinken zu lassen, ihre bewundernden Blicke auf meinen wirklich schönen Anzug von Armani, ihre begeisterten Ausrufe über die Einrichtung der Zimmer oder den standardmäßigen Begrüßungsdrink machten mir deutlich, was ich alles geschafft hatte und in welchem Luxus ich schwelgte.

Als Jürgen und seine Tochter aus dem Fahrstuhl stiegen und mir zum Abendessen ins Restaurant folgten, betrachtete ich Simone genauer. Sie war 19, groß, blond und vollbusig. Ich erkannte mein Beuteschema. Sie trug ein schwarzes, knielanges

Kleid mit weißem Kragen und einen Pferdeschwanz. Andere Frisur, anderes Kleid und ein paar Kilo weniger, dann wäre sie wirklich sehr hübsch gewesen. Jürgen sah älter aus, als ich ihn mir vorgestellt hatte. Die Jahre im Osten waren nicht spurlos an ihm vorübergegangen. Dabei war er früher ein wahnsinnig cooler Typ gewesen. Als Teenager hatten wir ähnlich gute Chancen bei den Mädchen gehabt. *Black and White*, so nannte man uns, weil meine Haare blond waren und seine schwarz. Aber jetzt und hier merkte man, dass seine besten Jahre vorbei waren. Ich glaube, das ganze Ambiente hat ihn auch etwas eingeschüchtert – das kannte er aus dem Osten natürlich so nicht. Ich betrachtete mich in dem großen Spiegel neben der Tür zum Restaurant. Ich kam mir jünger vor als Jürgen, und interessanter. Zufrieden, mit erhobenem Kopf und federndem Schritt betrat ich das Restaurant, geleitete meine Gäste zu unserem Tisch und ließ Hummer, Langusten, Wild und flambiertes Obst auffahren, dazu den teuersten Wein, den ich finden konnte. *Wie im Märchen*, schwelgte Simone und sah mich mit großen Augen an. Der Wein verscheuchte die anfängliche Zurückhaltung, und die beiden ließen es sich richtig schmecken. Ich konnte es nicht verübeln und gönnte ihnen die Freude, die mir selbst schon lange abhanden gekommen war. Nach dem Essen wollten sie alles über mich wissen. Jede Episode meines Lebens schien sie zu begeistern, sie gierten nach meinen Auslandserfahrungen, meinen Abenteuern und Geschichten. Ich ließ neuen Wein kommen und legte los. Das Leben, das ich seit meiner Flucht aus Ostberlin gelebt hatte, war so aufregend und abwechslungsreich, dass ich tagelang erzählen konnte, ohne meine Zuhörer zu langweilen. Ich redete schon drei Stunden, als ich bemerkte, dass Jürgen ruhiger geworden war und nicht mehr mich, sondern nachdenklich seine Hände anschaute.

»Ich wünschte, mir wäre die Flucht damals auch gelungen.«

Es war plötzlich still am Tisch geworden. Nicht nur Simone blickte ihren Vater überrascht an. Jürgen redete über dieses Thema sonst nie.

Jürgen trank das halbe Glas in einem Zug leer und begann den Ring an seinem Finger zu drehen.

»Sie war meine erste große Liebe, und ich wäre für sie durch die Hölle gegangen. Na, das bin ich dann ja auch.«

Er trank einen Schluck und redete weiter, ohne uns anzuschauen.

»Wir hatten die Sache schon Wochen vorher geplant und mit keinem darüber geredet – jedenfalls ich nicht. Wir wollten nur einen kleinen Rucksack mitnehmen, alles andere zurücklassen. Wir hatten ja uns. Es war kurz vor Mitternacht, den Rucksack hatte ich auf dem Rücken, und ich war auf dem Weg zu ihr. Als ich hinter mir meinen Namen hörte, wusste ich sofort, was los war. Jemand hatte uns verraten. Plötzlich war die Straße voller Bullen. Der Lada, der schon seit zwei Tagen vor meiner Wohnung gestanden hatte, schaltete die Scheinwerfer ein. Ich war wie gelähmt. Ich hatte Angst – das Undenkbare war geschehen: Ich war als Republikflüchtling entlarvt. Ich wurde ins Auto gestoßen und nach Alt-Hohenschönhausen gebracht. Eine Woche später nach Bautzen. Da bin ich erst drei Jahre später wieder rausgekommen. Wisst ihr, was weiße Folter ist?«

Jürgen schaute hoch und uns in die Augen.

»Willst du noch einen Schluck?«

Ich hielt ihm die Flasche entgegen. Jürgen schien der Monolog erschöpft zu haben. Er sah plötzlich alt aus. Müde schüttelte er den Kopf.

»Ist spät geworden. Ich werd mal gehen. Danke für den schönen Abend, Detlef. Ehrlich!«

Er erhob sich schwerfällig und ließ uns allein.

»Was meinte er mit weißer Folter?«

»Keine Ahnung. Mein Vater redet nie über dieses Thema, jedenfalls nicht mit uns Kindern.«

Irgendwie drohte der Abend zu kippen. Also ergriff ich die Initiative:

»Lust, noch ein bisschen tanzen zu gehen?«

Sie war jung und voller Energie. Die besten Vorraussetzungen, um nicht lange Trübsal zu blasen.

Ich führte Simone in die beste Disco der Stadt, und wir tanzten, bis sie müde war. Ich war 22 Jahre älter als sie, kannte aber ein paar Methoden, um mir die Müdigkeit vom Leib zu halten. Schließlich hatte ich noch einiges vor. Ich lud sie in mein Zimmer ein, ließ Kaviar, Lachs und Champagner kommen und bot ihr als Abschluss etwas Koks an. Sie lehnte ab. Das war mir ja noch nie passiert! Sie wollte *reden*. Was hatte ihr Jürgen über mich erzählt? Dass ich Blumen verkaufte? Sie setzte sich im Schneidersitz auf die Couch und fing an, übers Backen zu reden. Ich konnte es nicht fassen. Alles lief völlig anders, als ich es gewohnt war. Da wollte ich wenigstens etwas Normales tun: Ich zog mir was rein. Und kam mir gleich darauf total bescheuert vor. Simone war bei Marzipanrohmasse angekommen. Sie würde ja so gern mal nach Mailand fahren, um den Marzipanbäckern zuzuschauen oder nach Wien zu den Hofkonditoren. Ein eigenes Café würde sie irgendwann haben wollen, in dem es selbst gemachte Schokolade geben würde und winzige Torten, damit man auch mehrere probieren könne. Ich saß ihr gegenüber und hörte ergeben zu. Als sie morgens um fünf in ihr Zimmer ging, hatten wir über Backzutaten geredet, meine Lieblingsbar in Friedrichshagen, ihren Vater, das jährli-

Detlef Uhlmann

Simone und Detlef Uhlmann

Angelina, zu sehen auf diesen beid

Seiten, hat für das Bel Ami ausschließlich als Fotomodel und Barkeeperin gearbeitet.

che Müggelseeschwimmen, die Backsteinschule – die wir beide besucht hatten, einen alten Lehrer, der uns beide unterrichtet hatte, über ihren Hund und wie sehr ich mir selbst als Kind einen gewünscht hatte, über die Familien meiner alten Schulfreunde und ihren eigenen Kinderwunsch – irgendwann einmal. Ich sah ihr hinterher, sah die Tür sich schließen und fühlte mich eigenartig. Einerseits betrogen um den Sex, andererseits um ein zärtliches Gefühl reicher.

Fünf Stunden später riss mich das Schrillen meines Zimmertelefons aus dem Schlaf. Katja! Warum ich mich noch nicht gemeldet hätte, was ich so tat, ob ich sie noch liebte, an sie dachte, sie so vermisste wie sie mich … blabla. Ich nuschelte irgendetwas in den Hörer und legte auf. Aber schlafen konnte ich nicht mehr. Ich ging unter die Dusche und entschied, an diesem Tag einen relativ unauffälligen, sandfarbenen Anzug mit Holzknöpfen zu tragen. Hemd mit Stehkragen oder doch lieber ein Rollkragenpullover? Beides wirkte leger und sympathisch. Ich entschied mich für das Hemd, weil es sich gut mit einem dunkelroten Seidentuch kombinieren ließ. Ich trug ein dezentes Aftershave auf und holte Jürgen und Simone zum Frühstück ab. Dieser Tag sollte nur den beiden gehören.

Wir schlenderten über die Karlsbrücke und den Wenzelsplatz, ich zeigte ihnen den Hradschin mit dem Veits-Dom und das goldenen Gässchen mit den winzigen, bunten Häusern aus dem 16. Jahrhundert. Abends bestellte ich für uns ein böhmisches 7-Gänge-Menü im *Le Degustation* und lud sie im Anschluss ins *Alhambra* ein, ein Varieté-Theater, in dem ich schon öfter gewesen war. Es war ein wunderschöner Tag, an dessen Ende ich zwar wieder keinen Kuss, dafür aber Simones Telefonnummer bekam.

Sonntagabend betrat ich wieder das *Bel Ami*. Hallo und
wie schön, Daddy hier, Daddy da. Das Übliche. Ich lächelte routiniert, umarmte und küsste, prostete zu, schenkte ein
und trank selbst das ein oder andere Glas. Ich war nicht bei
der Sache. Zwischen Simone und mir stand nun wieder eine
Mauer, mit Stacheldraht besetzt und mit geladenen Waffen
und blutrünstigen Hunden verteidigt. Mir ging dieses Bild
nicht mehr aus dem Kopf, ich empfand den sogenannten an-
tifaschistischen Schutzwall zum ersten Mal als so menschen-
verachtend, wie er war. Dann war also *ich* so ein Faschist, vor
denen Menschen wie Jürgen und Simone geschützt werden
mussten? Lächerlich.

»Daddy, ich hab dich so vermisst. Sag, dass du mich liebst. Los,
sag es!«

Katjas lange Arme hatten sich wie eine Riesenpython um meinen Hals geschlungen und drohten, mich zu ersticken.

»Natürlich, das weißt du doch!«, röchelte ich, was Katja fälsch-
licherweise für Erregung hielt. Sofort presste sie sich noch fester
an mich und fuhr mir mit der Hand zwischen die Beine.

»Ich dich auch, du Saukerl. Du hast doch in Prag nicht rumge-
vögelt, oder?«

Das konnte ich mit ruhigem Gewissen verneinen.

»Mein Armer.«

Katja neigte sich zu meinem Ohr, fuhr mit der Zunge kurz hinein und hauchte:

»Dann bist du bestimmt ganz außer Übung.«

Ihr Haar kitzelte mich heftig an der Nase, und die Luft war mir
noch immer zu knapp. Sie nervte mich.

»Du ganz bestimmt nicht!«, stieß ich hervor.

Katja schaute mich verwundert an.

»Alles, was ich tue, tu ich doch nur für dich, für uns! Was ist denn los mit dir? Trink erst mal was!«

Ich wusste selbst nicht, warum ich das gesagt hatte, warum ich die ganze Zeit an Prag denken musste, an Simone, die genüsslich zwei Eisbecher hintereinander verputzt hatte, ohne über ihr Gewicht nachzudenken. Obwohl sie das vielleicht hätte tun sollen. Katja hielt mir ein Glas mit eiskaltem Champagner entgegen und lächelte mich versöhnlich an. Sie trug ein schimmerndes, dunkelgrünes Kleid, das sich eng an ihren Körper schmiegte, und erinnerte mich mit den offenen Haaren an eine Seejungfrau. Na ja, vielleicht nur an See. Ich trank.

»Wollen wir hochgehen? Ich bin schon feucht!«

Ich trank aus und suchte fieberhaft nach einer Ausrede. Nixe hin oder her – ich hatte keine Lust auf sie.

»Katja, meine Schöne, ich bin gerade erst aus dem Auto gestiegen, hab erst ein Glas getrunken«, log ich. »Außerdem bin ich total erledigt. Übrigens, der Typ dort drüben sieht schon die ganze Zeit rüber. Lass dich doch erst mal bei ihm aus, ja?«

»Arschloch!«

Sie funkelte mich wütend an, drehte sich auf ihren hohen Absätzen gekonnt um 90 Grad und stöckelte hüftschwingend zu ihrem potenziellen Kunden. *Sie war schon gut!*

Karin schenkte mir nach.

»Irgendwas ist doch in Prag passiert, Daddy!«

Mein Gott, war ich denn ein offenes Buch, in das jeder ungefragt seine Nase stecken konnte?

»Vielleicht hab ich mich verliebt?«

Karin hörte auf, die Zitrone in kleine Scheiben zu schneiden, und schaute mich an.

»Na, das ist doch schön. Wie heißt sie denn?«

»Simone.«

»Also keine Tschechin?«

»Sie kommt aus Ostberlin.«

»Das macht die Sache nicht gerade einfach. Bist du dir sicher?«

»Was weiß ich. Sicher, sicher! Sie ist irgendwie … anders!«

»Was heißt anders? Ist sie grün und hat 'ne Antenne auf dem Kopf?«

Karin nahm sich die nächste Frucht vor. Obwohl mir ihr gereizter Ton missfiel, hatte ich doch das Bedürfnis, über mein merkwürdiges Gefühl zu sprechen, und überging ihre spöttische Bemerkung.

»Sie ist voller Energie und irgendwie … so unschuldig.«

»Wie unschuldig? Ist sie noch Jungfrau, oder was?«

»Ich denke nicht. Ich meine, ich weiß es nicht.«

»Was, ihr wart noch gar nicht im Bett?«

Ich sah Simone im Schneidersitz und von Tortengüssen redend auf meinem Bett sitzen und schüttelte lächelnd den Kopf.

Karin zog eine Augenbraue in die Höhe, während die andere an Ort und Stelle blieb. Ein Anblick, der mich noch immer irritierte.

»Ach so. Ich verstehe!«

»*Was* verstehst du?«

Ich begann, mich über meine Geschwätzigkeit und Karins Wortkargheit zu ärgern.

»Sie ist clever. Sie lässt dich so lange nicht ran, bis sie ihr Ziel erreicht hat.«

»Kann es nicht einfach …, verdammt, Karin, wie viel Zitrone, glaubst du, brauchen wir heute Abend denn?«

Ich verließ die Bar, hörte ein *hmpf* hinter mir, fing einen wütenden Blick von Katja auf und verschwand in meinem Büro.

Kleider machen Leute

»Das ist mir zu gefährlich, Detlef.«

»Nicht gefährlicher, als es ohne Kondom zu machen. Nur dass es dich da nicht zu stören scheint!«

Tanja trank ihr Glas leer, wischte mit dem Daumen den Lippenstift vom Rand und schob es über den Tisch.

»Wenn das auffliegt ... Die sind da echt nicht zimperlich, das kannst du mir glauben.«

Ich schenkte nach.

»Sei nicht albern. Du machst auf meine Kosten drei Tage Urlaub, dann gehst du zur Botschaft, meldest den Diebstahl und bist am Montag wieder hier. Das ist doch ein hübsches Abenteuer!«

»Wie viel springt für mich dabei raus?«

»Abzüglich Flug und Spesen ... 2000?«

»Unter fünf mach ich's nicht.«

Tanjas Blick war knallhart. Warum hatte ich ihr auch das Foto von Simone gezeigt? Die Ähnlichkeit der beiden war verblüffend. Und was ich als Verhandlungstaktik eingesetzt hatte, wandte sich jetzt gegen mich. So schnell würde ich kein anderes Double finden, und Tanja wusste das.

»5000 und die Flugtickets. Den Rest zahlst du ...«, ich legte ihr meine Hand auf den Unterarm und lächelte ihr zu, »... oder einer der vielen spendablen Herren, die an dem Messe-Wochenende in der Hotelbar sein werden. So könntest du ...«, ich schloss die Augen um kurz zu überschlagen, »... am Montag um sechs- oder siebentausend Mark reicher sein!«

»Okay. Wann und wo treffen wir uns?«

»Ich hole dich am Freitag Punkt elf am Bahnhof Zoo ab. Ich möchte, dass du einen Pelzmantel trägst und in deinem Gepäck ein langes Kleid in einer auffälligen Farbe dabei hast. Mehr brauchst du nicht zu tun.«

»Ich habe aber nur ein schwarzes mit kleinen, silbernen Punkten!«

»Das reicht.«

Ich hatte nicht vor, auch noch ein Kleid dazuzupacken, zumal ich mir nicht sicher war, ob die Beamten überhaupt auf Kleider achteten.

»Und am besten, du redest nicht darüber – mit niemanden, hörst du? – bis alles vorbei ist.«

Und so geschah es. Freitagvormittag stieg Tanja in einem perlgrauen Persianer in meinen Bentley, wir fuhren nach Tegel und flogen von dort erster Klasse weiter nach Prag. Kurz nach vier reichte Tanja einem jungen Grenzbeamten Ausweis und Visum in sein Schalterhäuschen. Er schaute, stempelte, reichte zurück, dann blieb für einige Sekunden sein Blick an der schönen, jungen Frau hängen. Er registrierte den Persianer, das glänzend blonde Haar, das dezente Rouge auf den hohen Wangenknochen, die schlanken, perfekt manikürten Hände und die teuer aussehenden Ringe daran. Ich sah in den Augen des Zu-Kurz-Gekommenen Bewunderung, Neid und stille Resignation vorüberziehen. Dann winkte er Tanja vorbei und wandte sich dem Nächsten zu.

»Wunderbar, das ging doch ganz leicht. Hast du seinen Blick gesehen?«

Ich legte ihr meinen Arm um die Schulter und zog sie zum Taxistand. Ungefähr zur selben Zeit stieg aus einer Interflug-Maschine ein Mädchen, das im selben Alter war, ebenfalls blondes Haar und hohe Wangenknochen hatte. Sie trug einen Rucksack, Wanderschuhe und Jeansjacke und fiel den Beamten nicht weiter auf. Sie hatten sie schon etliche Male aus der Maschine steigen sehen. Wohl eine Zonen-Liebe.

In der Hotelbar des *Intercontinental* beäugten sich Tanja und Simone neugierig. Tatsächlich waren sie sich auf den Fotos ähnlicher als in natura. Tanja war schlanker und etwas kleiner. Ihre Bewegungen ruhiger, ihr Blick beherrschter. Simone wollte neben ihr nicht richtig leuchten – so kam es mir vor. Aber warum zog sie mich dann – und wir kannten uns nun schon fast ein Jahr – noch immer so stark an?

»Ist hier noch ein Plätzchen frei?«

Ein graumelierter Herr zog sich lässig einen Stuhl heran und setzte sich zu uns. Ich erkannte ihn nicht wirklich, erinnerte mich aber dunkel an seine gepflegten Umgangsformen und üppigen Trinkgelder. Er kam sofort auf den Punkt.

»Könnten sich die beiden jungen Damen vorstellen, den Abend mit mir zu verbringen? Ich bin Heinrich, 52, die man mir, wie ich häufig höre, nicht ansieht, und außerdem bin ich, wie man mir auch immer sagt, ein recht amüsanter Unterhalter.«

Er streckte den beiden Blonden seine Hand entgegen.

»Darf es schon etwas zu trinken sein?«

Der Kellner schaute beflissen in die Runde.

»Einen Moët Chandon und vier Gläser!«

Heinrich war nicht aufzuhalten.

»Das ist euch doch recht, oder?«

Tanja hatte sich am schnellsten gefasst und lächelte Heinrich professionell an. Ich war noch immer verdutzt. Nicht im Traum wäre ich auf die Idee gekommen, jemand könnte Simone für eine … ein käufliches Mädchen halten.

»Das ist äußerst großzügig von dir, Heinrich. Und wie großzügig denkst du denn insgesamt über so einen Abend?«

Heinrich wog Tanjas Brüste und Simones Jugend ab und kam auf: 2000 die Nacht!

Ich versuchte, unter dem Tisch gegen Tanjas Schienbein zu treten und gleichzeitig Simones Hand zu angeln, die sich verkrampft an der Gabel festhielt.

»Wir stoßen gerne mit dir an, Heinrich, aber leider liegt hier ein kleines Missverständnis vor. Darf ich vorstellen, die bezaubernde Tanja, und das hier ist: Simone – meine *Freundin*!«

Tanja lächelte säuerlich, Simone verunsichert.

»Oh, das freut mich außerordentlich. Dann lasst uns doch auf die Liebe anstoßen!«, reagierte Heinrich blitzschnell. Wir hoben die Gläser, die eilfertig gefüllt wurden.

»Und auf Tanja, die ja vielleicht lieber bei mir die erste Geige spielen, als hier das fünfte Rad am Wagen sein möchte.«

Er lachte laut auf, blinzelte Tanja zu und trank.

»Warum soll sie denn nicht auch mitkommen? Allein zahlt er mir nur 600!«, zischte mir Tanja giftig zu.

»Das geht dich gar nichts an. Kümmere dich um dich selbst und mach deine Arbeit!«

20 Minuten später saß ich mit Simone allein am Tisch.

»Ist das immer so?«

Simone hielt kopfschüttelnd die Hand über ihr Glas und sah mich an. Ich stellte die Flasche wieder ab.

»Was meinst du?«

»Dass sich Männer an den Tisch setzen, um über den Preis für ein Mädchen zu verhandeln.« Sie zögerte kurz. »Und mich für eine Nutte halten.«

»Na ja, kommt schon mal vor. Ich komm halt viel rum, bin überall bekannt, und da kann's schon mal passieren, dass jemand denkt, ich wär geschäftlich da.«

Ganz ehrlich, ich konnte mich nicht erinnern, wann ich das letzte Mal privat unterwegs gewesen war. Als Geschäftsmann war man das wohl nie.

»Ich würde so was nie machen! Das ist dir doch klar, oder?«

»Simone! Nie, ich schwöre«, ich hielt zwei Finger in die Höhe, »nie habe ich an so was auch nur gedacht. Ich liebe dich! Ich würde wahnsinnig werden bei der Vorstellung, dass dich ein anderer berührt. Ich …«, hier stockte ich, weil mir das, was ich sagen wollte, doch ungeheuerlich vorkam. Scheiß drauf, genau das fühlte ich aber!

»Ich möchte mit dir zusammen sein, mit dir Kinder haben, mit dir alt werden. Noch nie habe ich«, zwei Tränen liefen mir aus den Augen, und ich schämte mich nicht einmal dafür, so überwältigt war ich von mir und meinem Gefühl für dieses Mädchen, »noch nie habe ich so etwas gefühlt!«

Simone entzog mir ihre Hand und strich mir über die Wangen. »Du bist ein unglaublicher Mann, Detlef!«

Keine zehn Minuten später klingelte mein Funktelefon, und Simone ließ meine Hand los.

»Du kannst ruhig rangehen, Detlef!«

Ich zog den Apparat aus der Anzugtasche und sah Katjas Namen auf dem Display. Das konnte doch nicht wahr sein!

»Das kann warten. Ich rufe später zurück.«

»Quatsch. Ich muss sowieso mal kurz wohin.«

Simone stand auf und ging. Ich nahm ab.

»Verdammt noch mal, Katja. Was willst du denn schon wieder?«

»Weißt du, was ich gerade gehört habe?«

»Was hast du denn gehört?«

»Tu bloß nicht so saublöd, Detlef! Dass du andere Weiber vögelst, geht ja in Ordnung. Aber dass du diese kleine Schlampe jetzt auch noch hierherbringen willst, Kopf und Kragen für sie riskierst und ich sie dann jeden Tag vor der Nase haben soll, das geht echt zu weit! Wer bin ich eigentlich für dich? Für wen, glaubst du, mach ich denn die ganze Scheiße hier? Hallo? Bist du jetzt nicht nur blöd, sondern auch noch stumm geworden? Hat dir die kleine Nutte ins Gehirn gepisst, oder was?«

Ich musste das unbedingt abkürzen. Wenn sich Katja so in Rage redete, konnte das Stunden dauern. Auf jeden Fall länger, als Simone zum Nasepudern brauchen würde.

»Katja, beruhige dich erst mal. Das ist nicht so, wie du denkst. Ich erkläre dir alles, wenn ich wieder da bin, okay?«

Weitere Hasstiraden, jedoch schon von Schluchzern unterbrochen, folgten. Ich sah Simone, die, aus Richtung der Toilette kommend, unseren Tisch ansteuerte.

»Du weißt, dass ich dich liebe, Daddy. Ich tue das alles doch nur für dich. Ich mach auch noch mehr, wenn du willst. So eine wie mich wirst du nie wieder finden, das weißt du. Verfluchter Scheißkerl!« Sie schrie ins Telefon: »Sag, dass du es weißt!«

»Ja, das weiß ich!«

Ich versuchte unbeteiligt zu klingen und dabei gleichzeitig Simone beruhigend anzusehen. Sie hatte sich vorgeblich in die Karte vertieft und verschaffte mir eine weitere Galgenfrist. Katja schien jetzt heftig zu weinen. Ich verstand sie nur noch undeutlich.

»Dann sag mir auch, dass alles wieder gut wird, dass es wird wie früher, dass du mich liebst, bitte sag es, Daddy, sag, dass du mich liebst! Sag es!«

Mein Verstand schlug Haken. Simone sah sich suchend nach dem Kellner um.

»Warum soll ich ständig wiederholen, was du schon weißt?«

»Diese blöde Fotze sitzt dir wohl gerade gegenüber, stimmt's?«

Das war laut gewesen. Ich hatte den Hörer nicht schnell genug abgedeckt, denn der Kellner warf mir einen kurzen, überraschten Blick zu. Simone bestellte ungerührt ein Wasser ohne Sprudel, mit Eis, bitte.

»Hör zu, ich hab dir doch gesagt, du sollst dich beruhigen und warten, bis ich wieder da bin. Und hör auf zu trinken!«

Ohne die Antwort abzuwarten, drückte ich den roten Knopf. Sicherheitshalber schaltete ich das Telefon gleich ganz aus.

»Ich nehm das Gleiche!«

Der Kellner nickte und entfernte sich unauffällig.

»Stress?«

»Ja!«, ich seufzte. »Manchmal ist es ganz schön hart.«

Ich betrachtete Simone, die wiederum den Ring betrachtete, den ich ihr vor zwei Wochen geschenkt hatte.

»Erzähl mir davon!«

Sie schaute mir unbefangen und direkt in die Augen.

Ja, ich wollte ihr davon erzählen. Davon, wie es war, jeden Tag gut drauf zu sein, sich ständig die Sorgen und Nöte der Frauen anzuhören, ihre Launen und kleinen Gehässigkeiten auszuhalten. Davon, wie es war, keine echten Freunde zu haben, immer der zu sein, der alles regeln und organisieren musste, der keine Berührung mehr spürte, den nichts mehr überraschen konnte, weil er schon alles gesehen hatte. Simone schien die Frau zu sein, die das alles verstehen konnte. Sie sollte einen Kuchen für mich backen, mir einen Wildblumenstrauß auf den Tisch stellen, mir nachts die Sterne zeigen. Reinen Tisch wollte ich machen, völlig neu anfangen, nichts sollte zwischen uns stehen.

Also begann ich zu erzählen – und sie hörte mir zu.

Am nächsten Morgen verließen wir Arm in Arm das *Intercontinental*. Die Temperatur war mild. Aber da es nieselte, erregte der perlgraue Persianer keine große Aufmerksamkeit. Simone sah hinreißend darin aus. In den hohen Schuhen war sie gute 1,80 Meter groß. Tanja hatte ihr beim Schminken und Hochstecken der Haare geholfen. Das Ergebnis war verblüffend. Bei dem Gedanken, diese Schönheit meinen Freunden zu präsentieren, war ich so aufgeregt wie als Kind am Tag vor Weihnachten. Doch es gab noch eine kleine Hürde zu nehmen.

Tatsächlich saß der gleiche Beamte in seinem Häuschen und winkte Simone, alias Tanja, heran. Endlos lange studierte er ihre Papiere. In der Schlange neben ihr starrte ich auf eine braune Tweedjacke vor mir und beobachtete aus den Augenwinkeln, wie verunsichert er immer wieder erst Simone, dann Tanjas Foto betrachtete. Ich konnte seine Angst vor der Unannehmlichkeit einer Fehlanzeige fast riechen. Was er jetzt behauptete, würde er später auch beweisen müssen. Und der Pelz – und die Haare … verdammt, die Reichen bekamen letztlich ja doch immer recht. Er setzte seinen Stempel, und winkte sie durch. Simone schritt davon wie eine echte Diva, und ich bewunderte sie dafür. Bei mir selbst bemerkte ich einen leichten Schweißfilm auf der Stirn und den Handinnenflächen.

Noch eine Stunde bis zum Abflug. Noch nie hatte ich so viele Polizisten herumlaufen und -stehen sehen. Jeder Mann hinter einer Zeitung, jede Frau mit einem Schminkspiegel in der Hand schien uns zu beobachten. Simone redete ununterbrochen, wollte erst einen Orangensaft, dann mir ein Tuch im Duty Free zeigen. Ich zählte die Minuten. Endlich der Aufruf für den Flug nach Frankfurt am Main. Wir bestiegen die Maschine, die Türen schlossen sich, aber nichts geschah. Durch das Fenster sah ich ein Auto auf die Landebahn fahren. Es wurde heftig diskutiert. Ich griff nach Simones Hand, schloss die Augen und begann mit einer gebetsähnlichen Litanei: *Lieber Gott, lass uns jetzt einfach abheben … Lieber Gott, lass …*

»Detlef, hast du Flugangst?«

Simone zerrte ihre Hand aus der Umklammerung und sah mich überrascht an. Das Auto war fort, die Turbinen wurden angelassen, und das Flugzeug rollte zur Startbahn. Wir hoben ab, und als wir den tschechischen Luftraum verlassen hatten, bestellte ich bei der Stewardess Champagner – vom besten.

Direkt nach der Landung in Frankfurt hinterließ ich auf Tanjas Anrufbeantworter, das Wetter sei hier sehr schön und sie solle ruhig zur Botschaft gehen.

Weiter nach Berlin – unserer geteilten Heimatstadt. Ich kannte beide Seiten, nun wollte ich Simone die westliche, schöne, bunte und reiche zeigen. Von Tegel fuhren wir mit meinem Bentley direkt zum KaDeWe – um Bettzeug und Handtücher für ihre Wohnung zu kaufen, die ich ansonsten schon komplett eingerichtet hatte. Vielleicht wäre das gar nicht so wichtig gewesen, vielleicht hätte sie lieber mehr Zeit zum Ankommen gehabt, aber ich wollte doch unbedingt ihre Augen sehen, wenn sie das erste Mal das Kaufhaus des Westens betrat. Ja, und sie war begeistert, und ja, ich sah ihre Augen auch leuchten, aber dann suchte sie viel zu zielstrebig die fehlenden Sachen aus und ging zur Kasse. Ich war enttäuscht, und sie bemerkte es nicht einmal. Wir latschten über meinen schönen Ku'damm, und sie telefonierte mit ihren Eltern. Was für ein sonderliches Mädchen hatte ich mir da bloß eingefangen?

»Gefällt es dir?«

Ich öffnete die Balkontür und zeigte ihr den Lietzensee.

»Es sind nur zwei Zimmer, aber …«

Simone schlang ihre Arme um mich und verschloss mir mit einem Kuss den Mund.

»Es ist traumhaft, wunderschön, absolut perfekt, Detlef. Danke!«

»Im Schrank sind ein paar Sachen und Schuhe, die dir passen müssten. Im Bad sollte auch alles sein, was eine Frau so braucht.«

Simone hielt ein Kleid von Chanel ins Licht und stöhnte auf. Ich freute mich. Ja, mit Kleidern kannte ich mich aus! Also ging ich auf sie zu, umarmte und küsste sie, drückte meinen Unterleib an sie und stöhnte ebenfalls. Sie öffnete ihre weichen Lippen und erwiderte mein Zungenspiel. Doch mit dem Griff an ihre Brust begann sie, sich zu versteifen. Sie drückte sich von mir ab, sah mich verlegen an und stammelte:

»Ich weiß nicht, das, also, na ja, das fühlt sich jetzt irgendwie komisch an. Ich meine, du beschenkst mich, und wirklich großzügig, und da kommt mir der Sex vor wie, also, … Detlef, lass mir ein bisschen Zeit, ja? Bitte!«

Ich verstand sie nicht. Ihre Wangen waren rot, die Pupillen weit, der Atem war schnell, und ich hätte wetten können, ihr Geschlecht war nass. Trotzdem verweigerte sie sich mir. Versteh jemand die Frauen. Ich nicht. Aber ich respektierte sie!

Dickhornschaf und Ente

Einerseits hätte ich mir einen vergnüglichen Nachmittag gewünscht, andererseits sah ich die Notwendigkeit ein, mit Katja zu reden. Wie wohl jeder Mann bin auch ich kein Freund von so genannten »Aussprachen«. Vor dieser konnte ich mich allerdings nicht länger drücken. Spätestens am heutigen Abend würden sich

Simone und Katja gegenüberstehen, und ich hatte überhaupt keine Lust darauf, mir mein Geschäft von hysterischen Frauen verderben zu lassen. Also fuhr ich in unsere Wohnung, entschied mich gegen die Klingel und schloss auf. Katja saß im Bademantel auf der Couch und starrte auf den Bildschirm. *... Die Dickhornschafe der kanadischen Rocky Mountains können auch unter äußerst ungünstigen Umständen überleben. Besonders im Winter müssen die Wildschafe Kälte, Schnee und Nahrungsknappheit durchstehen. Gleichzeitig werden sie bedrängt von Wölfen und anderen Tieren.*

»Ha, ich glaube, ich bin ein Dickhornschaf. Ich hab auch ständig Hunger, und mir ist auch immer kalt. Jaja, genau, und du bist der Wolf, der mich Stück für Stück auffrisst und immer fetter wird.«

Sie lachte freudlos und presste ihre Hände gegen ihren Bauch, als hätte sie Krämpfe. Noch immer stand ich im Mantel hinter ihr und hielt ratlos den Wohnungsschlüssel in der Hand. Die Situation war so sinnlos, dass mir keine Erwiderung einfiel.

»Könntest du wenigstens den Fernseher leise drehen und dich umdrehen, wenn du mit mir redest? Oder führst du Selbstgespräche?«

Ich suchte nach Flaschen, Tütchen oder Ampullen, wurde auch sofort fündig und setzte nach:

»Vielleicht solltest du die einfach mal weglassen, dann kämst du dir auch nicht wie ... so ein Hornbock vor.«

Katja drehte sich zu mir um.

»Dickhornschaf – ich bin ein Schaf. Ein Bock ist männlich!«

»Katja, um Himmels willen, was soll das hier werden? Eine Biologiestunde?«

»Sag du es mir, Detlef! Eine Entschuldigung? Eine weitere Lüge? Ein Rausschmiss? Ein Ultimatum? Was denn? Was soll das denn deiner Meinung nach werden? Vielleicht willst du ja auch ficken, weil dich die Kleine noch nicht ranlässt. Ach nein, jetzt weiß ich's: Du hast dich geirrt, der Falschen den Antrag gemacht, bittest jetzt um meine Hand und um viele, kleine Kinderchen …«

»Hör auf, Katja, du benimmst dich total idiotisch. Und außerdem hab ich kein Bock, weiter so zu brüllen. Also stell diesen verdammten Kasten leiser!«

Ich legte Mantel und Schlüssel ab, setzte mich und vergrub meinen Kopf zwischen den Händen. Die Schafe blökten endlich nur noch in Zimmerlautstärke. Das hätte alles ganz anders laufen sollen. Ich wollte ihr doch einfach nur sagen, dass … ja, was denn? Dass es vorbei war, dass sie verschwinden sollte, ihre Koffer packen und die Wohnung räumen, dass sie weiter für mich anschaffen konnte, aber mich nicht mehr lieben durfte! Oh Mann, warum durfte man eigentlich nie sagen, was man dachte? Ich seufzte und schaute hoch – direkt in Katjas Augen.

»Hör zu, Detlef.«

Sie klang jetzt nicht mehr wie ein Dickhorn-irgendwas, eher wie ein Lamm.

»Die Kleine ist neu, bestimmt auch süß, und ihre Unschuld fasziniert dich. Du bist ein Mann und *brauchst* ab und an Abwechslung. Das verstehe ich! Aber auch sie wird sich abnutzen, und dann stehst du wieder allein da. Du weißt genau, dass ich die Beste bin!«

Ohne ihre Rede zu unterbrechen, war Katja vom Sofa gerutscht, hockte jetzt direkt vor mir auf dem Teppich und begann, meinen Schwanz zu massieren.

»Und du würdest es bitter bereuen, wenn du mir jetzt den Laufpass gibst, nur weil du glaubst, verliebt zu sein. Das ist schön, nicht wahr?«

Meinte sie das Verliebtsein oder ihre Hand an meinem Schwanz? Beides hätte ich bejaht.

»Man glaubt, diesmal wäre alles anders, man wäre endlich zu Hause angekommen, hätte den Menschen gefunden, auf den man immer gewartet hat, der einen wirklich versteht, man fühlt sich unendlich groß und wichtig und voller Zärtlichkeit.«

Sie verstärkte ihren Druck auf meine Erektion und suchte nach den Knöpfen.

»Aber dann, dann …« Sie drückte den letzten Knopf aus seinem Loch. »… stellt sich am Ende doch heraus, dass auch sie bloß eine Nutte ist.«

Sofort stieg die Wut in mir hoch.

»Ich seh hier nur *eine* Nutte!«

Ich stand auf und knöpfte mir die Hose zu.

»Ja, aber *ich* steh dazu! Aber du, Daddy, du kommst hier rein, tust so, als wärst du was Besseres, obwohl du dir mehr reinziehst als ich. Du hältst dich für einen Geschäftsmann, demnächst vielleicht für einen Ehemann und wahrscheinlich auch noch liebenden Vater.«

Ich war bei der Tür angekommen und riss sie auf.

»Aber du bist und bleibst nur ein verfickter Scheißzuhälter! Nur, dass *du* es nicht wahrhaben willst!«, kreischte sie noch hinter der verschlossenen Tür.

Jaja, das hatte ich mir von ihr nicht das erste Mal sagen lassen. Aber diesmal zum letzten Mal, beschloss ich.

Noch am selben Abend fuhr ich mit Simone ins *Bel Ami*.

»Ich bin ganz schön aufgeregt, Detlef. Ich meine, was soll ich denn dort machen? Bin ich nicht overdressed?«

»Du siehst wunderschön aus, Simone. Mach dir keine Sorgen. Du bist meine Freundin und definitiv nicht auf den Mund gefallen. Sei einfach ganz du selbst! Karin wird dir erklären, was hinter der Bar zu tun ist. Das ist nicht schwer. Wirst sehen. Wichtig ist eigentlich nur: Sei immer freundlich und lustig, provozier' die Mädchen nicht, hör' ihnen zu, motivier' sie und verscheuch' ihre Sorgen.«

»Und die Männer? Werden die mich ständig anmachen?«

»Schatz, ich hab dir doch gesagt, die Frauen *hinter* der Bar sind Tabu. Meine Gäste wissen das! Sieh das doch einfach alles als große Party!«

Natürlich wusste ich, dass es am Anfang schwierig werden würde. Frauen können ziemlich unangenehm werden, wenn sie Konkurrenz wittern. Ich musste damit rechnen, dass sie gleich heute auf Katja stoßen würde, die auf mich nicht sehr einsichtig gewirkt hatte, ebenso auf Rosi, die möglicherweise ihren Status »Längste-Beste-Freundin« gefährdet sehen könnte. Und auch die durchgeknallte Malila machte mir Sorgen. Gleichzeitig freute ich mich aber auch auf ein paar Freunde und Stammkunden, die im *Bel Ami* auf mich warteten, um die geflohene Ostblock-Schönheit als Erste zu sehen.

»Daddy, hey, lass dich umarmen! Wir hatten schon befürchtet, die würden dich drüben behalten.«

Rosi küsste mich und verwuselte mein Haar. Natalie und Alicia, mit der ich überhaupt nicht mehr gerechnet hatte, bestürmten mich ebenfalls. Ich ließ Simones Hand los. Marlen drückte mir ihren neuen Busen in die Seite und einen Kuss auf die Wange, Maria tätschelte meinen Hintern, und Karin reichte mir ein Glas Champagner. Mit der Bemerkung: »Und das ist dann wohl die holde Jungfrau, die unser Detlef unter Lebensgefahr aus der Höhle des Drachen gerettet hat«, lenkte Wolfgang, mein alter Kripo-Freund, die Aufmerksamkeit endlich auf die Frau an meiner Seite. Sie durchbrach die kurze Stille mit einem tapferen: »Hey, ich bin Simone.« Dann reichte sie einfach dem nächstbesten Mädchen die Hand und sagte: »Ich hoffe, wir werden Freunde!«

Sie war großartig. Alicia konnte gar nicht anders, als ihre Hand zu schütteln und zurückzulächeln. Ich stellte ihr die anderen vor. Es war noch früh am Abend und Katja noch nicht da.

»Und was hat er dann gemacht?«

Mit untrüglichem Instinkt hatte es Simone zu Alicia und Natalie gezogen. Alicia war wohl am wenigsten von allen »mein« Mädchen und durch ihre Erfahrung mit Michael am ehesten bereit, sich auf Simone einzulassen. Schließlich hatte ich sie ja immer vor diesem Scheißkerl gewarnt.

»Nachdem ich schwanger war, ist er wieder regelmäßig hierher gekommen. Ich hatte meine Arbeit wegen ihm aufgegeben, war also total auf ihn angewiesen. Was hätte ich in dem Zustand denn machen können?«

Simone hörte ihr entgeistert zu. *Lieber Gott*, betete ich, *lass sie jetzt nicht von Frauenrechten, Nachbarschaftshilfen und Kinderkrippen anfangen, dann sehe ich die Hälfte meiner Mädchen nie wieder.* Ich wurde erhört.

»Ja, und dann?«

»Vor einer Woche bin ich mit dem Kleinen ausgezogen. Keine Ahnung wie's jetzt weitergeht.«

Alicia sog den Rauch ihrer Zigarette tief ein und stieß ihn mit geschlossenen Augen langsam wieder aus. *Stillte sie nicht noch?*, fragte ich mich empört. Sie sah den Schwaden nach und sinnierte nicht sehr einfallsreich.

»Eins sag ich dir, Kleine: Scheiß auf die Liebe!«

Malila stieß kraftvoll die Tür auf und kam zusammen mit einem Schwall Frühlingsluft gut gelaunt hereingefegt. *Die würde dir widersprechen, Alicia,* dachte ich. Seit ihrem Aufsehen erregenden Auftritt mit dem cholerischen Taxifahrer himmelte Malila ihren »pissenden« Helden an, der sie immer wieder drängte, ihm endlich in die Schweiz zu folgen. Sie stürmte auf mich zu, warf sich auf meinen Schoß, und ich – blöd, wie sich alte Gewohnheiten durchsetzen – fasste ihr wie immer an die Brust. Verdammt! Ich schob sie ärgerlich von mir und stellte ihr Simone vor. Augenblicklich wurden beide Frauen zu Eis und gaben sich steif die Hand.

»Hallo, ich bin Simone.«

»Ja, und was willst du hier?«

Sekundenlanges Schweigen. Ich sah einen Nerv auf Simones Oberlippe zucken.

»Frieden!«, sagte sie tatsächlich.

»Ach ja?«

Malila ignorierte die ausgestreckte Hand, beugte sich über mich und begann, mich heftig zu küssen, während sie meiner Freundin den Hintern entgegenstreckte. Ich hätte es wissen müssen, war aber trotzdem überrumpelt. Mit einem Ruck wurde die kleine Brasilianerin von mir weggezerrt: »Ich denke, das reicht jetzt. Was denkst du, Detlef?«

Jetzt bloß das Richtige sagen. Aber was?

»Ja, denke ich auch. Hört mal zu, das gilt für alle. Simone ist meine Freundin. Ich liebe sie!«

Das klang aus meinem Mund und in diesen Räumen so hohl, dass ich mich selbst gruselte. Egal. Nicht nachlassen. Ein paar Mädchen begannen zu grinsen, und Karin machte wieder diese fiese Augenbrauen-Nummer.

»Es wird vielleicht am Anfang etwas ungewohnt sein, aber das wird dann schon. Machen wir uns das Leben nicht so schwer. Eine Runde aufs Haus für alle! Sagen wir ein Hoch auf ...«, ich überlegte: *Die innerdeutsche Freundschaft?* Oder: *Liebe ohne Grenzen?* Ich entschied mich für: »... auf uns alle!«

Ich war stolz auf mich. Karin hatte alle Hände voll zu tun, die Flaschen zu entkorken, ein paar Mädchen prosteten Simone zu, Alicia umarmte sie sogar und hieß sie willkommen. Malila hatte sich schmollend an die Bar zurückgezogen, und Wolfgang meinte anerkennend, er fände Simone nicht nur sehr hübsch, sondern auch absolut beeindruckend. Das war mir gut gelungen. Der Abend war gerettet.

Und dann kam Katja.

Ich hatte echt genug von diesem Zickenkrieg und, fand ich, für einen Abend schon genug geleistet. Also hielt ich mich im Hintergrund und hoffte, nicht noch einmal eingreifen zu müssen. Katja durchschritt wie eine Königin den Raum und blieb vor der Dreiergruppe stehen. Alicia und Natalie erhoben sich und verließen den Ring. Ich sah, dass Alicia Katja im Vorbeigehen noch irgendetwas ins Ohr flüsterte, konnte jedoch nicht verstehen, was es war. Katja ignorierte es auf jeden Fall. Simone stand auf. Jetzt standen sich also beide gegenüber, die Alte und die Neue. Beide groß, beide blond und beide – im gleichen schwarzen Chanel-Kleid. Scheiße, schlimmer hätte es nicht kommen können. Katja stützte ihre Arme in die Hüfte und fing an zu lächeln.

»Du bist also Detlefs neues Mädchen?«

Simone starrte noch immer auf das Kleid, das Katja so viel besser stand. Schmalere Taille, größerer Busen. Längere Beine.

»Ich bin nicht …«, sie krächzte, räusperte sich und fing noch einmal an: »Ich bin nicht sein neues Mädchen, ich bin seine Freundin!«

»Oh, das bin ich auch. Das sind wir hier alle!«, rief Katja und sah sich im Raum um. Ein paar Mädchen lachten.

»Wie ich sehe, hat Daddy noch immer den gleichen Geschmack – was die Kleider angeht. Bei den Frauen scheint er etwas nachzulassen.«

»Na ja, vielleicht langweilt ihn auf Dauer auch …«, Simone gönnte sich einen langen Blick, »… ein zwar hübscher Körper, auf dem dann aber ein hohler Kopf sitzt.«

Ich hörte Rosi neben mir scharf die Luft einziehen.

Karin fragte halbherzig einen Gast, ob er noch einen Wunsch hätte.

»Du meinst, du bist besser als wir, oder? Wie alt bist du? 19, 20? Das denken wir am Anfang immer, oder? Dass wir die einzig Wahre sind, etwas ganz Außergewöhnliches, dass wir etwas haben, was die anderen nicht haben. Aber lass mich dir das Eine sagen, Schätzchen«, Katja brachte ihr Gesicht eine Handbreit vor Simones in Position, »auch du hast nur zwei Titten und eine Fotze. Genau wie wir alle!«

Simone war so weiß, dass ich beschloss, einzugreifen. Zu spät.

»Du hast das Herz vergessen, Katja!«

Ich blieb stehen und wartete auf ihre Reaktion. Verblüfft sah ich, wie Katja ihrer Schwester im Kleide den Arm um die Schulter legte und mit dem Finger langsam ihren Nasenrücken entlangfuhr.

»Du bist eine ganz Schlaue, was? Hör zu, ich schenk ihn dir. Echt, du kannst ihn haben. Viel Spaß damit. Ich würd mal denken, drei Monate, vielleicht sechs. Genieße es, solange es anhält. Ach ja, und noch ein Tipp: Nimm ein bisschen ab.«

Katja drehte sich um und kam jetzt auf mich zu. Sie genoss ihren Auftritt. Mit einem Arm auf die Bar gestützt, sah ich ihr entgegen. Ich nahm mir fest vor, Ruhe zu bewahren und die Situation unter Kontrolle zu halten. Katja stellte sich breitbeinig vor mir auf. Dann zog sie am Reißverschluss des verhängnisvollen Kleides. Sie sah mich an, als wäre ich ein Insekt in der Petrischale. Ich hörte jemanden schnalzen, einen anderen pfeifen. Die Irrsinnige trug jetzt nur noch BH, Slip, halterlose Seidenstrümpfe und ihre hohen, schwarzen Pumps.

»Hier, vielleicht passt deine Kleine ja mal irgendwann da rein!«
Damit warf sie mir das 600-Mark-Teil vor die Füße und schritt zum Ausgang. Es war Ende Mai, aber die Nächte waren noch kalt. Wir klebten an der großen Scheibe zum Garten wie die Besucher im Affenhaus. Katja durchquerte den Garten, öffnete das Tor, stellte sich an die Flatowallee und hob den Daumen. Keine Minute später hielt ein Taxi. Sie stieg aus ihren Pumps, stellte sie ordentlich nebeneinander, stieg ins Taxi und schlug die Tür zu. Die Show war vorbei. Katja zog aus. Ich sah sie nie wieder.

Die erste Woche hatten wir bald überstanden. Tanja war mit Ersatzpapieren der deutschen Botschaft aus Prag zurück und arbeitete wieder bei mir im *Bel Ami*. Alicia erwies sich als Segen für Simone. Sie war das Bindeglied zwischen ihr und den anderen Mädchen, die nur schwer akzeptieren wollten, dass die Neue tatsächlich hinter der Bar blieb. Ich hatte mein Versprechen gehalten und Simone schon in fast jedes schöne, teure und ausgefallene Restaurant der Stadt ausgeführt. Für diesen Abend hatte ich uns einen Platz im »First Floor« im Palace Hotel reservieren lassen. Ich fühlte in der Innentasche meines nagelneuen Anzugs nach dem Umschlag. Simone zu beschenken war wunderbar. Sie zeigte ihre

Freude und Überraschung so offen und unverstellt wie ein Kind. Von dem Wert der Geschenke hatte sie meistens keine Ahnung, und er schien ihr auch egal zu sein. Wahrscheinlich hätte sie sich auch über eine Mickey-Mouse-Uhr gefreut, was ich natürlich nie ausprobiert habe. Gewissenhaft polierte ich noch eine stumpfe Stelle auf meinem weißen Lackschuh und klingelte dann an ihrer Wohnungstür. Simone öffnete in T-Shirt und Jeans. Sie strahlte mich an. Ihre Wangen waren rot, die Augen blitzten. Sie sah aus wie ein frischer Apfel.

»Hey, mein Schatz. Ich hab was für dich!«

Bevor ich erklären konnte, was genau das war, nahm sie meine Hand und zog mich ins Wohnzimmer. Auf dem Fußboden hatte sie eine himmelblaue Tischdecke ausgebreitet. Zwei Teller, Gläser, eine Flasche Wein (mittlerer Qualität, wie ich feststellte), etliche Kerzen und ringsherum Blüten von Primeln, Blausternchen, Stiefmütterchen und anderen Frühlingsblühern.

»Setz dich. Ich bin gleich fertig.«

Noch bevor ich etwas einwenden konnte, war sie in der Küche verschwunden. Ich hörte es klappern, und – wie mir jetzt erst auffiel – es duftete äußerst lecker. Etwas irritiert zog ich mir Schuhe und Jackett aus und versuchte, auf dem Boden eine bequeme Sitzposition einzunehmen. Sie hatte ihre Wohnung merkwürdig dekoriert. Qietschrote Fellkissen lagen auf dem Sofa, unter dem Fenster standen drei Bodenvasen in blau, grün und orange, in denen je eine Pfauenfeder steckte. Ein Affenbrotbaum, mit einer Lichterkette umwickelt, leuchtete ebenfalls farbenfroh.

»Ich komme gleich!«

Gerade wollte ich im »First Floor« anrufen, da kam sie auch schon mit einer Platte um die Ecke, auf der eine knusprige, braune Ente dampfte.

»Warte, es gibt noch Klöße und Rotkohl.«

Sie verblüffte mich immer wieder. Es schien völlig normal für sie zu sein, dass ihr Freund, der doppelt so alt war wie sie, in einem weißen 700-Mark-Anzug auf ihrem Fußboden saß. Und wenn es nicht mein Lieblingsessen gewesen wäre und sie mich nicht so erwartungsvoll angeschaut hätte, wäre ich ganz sicher aufgestanden und hätte auf den »First Floor« bestanden. Oder wenigstens auf einen Stuhl. So aber blieb ich sitzen und versuchte mich nicht zu bekleckern. Es war köstlich. Absolut großartig. Sie freute sich über mein Lob wie ein Kind. Wir aßen, lachten, redeten, schliefen miteinander und aßen süßen Mandelpudding im Bett.

»Und was war jetzt die Überraschung, von der du gesprochen hast?«

Oh, verdammt. Ich sprang nackt aus dem Bett, rannte ins Wohnzimmer, fand mein Jackett auf dem Boden, zog das Kuvert aus der Tasche und rannte wieder zurück.

»Das ist sie!«

Während sie den Umschlag öffnete, schaute ich auf meine Uhr und rannte wieder zurück ins Wohnzimmer.

»Das ist ..., Detlef, das sind Flugtickets nach Paris!«

»Ja. Schau aufs Datum!«, rief ich herüber.

»Da steht: der 17.! Das ist heute!«

»Schau auf die Zeit!«

»Mein Gott, das ist ... in noch nicht mal zwei Stunden?«

»Genau!«

Simone brachte alles durcheinander. Ich legte viel Wert auf meine Kleidung. Noch nie hatte ich ungeduscht und in einem zerknitterten Anzug das Haus verlassen. Aber genau das hatte ich jetzt vor.

»Das schaffen wir noch. Los komm! Zieh dir einfach irgendwas über. Alles, was fehlt, kaufen wir unterwegs.«

Zehn Minuten später saßen wir in meinem Auto und fuhren mit 100 Kilometer pro Stunde durch die Stadt. Ich fühlte mich wie James Dean und auch so jung. An diesem Wochenende legte ich ihr ganz Paris zu Füßen und mein Herz obendrauf.

V. Aufschwung

Vereinigung

Als die Mauer fiel, lagen wir am Stand von Singapore. In unserem Hotelzimmer klingelte ununterbrochen mein Funktelefon, bis sich der Akku irgendwann entladen hatte. Ich hörte nur das Klirren der Eiswürfel in meinem Glas und die Litanei des Meeres vor uns.

»Es ist wie im Märchen, Detlef. Nie, nie hätte ich mir träumen lassen, hier einmal zu liegen.«

Ich stellte mein Glas in den weißen Sand und begann Simones Rücken einzucremen.

»Übertreib es nicht. Ich glaub, du hast dich schon verbrannt.«

Unter meinen Händen fing Simone wie eine Katze an zu schnurren.

»Nicht aufhören. Ich will noch nicht gehen. Wenn ich die Augen aufmache und aufstehe, ist der Traum vielleicht vorbei.«

Sie war so gierig nach dem Leben, das ich ihr bieten konnte. Und ich liebte sie dafür.

Als Simone die Augen aufmachte, war der Traum tatsächlich vorbei. Eine Hotelangestellte gestikulierte wild mit Händen und Füßen, zeigte aufgeregt zum Hotel und versuchte, uns in furchtbarem Englisch davon zu überzeugen, ihr zu folgen. Ich vermutete Diebstahl, Brand oder sonst was, aber nicht die Bilder, die ich dann auf BBC World sah. Tausende von Menschen vor dem

Brandenburger Tor, auf der Mauer, in den Straßen, zu Fuß oder in Trabbis, Fahnen, Sektflaschen, Tränen. Sie sangen. Es war unfassbar!

Simone drückte sich an meinen Körper und begann zu weinen. »Oh mein Gott!«, schluchzte sie, »Es ist vorbei, es ist vorbei, Detlef!«

Ich wusste nicht, ob sie die Trennung von ihrer Familie meinte oder unseren Urlaub. Am nächsten Tag flogen wir jedenfalls zurück.

Die Innenstadt von Berlin war komplett dicht. Menschen, Tausende von Menschen, und überall wurde gefeiert. Die Straße gehörte ihnen, nicht mehr den Autos. Wir brauchten sagenhafte drei Stunden von Tegel bis nach Spandau. Simone versuchte noch während der Fahrt, wenn man den Aufenthalt im Taxi so bezeichnen will, ihre Eltern zu erreichen. Ohne Erfolg. Da hatte ich mehr Glück. Karin berichtete mir, was in meiner Abwesenheit passiert war. Einerseits steckte mich ihre Aufregung an, andererseits hörte ich verärgert, dass sich seit zwei Tagen kein einziger Gast bei mir hatte blicken lassen. Die meisten Mädchen hatten sich frei genommen oder waren einfach nicht erschienen. Es tobte das Chaos. Nie hätte ich mir vorstellen können, dass ein politisches Ereignis wichtiger werden könnte als das Bedürfnis der Menschheit nach Sex.

»Vielleicht erreichst *du* ja deine Eltern? Bei mir geht einfach keiner ran!«

Am Kaiserdamm stieg Simone aus dem Taxi und versuchte, mit der U-Bahn nach Ost-Berlin zu kommen. Ich kämpfte mich weiter bis zum *Bel Ami*.

Und dort lief es schlecht – so schlecht, dass ich begann, mir Sorgen zu machen. Ich zwang mich, ruhig zu bleiben, fuhr zu meinen

Eltern, betrat zum ersten Mal seit 26 Jahren wieder das Haus, in dem ich einst aufgewachsen war, drehte mit unserem Boot einige Kreise auf dem Müggelsee und zählte die Tage, bis sich die Aufregung wieder gelegt haben würde. Und das tat sie natürlich. Was als Desaster für mein Geschäft begonnen hatte, wurde der größte Aufschwung, den ich je erlebt hatte. Und nicht nur für mich.

»Ich liebe alle Ostler!«, schrie Alex, schwenkte eine Flasche im Wert von 1000 Mark über unseren Köpfen und ließ den guten alten Dom Perignon durch die Bar spritzen. Er besaß einen Autohandel und hatte in den letzten Tagen so viele Autos verkauft, wie im gesamten letzten Jahr nicht.

»Ich schreibe einfach eine Null dazu, und sie kaufen den Wagen trotzdem. Sie kaufen alles! Trinken wir auf die Ostler!«

Er lachte und bestellte und ließ Roland in die Tasten hauen. Simone verstaute das Bündel Hunderter in der überquellenden Kasse.

»Trink mit mir, du Schöne!«

Alex hielt einen roten Lackschuh in der Hand, der sinnloserweise vorn und hinten offen war, und goss Champagner hinein.

»Komm, trink!«

Simone trank vorn weit weniger, als hinten wieder herauslief. Es lebte der Überfluss! Ich ließ neue Flaschen holen und leerte die Kasse. Die Ossis kamen.

Ella aus Dresden hatte dicke, blonde Locken und einen süßen Silberblick. Petra aus Leipzig war brünett, streng frisiert und dominant. Veronika aus Rostock hatte wunderschöne, schlanke Beine. Die kleine, blonde Renate aus Ostberlin war Sprachstudentin, kam aus gutem Hause, schminkte sich nie und zog die Männer trotzdem an. Besondere Männer mit besonderen Wünschen.

»Hast du deine Hausaufgaben etwa wieder nicht gemacht, Renate? Mein Gott, du bist so dumm, dass ich schon gar nicht mehr weiß, was ich mit dir machen soll! Geh und hol mir den Rohrstock. Knie dich hin, streck die Hände aus. Handflächen nach oben. Der Zauberlehrling ist ein Gedicht – *erster Schlag*. Von wem? Falsch! – *zweiter Schlag*. Und du hast es wieder nicht gelernt! – *dritter Schlag*. Es hat sieben Strophen mit vierzehn Versen. Drei Schläge für jede nicht gelernte Strophe macht 21. Schau mich nicht an. Schau auf den Boden!«

Und dann Eveline aus Weimar. Sie war schon 30 und trotzdem die größte Attraktion von allen. Schlanker, fester Körper mit Brüsten, aus denen sie jederzeit Milch spritzen lassen konnte. Es gab Nächte, in denen sie mehr an den Wetteinnahmen verdiente als am Sex. An ihren Brüsten müssen mehr Männer gesaugt haben als Frauen an meinem Schwanz. Sie mischte Koks mit Backpulver und Wasser zu einem Brei, ließ ihn aufkochen und rauchte die entstandenen Klümpchen in einer Pfeife. Gewöhnlich trug sie einen langen schwarzen Kimono, der bei jeder Bewegung kurz aufklappte und ihre Nacktheit darunter erahnen ließ. Wenn sie langsam durch den Raum schritt, in der einen Hand ein Sektglas, in der anderen ihre kleine schwarze Pfeife, zog sie alle in ihren Bann. Sie dürsteten, lechzten und gierten. Sie wollten sie alle.

Die Mädchen aus dem Osten waren anders. Frischer, offener, natürlicher. Sie ließen sich sogar küssen und gaben meinen Gästen das Gefühl echter Intimität. Ich verdiente so viel wie nie zuvor.

Es erschienen Artikel über mich und das *Bel Ami* in der *Männer Vogue* und im *Playboy*. Es hieß darin zu Recht, ich würde den *besten Club Deutschlands* führen. Seitdem brauchte ich die Mädchen nicht mehr zu überreden, damit sie bei mir arbeiteten. Sie kamen von ganz allein und scharenweise. Und mit ihnen kamen die Männer. Sie reisten aus ganz Europa an, zeigten auf die Bilder in der *Vogue* und wollten sie sehen – die Schönheiten, die bei mir arbeiten. Und ich hatte sie alle, zeigte sie und gab sie ihnen – für Geld. Für sehr viel Geld. Ich war ganz oben.

Ich ließ mein Elternhaus in Friedrichshagen aufwendig für uns sanieren, kaufte Simone ein Pferd und mir einen Bentley. Wir sahen uns den Film *Pretty Woman* mit Richard Gere und Julia Roberts an. Danach nannte ich sie heimlich auch so: meine kleine *Pretty Woman*. Denn, genau wie Richard, legte ich ihr ja auch die Welt zu Füßen: Brasilien, Mexiko, Neuseeland, Dubai, Thailand, die Seychellen, Hawaii und Mauritius. Simone liebte die Reisen, und sie liebte die Oper. Und auch ich fand Gefallen daran. Vielleicht etwas mehr am prunkvollem Interieur und dem gepflegten und vornehmen Publikum als an der Musik. Aber ich zeigte mich gern dort.

Lag es einfach an der Zeit oder an dem Umstand, dass ich offiziell in festen Händen und damit weniger anrüchig war? Ich wusste es nicht. Aber während wir Opernpremieren besuchten, auf Bälle gingen oder uns auf der jährlichen Aidsgala zeigten, kamen Jahr für Jahr mehr Prominente, Politiker und Würdenträger an unseren Tisch und gaben freimütig ihre Bekanntschaft mit mir zu. Ob sie das ihren Ehefrauen mit gelegentlichen Geschäftsessen erklärten oder es diesen ganz lieb war, zu wissen, wo ihre Männer ihre außerehelichen Gelüste auslebten, war mir egal. Es wurde normal, sich mit uns sehen zu lassen. Wann ich denn ein *Bel Ami* für Frauen eröffnen würde, wurde ich ganz ungeniert gefragt. Na, das war mir dann doch zu heikel. Man sollte unter keinen Umständen Kunden bedienen, die man nicht versteht.

Karin kündigte. Für sie kam Marie, um Simone hinter der Bar zu helfen. Die beiden wurden ein unschlagbares Team. Immer gut gelaunt, aufmerksam, schnell und erfindungsreich.

»Wir sollten wenigstens eine Kleinigkeit zu essen anbieten können!«

»Wir haben aber keine richtige Küche hier. Und bis jetzt klappte das mit dem Lieferservice doch sehr gut. Hat sich noch keiner beschwert.«

»Ja, weil sie es nicht anders kennen!«

Simone gab Marie ein Zeichen.

»Magst du probieren?«

Die zierliche Brünette kam mit einem Tablett zu mir. In einer silbernen Schale und auf Eiswürfeln gebettet, lag roter und schwarzer Kaviar. Ein Korb mit dampfendem Toast und kleine Teller mit halben Wachteleiern standen daneben.

»Vielleicht ein kleiner Imbiss des Hauses mit 200 Gramm Kaviar gefällig?«

»Kostet?«

»Dich einen Kuss! Für alle anderen …, hm, 120 Mark?«

Simone bekam den Kuss und ich eine weitere Einnahmequelle. Meine geschäfstüchtige Freundin brachte das Essen ins *Bel Ami*. Kleine, selbst gebackene Torten, wenn ein Mädchen Geburtstag hatte, liebevoll gestaltete Buffets zu Weihnachten und außerdem – ihren Vater. Jürgen, mein alter Schulfreund, war jetzt nicht nur mein Schwiegervater in spe, sondern auch mein Mitarbeiter. Gemeinsam bauten wir das *Bel Ami* weiter aus: drei zusätzliche Zimmer, einen größeren Poolbereich, eine neue Bar, Tapeten aus Samt, Whirlpools in jedem Zimmer. Erstaunt stellte ich fest, dass Frauen durchaus in mehr als nur einer Sache ein geschicktes Händchen haben können und Familie tatsächlich von Nutzen war.

Im Dezember 1990 organisierte Simone für alle Mädchen und ein paar ausgewählte Stammgäste eine Weihnachtsfeier im *Bel Ami*. Sie verbrachte Tage damit, ein überdimensionales Lebkuchenhaus zu backen, vor dem der Marzipanhänsel die Zuckergussgretel innig küsste und dabei von einem alten Schokolüstling durchs Fernglas beobachtete wurde. Das Schwimmbad wurde abgedeckt und zur Tanzfläche umfunktioniert, um die herum zehn Stehtische mit bodenlangen weißen Damastdecken standen. Zusammen mit ihrem Vater schmückte sie die drei Meter hohe Tanne, organisierte eine Opernsängerin, stellte Hunderte von Kerzen auf und mich vor vollendete Tatsachen.

»Und, wie gefällt es dir?«

Ja, ich war begeistert.

»Wo soll ich die Geschenke hinstellen?«

»Erst einmal dort drüben. Den Rest mache ich schon!«, erklärte mir Simone.

Seit Jahren bekam jedes meiner Mädchen zu Weihnachten ein Geschenk im Wert von 500 Mark. Wir erwarteten 50 Gäste, und sie kamen alle, in langen Abendkleidern, Pelzen und Smokings. Während Simone alle willkommen hieß, betrachtete ich sie bewundernd. Sie trug ein bodenlanges, rotes, rückenfreies Kleid und hatte im letzten Jahr bestimmt zehn Kilo abgenommen. Sie sah wunderschön aus. Ich hatte das Gefühl, eine Familie zu haben, obwohl ich noch immer kein Kind von ihr hatte. Wir wollten es beide, und an mir oder mangelnden Bemühungen konnte es nicht liegen.

Die Sopranistin hatte gerade das *Ave Maria* beendet, als es laut klopfte. Seit Stunden wartete eine Menschentraube vor den Türen des *Bel Ami*, um vielleicht doch noch eingelassen zu werden.

Das Tor sollte für diesen Abend aber geschlossen bleiben, und ich fragte mich, ob jetzt tatsächlich die ersten Neugierigen über den Zaun geklettert waren. Nico öffnete die Tür.

»Es ist der Weihnachtsmann!«, rief er mit einer Stimme, als hätte er *Der Mann aus dem Mond* gesagt.

Natürlich! Ich grinste innerlich, erwartete einen Striptease und gratulierte Simone zu ihrem Einfall. Aber nein, der Weihnachtsmann schleppte nur einen riesigen Sack heran und ließ den Mantel an. Umständlich kramte er im Sack. Rosa Geschenkpapier, weißes Seidenschleifchen, silberne Namenskärtchen, kleine, rote Schokoladenweihnachtsmänner. Simone hatte jedes einzelne Geschenk liebevoll verpackt, wie für die Kinder, die sie nicht hatte.

»Oh, für Alicia! Wer ist denn Alicia?«

Die Polin hob schüchtern ihren Arm.

»Na, dann komm doch mal nach vorn! Kannst du denn auch ein Gedicht aufsagen oder ein Lied singen?«, brummte der Weihnachtsmann in seinen weißen Bart.

Spätestens jetzt, dachte ich, musste doch jemand lachen oder feixen. Aber ich irrte mich. Die geschäftstüchtige Blondine schien ernsthaft zu überlegen und begann dann mit zitternder Stimme ein polnisches Weihnachtslied zu singen. Ganz ernsthaft und andächtig lauschten alle der europaweit bekannten Edelhure, die sich in eine 8-Jährige verwandelt zu haben schien. Am Ende umarmte Alicia den Weihnachtsmann so lange, dass es mir fast peinlich wurde. Na ja, sie weinte.

Hatte Simone es doch tatsächlich geschafft, in meinem Bordell eine Atmosphäre zu schaffen, die mich an alte Weihnachtskalendermotive erinnerte. Glänzende Augen, rote Wangen, Äpfel, Nüsse und Korinthen. Zum ersten Mal störten mich die Tränen, die an diesem Abend flossen, nicht. Allerdings ärgerte es mich ein bisschen, dass Jürgen-Weihnachtsmann der Held des Abends war und den Dank für die Geschenke einheimste, die ICH bezahlt hatte.

Sushi für Fortgeschrittene

Die Sache mit dem Essen ging mir nicht mehr aus dem Kopf. Irgendwo las ich: Essen und Beischlaf sind die beiden großen Begierden des Mannes. Warum sollte ich die beiden Dinge also nicht miteinander verbinden? Im Zuge der Globalisierung begann sich in Deutschland Mitte der 90er Jahre ein exquisites Gericht aus Japan durchzusetzen: Sushi. Ich war ein Mann von Welt, hatte Japan schon öfter bereist und Sushi dabei schätzen gelernt. Also würde ich nun nicht unerheblich dazu beitragen, diese Delikatesse in Berlin bekannt zu machen. Es sollte die Grundlage für eine Party der besonderen Art bilden, auf der ich nicht nur den Gaumen meiner betuchtesten Kunden befriedigen wollte, sondern auch noch das ein oder andere Körperteil mehr.

Ich hatte Hartmut im Hotel *Adlon* auf eine etwas skurrile Art kennengelernt. Damals fielen mir als Erstes zwei ausnehmend hübsche Frauen auf, eine davon in einer Chauffeurlivree, die aufreizend den Saal durchschritten und sich an einen Tisch am Fenster setzten. Ihnen folgte ein etwa 50-jähriger Mann, der plötzlich stehen blieb und laut ausrief: »Was ist denn das für ein Sauladen? Hier gibt's ja noch nicht mal Currywurst.« Dann setzte er sich zu den beiden Mädchen an den Tisch. Sein Verhalten verblüffte mich doch sehr. Noch mehr wunderte mich allerdings, dass die Kellner eilfertig zu ihm liefen, ihn hofierten und katzbuckelten, als würde es sich um den Scheich von Persien handeln. Jetzt wollte ich doch unbedingt herausfinden, wer sich ein so unflätiges Benehmen leisten konnte. Vom Kellner erfuhr ich, dass jener merkwürdige Herr zu seiner Currywurst stets den teuersten Champagner bestellte, die Präsidentensuite bewohnte und sich nur mit schönen, jungen Mädchen umgab. Der Mann gefiel mir. Sofort ergriff ich die Gelegenheit, ihn näher kennenzulernen, und fragte, ob ich mich an seinen Tisch setzen dürfte. Damit hatte ich den ersten Schritt zu einer äußerst gewinnbringenden Beziehung getan.

Hartmut war genau der Mann, der erstens das Geld, zweitens einen Landsitz in Italien und drittens größten Gefallen an ungewöhnlichen Vergnügungen hatte. Also rief ich ihn an und begeisterte ihn für meine Idee. Die Vorbereitungen konnten beginnen.

Ich flog nach Italien und schaute mir Hartmuts Weinkeller an. Er war genau die Räumlichkeit, die ich brauchte. Eine Wendeltreppe führte zu einer schweren Doppelflügeltür aus Eichenholz. Dahinter lag das urige Kellergewölbe mit Natursteinboden und gemauerten Wänden, an denen große schmiedeeiserne Fackelhalter befestigt waren. In der Mitte stand ein Eichentisch, der groß genug war für die Orgie, die ich plante. Perfekt! Hartmut holte zur Feier des Tages einen 58-er Barolo aus seinem Keller und wir besprachen die Gästeliste, auf die er auch drei von seinen Geschäftskunden setzte.

Zurück in Berlin organisierte ich einen japanischen Spitzenkoch, verschickte Einladungen an fünf ausgesuchte Kunden und machte mir Gedanken über die Wahl der Mädchen. Es sollten ja die besten sein. Nicht zum ersten Mal dachte ich etwas wehmütig an Katja zurück. Alicia schien mir auch nicht die richtige Wahl. Ich hatte vor Kurzem einen zwar kleinen, aber eben doch sichtbaren Schwangerschaftsstreifen auf ihrem Bauch entdeckt, und makellose Haut war für mein Vorhaben sehr wichtig. Ich ging in Ruhe meine fast 50 Mädchen durch und traf die – wie sich im Nachhinein herausstellte – perfekte Wahl. Nachdem aus Japan zehn Kimonos sowie frische Lotosblüten eingetroffen waren, konnte die Party beginnen. Donnerstag früh bestieg ich mit meinen zwölf Mädchen in Tempelhof einen Privatjet und flog nach Italien. Simone blieb in Berlin. Einer musste sich ja ums Geschäft kümmern.

Freitagvormittag kamen die ersten Gäste, und die große Auffahrt des Landguts füllte sich langsam mit Limousinen, auf deren Kühler ein Stern prangte, das Winged B, der Leaper oder ein Spirit of Ecstasy. Große Gästezimmer standen für all die Herren bereit, die voller Ungeduld den Abend herbeisehnten.

Ich führte zwei Mädchen in das herrschaftliche Bad und forderte sie auf, jedes Haar von ihren Körpern sorgfältig zu entfernen. Außerdem stand ein Körperöl, das zart nach Zitrone duftete, für sie bereit. Sophia war erst seit einigen Monaten bei mir. Eine Naturblondine, die gerade erst 21 geworden war und eine Haut wie Elfenbein hatte. Die junge Brasilianerin, die sich Mally nannte, weil sich Maccayllah niemand merken konnte, hatte ich ausgewählt, weil ihr Milchkaffee-Teint einen appetitlichen Kontrast zu Sophias Sahne-Haut bildete. Auch sie war erst 21.

Ich wusste, dass viele Kunden gern Jüngere gehabt und dafür auch das Doppelte bezahlt hätten, aber bei diesem Thema achtete ich sehr genau darauf, mir nichts zuschulden kommen zu lassen. Manfred gehörte zu denen, die mir ständig damit in den Ohren lagen. Letztlich musste aber auch er sich mit denen begnügen, die sehr jung aussahen, aber eben schon volljährig waren. Er steckte sie in Kinderkleider und ließ sich mit Geschichten von Mathelehrern, Badeanstalten oder neugierigen Stiefvätern antörnen. Solange die pädophilen Fantasien solche blieben und bei mir ausgelebt und bezahlt wurden, hatte ich damit kein Problem.

»Wie geht's jetzt weiter, Daddy?«

Die zwei Grazien hatten ihr Bad beendet, standen nun in weißen Bademänteln vor mir und erinnerten mich an ein Bild von Renoir.

»Kommt mit!«

Sie folgten mir die Treppe herunter und sahen sich erstaunt in dem herrlichen Gewölbe um. Dezent verborgene Heizkörper hatten eine angenehme Temperatur erzeugt. 50 brennende Fackeln an den Wänden hüllten den Raum in warmes Licht. Ich nahm ihnen die Bademäntel ab.

»Legt euch jetzt auf den Tisch. Die Füße nach außen.«

Obwohl ich den beiden erklärt hatte, was ich mit ihnen vorhatte, kicherten sie nervös.

»Sushi isst man doch nicht mit Messer und Gabel, oder?«

»Mit Stäbchen, Mally!«

»Gott sei Dank. Damit kenn ich mich aus.«

Sophia prustete los: »Na, ich steck dir mein Stäbchen rein, hat noch keiner zu mir gesagt!«

Das schummrige Gewölbe hallte wieder von ihrem Gelächter.

»Jetzt beruhigt euch, Mädels. Ab jetzt besteht eure Aufgabe ausschließlich darin, stumm und still zu sein!«

Ich hätte mir denken können, dass diese eher ungewöhnliche Aufforderung sie erneut erheitern würde. Zum Glück betraten jetzt, auf beiden Armen riesige Tabletts balancierend, der Koch und seine zwei Küchenhilfen den Raum und forderten Ruhe. Sie stellten die Platten mit Paprikamaki, Wasabipaste und eingelegtem Ingwer, mit Nigiri Sushi aus Fischfilets und Garnelen, California Maki, einer Kombination aus Krabben- und Krebsfleisch, Avocado und Gurke, Seeigel-, Lachs- und Fliegenfischrogen auf Seetangblättern sowie mehrere Kristallkaraffen mit Reiswein ab und machten uns an die Arbeit.

Sophia und Mally hatten wunderschönes langes Haar, das nun fein säuberlich in Strähnen geteilt und medusenähnlich um ihre Köpfe gelegt wurde. Um die Spitzen wickelte Nagaya, mein hochbezahlter japanischer Koch, Physalis, Erdbeeren, Karambolen und Lychees. Hauchzarte Wagyū-Scheiben, zu filigranen Rosetten gedreht, thronten bald auf Sophias Brüsten. Für Mallys Scham wurde ein kleines Stück Frischhaltefolie zurechtgeschnitten, bevor Nagaya mit ruhiger Hand mehrere dunkelrote Peperonis mit der Spitze nach unten fächerförmig darauflegte. Auf ihre Brüste türmte er eine steife Erdbeer-Mousse, die, wie er mir versicherte, auch durch die Körperwärme nicht flüssig werden würde. Ich zweifelte weder an seinen Worten, noch machte ich mir Sorgen darüber, dass sie allzu lange dort bleiben würde.

Meine schönen Mädchen waren fast fertig angerichtet. Noch ein paar kandierte Rosenblütenblätter zwischen die Zehen, roter Zuckerguss auf die Lippen, und fertig. Jetzt fehlten nur noch die Lotosblüten, und ich konnte mich daran machen, die Gäste zu holen. Ich hatte ein einzigartiges Kunstwerk geschaffen.

»Tretet ein, meine Freunde!«

Mit Hartmut waren es neun Herren, die gespannt das Kellergewölbe betraten. Verblüfft besahen sie das Arrangement aus exotischen Blumen, erlesenem Essen und weiblicher Schönheit.

»Umwerfend!«

»Fantastisch!«

»Du hast dich selbst übertroffen, mein Freund!«

Hartmut schlug mir auf die Schulter und betrachtete mit glänzenden Augen mein Meisterwerk.

»Setzt euch doch!«

Ich wies auf die abgezählten Stühle. Dann betrat der Rest meiner Mädchen den Raum. In den kunstvoll nach oben gesteckten Haaren steckten Lotusblüten in zartem Rosa, Purpur und Gelb. Durch die ungewohnten Kimonos zu zierlichen Schritten gezwungen, trippelten sie zu den Herren und verbeugten sich anmutig. Sie blieben neben uns stehen, und wie perfekte Geishas füllten sie unsere Gläser mit kühlem Reiswein.

»Auf unser Festmahl! Ich hoffe, ihr habt alle genügend Appetit und haltet euch auch bei der Nachspeise nicht zurück!«

»Auf den Abend und auf dich, Detlef!«

Hartmut und die anderen Herren hoben die Gläser und prosteten mir zu.

»Lasst uns beginnen!«

Wir tranken und griffen nach den Stäbchen. Amüsiert beobachtete ich, dass der unterschätzte Reiswein und die anregende Tischdekoration schnell ihre Wirkung zeigten. Die Herren griffen immer ungenierter nach den Leckereien und gaben sich bald nur noch wenig Mühe, die Stäbchen ausschließlich zur Nahrungsaufnahme zu verwenden.

»Was ist denn das, Detlef?«

Constantin, Vorstandschef einer Bank und einer meiner spendabelsten Freunde, angelte nach einer Wagyū-Rosette. Sophia zuckte unmerklich zusammen, als ihre Brustwarze zwischen die Stäbchen geriet.

»Rohes Fleisch vom japanischen Rind. Wagyū. Das teuerste Rindfleisch der Welt!«

»Oh, wie Rind sieht das gar nicht aus!«

Sophias Brustwarze ragte steil nach oben, und ich hatte nicht übel Lust, sie in den Mund zu nehmen. Constantin ging es wohl ähnlich, nur dass er es auch tat. Sophias Zuckerguss-Lippen bebten leicht, blieben aber weiter stumm.

Einer von Hartmuts Gästen, der mir als Toralf von Grunden und Millionenerbe vorgestellt worden war, schien das Essen längst vergessen zu haben und sich mehr für die Kimonos zu interessieren. Ein anderer stocherte in den Peperonis herum.

»Oh, ich glaub, ich hab hier ein ganz scharfes Teil entdeckt!«

Die Männer lachten und kamen immer mehr in Fahrt.

Der schöne Victor war Chefarzt einer Schönheitsklinik und behielt sein Alter für sich. Aber ich wusste, dass er die 60 überschritten hatte und seine Kurzsichtigkeit hinter Kontaktlinsen verbarg. Daran konnte es also nicht liegen, dass er seinen Platz verließ, um sich über die zarten Mizunablätter zu beugen. Genüsslich hob er ein Nigiri Sushi an und beförderte es in seinen perfekt sanierten Mund. Noch kauend entfernte er ein Blatt nach dem anderen, bis er Sophias rasierte Scham völlig bloßgelegt hatte.

»Hier findet sich doch bestimmt noch ein leckeres Häppchen!«

Auch ich hatte Lust auf eine Nachspeise und wollte gerade Mellys Erdbeer-Mousse probieren, als ich eine Hand zwischen meinen Beinen spürte. Eine aufmerksame Geisha hatte mein Bedürfnis erahnt und begonnen, mich von meiner lästigen Hose zu befreien. Erst jetzt bemerkte ich, dass fast alle meine Mädchen ihre Position hinter den Stühlen aufgegeben hatten, um den Herren unter dem Tisch behilflich zu sein. So umsorgt zu werden und dem Treiben um mich herum zuzuschauen, steigerte meine Erregung ungemein. Ich griff nach meinem Glas und trank.

Kurz darauf begann die Orgie, und das Kellergewölbe füllte sich mit unserem Stöhnen, Keuchen und Schreien. Erst in den frühen

Morgenstunden beendeten wir erschöpft und befriedigt unser Fest. Ich war um etliche ekstatische Momente und eine beachtliche Stange Geld reicher und freute mich darauf, zu Hause von meinem Erfolg zu erzählen. Zwar kamen mir kurz moralische Bedenken, doch empfand ich mich in keinster Weise als Ehebrecher. Ich war Geschäftsmann und ein überaus erfolgreicher außerdem. Meinen Kunden zu einem unvergesslichen Abend zu verhelfen, gehörte dabei eindeutig in meinen Aufgabenbereich.

Männliche Abgänge

»Was will der denn schon wieder?«

Simone füllte drei Gläser und folgte meinem Blick. Da saß er, der junge Mann, und schmachtete sie mit großen, braunen Augen an.

»Eifersüchtig?«, fragte sie kokett.

»Ein bisschen!«

Sie drängte sich an mir vorbei und servierte die Getränke.

»Trinkt er denn auch was oder ist er nur zum Glotzen da?«

»Lass ihn in Ruhe, Detlef. Er ist jung!«

»Genau deshalb!«, erklärte ich gereizt.

Simone lächelte mich an und gab mir einen Kuss. Der Knabe hielt den Blick gesenkt.

»Hey, ich bin Detlef. Möchtest du noch etwas trinken?«

Ich zeigte auf sein leeres Glas. Er schaute mich verschreckt an und nickte.

»Das Gleiche?«

Noch mal ein Nicken. Ich gab Simone ein Zeichen und setzte nach.

»Möchtest du vielleicht ein wenig weibliche Gesellschaft? Da trinkt es sich besser. Wer so jung ist, sollte nicht allein sein!«

»Ähm, nein. Danke. Ist schon gut so!«

»Na dann! Sag einfach Bescheid, wenn du irgendwas brauchst, ja?«

Er nickte wieder und angelte nach der Kirsche in dem Cocktailglas, das ihm Simone hingestellt hatte. Wenn ich richtig lag, hatte sich der Kleine tatsächlich über beide Ohren verliebt – in meine Frau! Ich war mit Simone seit fast sechs Jahren zusammen, seit zwei Jahren mit ihr verheiratet, und da saß dieser Kerl und sabberte in sein Glas, sobald sich ihm Simone auch nur auf zwei Schritte näherte. Er hätte mein Sohn sein können! Oder Enkel.

Lautes Lachen lenkte meine Aufmerksamkeit auf einen Ecktisch. Tobias schien sich heute Abend selbst zu übertreffen und versuchte, vier meiner Mädchen gleichzeitig zu umarmen. Jetzt hielt er eine leere Flasche nach oben und winkte mir zu. Simone unterhielt sich mit dem Rehäugigen und reagierte nicht. Seufzend ging ich selbst hinter den Tresen, um Nachschub zu holen.

»Scheint ja mächtig spannend zu sein. Was erzählt er denn? Geschichten aus'm Buddelkasten?«

Simone schaute mich verwirrt an. Dann klingelte das Haustelefon und sie nahm ab.

»Der Gast auf Zimmer Zwei will die Rechnung!«

Mein Laden war wie immer sehr voll, und eigentlich hatten wir hier unten genug zu tun. Aber der Gast ist König, und wenn dieser die Rechnung aufs Zimmer wollte ... Außerdem unterbrach es das Geturtel.

»Na, dann bring sie ihm. Wir schaffen das hier schon kurz allein!«

Ich suchte Marie und winkte sie heran. Tobias wedelte noch immer mit der Flasche. Simone griff sich Rechnungsblock und Stift und ging.

»Du bist ja heute unersättlich!«

»Oh nein, die Mädchen!« Tobias lächelte. »Bin Strohwitwer. Meine Frau ist mit unserer Tochter in Urlaub gefahren, und weißt du, Detlef, ich dachte, da könnte ich mein Geld ja mal allein ausgeben!«

Ich füllte die Gläser und gab ihm völlig recht. Tobias betrieb ein EDV-Servicebüro, war seit 20 Jahren verheiratet und Vater einer sehr anspruchsvollen Tochter. Er war etwa 50 und dicker, als er es selbst wahrhaben wollte. Noch zählte er nicht zu den Stammkunden, war aber bei vielen Mädchen schon bekannt. Sie nannten ihn Toby.

»Ich kann mich nicht entscheiden. Sie sind alle ganz wunderbar. Hilf mir mal!«

Toby zielte auf sein Glas, erwischte es und schaute mich fragend an.

»Ich finde, ihr seid 'ne lustige Runde. Und keine Entscheidung ist doch auch 'ne Entscheidung.«

Toby kicherte.

»Du bist ein kluger Mann, Detlef. Komm, stoß mit uns an!«

Ich sah Simone um die Ecke kommen. Ihr Gesichtsausdruck gefiel mir nicht.

»Geht's dir nicht gut?«

»Nur ein bisschen übel!«

»Hast du schon was gegessen?«

»Ach, darum geht's doch gar nicht, Detlef!«

»Worum dann?«

»Manchmal nervt mich das alles. Der ganze Laden hier!«

Mit einer wütenden Geste zeigte sie einmal quer durch den Raum. Ich war überrascht. Das hörte ich zum ersten Mal, und ich konnte mir beim besten Willen nicht vorstellen, was ihre schlechte Laune ausgelöst haben könnte. Mir kam ein Gedanke.

»Hat der Bubi irgendwas zu dir gesagt?«

»Der?«

Simone folgte meinem Blick zu dem schmachtenden Jüngling, der am Ende der Bar geduldig auf ihre Rückkehr wartete.

»Der doch nicht! Der Typ, der mit Ella nach oben gegangen ist! Auf Zimmer Zwei!«

Ich wurde aufmerksam. Es passierte immer mal wieder, dass sich ein Gast an Simone heranmachte, aber sie konnte sehr bestimmend sein und hatte bisher noch jeden in seine Schranken gewiesen. Der Nerv an ihrer Augenbraue zuckte. Sie war also kurz davor, in Tränen auszubrechen. Beruhigend streichelte ich ihren Arm, während ich aus dem Augenwinkel sah, dass mehrere Gäste nach einer Bedienung suchten.

»Was ist denn passiert?«

Ich hoffte, dass sie die Ungeduld in meiner Stimme nicht bemerken würde.

»Ich stand vor der Tür, habe eindeutige Geräusche gehört und wusste nicht, ob ich besser wieder gehen sollte. Aber er hatte ja ganz ausdrücklich gesagt, ich soll ihm die Rechnung hochbringen. Also habe ich angeklopft, einmal, nur kurz, und dann habe gehört: *Komm rein!* Ich also rein und seh ihn hinter Ella hocken. Er vögelt sie lustig weiter, grinst mich an und sagt, ich soll nicht schüchtern sein und doch ruhig näher kommen.«

Marie drängelte sich mit einem Tablett voller Gläser an uns vorbei und warf uns einen gehetzten Blick zu. Ich zog Simone nach hinten.

»Und?«

»Er hat sich die Rechnung angesehen und gesagt, ich soll ihm sein Scheckbuch bringen. Ich will es ihm geben, aber nein, ich soll es auf Ellas Hintern legen. Und dann schreibt er auf ihr den Scheck aus, während er sie immer noch vögelt. Ob mich das anturnt? Guck dir den doch mal an, Detlef! Das kann doch kein Schwein lesen!«

Simone zeigte mir den Scheck, auf dem eine sonst recht ordentliche Handschrift in regelmäßigen Abständen nach oben ausriss. Ich konnte mir ein Grinsen nicht verkneifen.

»Und? Hat's dich angeturnt?«

Simone schaute mich merkwürdig an. Ich wurde noch immer nicht schlau aus ihr.

»Detlef, ich brauch hier Hilfe!«

Marie sah gestresst aus.

»Ja, gleich!«

»Komm, Süße!«, wandte ich mich wieder Simone zu. »Ich kann dich ja verstehn. Aber das ist unser Job! Und vielleicht tröstet dich ja der Betrag hier! Den hat er doch ganz nett aufgerundet, oder?«

Ich zeigte ihr die hübsche Summe und wollte sie küssen, doch Simone verschwand hinter dem Tresen und entkorkte stumm die nächsten Flaschen. Romeo am Ende der Bar hob die Hand und bestellte einen neuen Cocktail, und vom lustigen Ecktisch hörte ich jemanden meinen Namen rufen.

»Detlef, du hast recht. Ich nehm alle vier! Die beiden Blonden, die Mulattin und sie hier natürlich auch!«

Die etwas allgemeine Beschreibung führte ich auf seinen Alkoholkonsum zurück. Die vier Mädchen, die sich seit etwa einer Stunde neben ihm auf dem Sofa tummelten, hatten sich ihm mit

Natalie, Mally und Stella und Mia vorgestellt. Toby schien heute aber ein *Süße*, *Kleine* oder *Du da* zu genügen.

»Wir gehen in'n Pool!«, rief er laut, stemmte sich schwerfällig aus den Polstern und blieb schwankend stehen.

»Kommt Mädels, nich' so schüchtern, wir geh'n jetzt alle schwimmen!«

»Du bist so süß, Toby. Du hast einen kleinen Schwips!«

»Nein, einen grooooßen!« Toby kicherte und ließ sich an Mias sommersprossigem Arm zum Schwimmbad führen.

Der Wellnessbereich lag im Keller. Sechs Stufen aus weißem Marmor führten in einen Raum, der einem römischen Bad nachempfunden war. Blau leuchtete das Wasser im großen Pool, ionische Säulen an den Wänden, Spiegel dazwischen, Stuckornamente, Liegen mit dunklem Samt, ein Wasserbett in der Ecke, über allem gedämpftes rotes Licht und der Duft von ätherischen Ölen und Blumen. Das Bad war noch leer. Gedämpfte Musik kam aus versteckten Lautsprechern, und die Unterstromanlage ließ das warme Wasser leise plätschern.

Toby war zum ersten Mal hier, bekam von all dem aber wenig mit. Er war damit beschäftigt, sich nicht zu sehr auf der Schulter der armen Rothaarigen aufzustützen. Verdammte Stufen, verdammter Suff. Die Vorstellung, dass vier Professionelle sich gleich um ihn kümmern würden, beruhigte ihn. Schon fingerte eine Blonde an seiner Hose rum, eine knöpfte ihm das Hemd auf und eine andere fuhr mit ihren Fingernägeln langsam über seinen Bauch.

»Hey, lasst mich erst mal hinsetzen!«

Toby dämmerte vermutlich zum ersten Mal, was seine Frau an einem Vorspiel fand. Gerade hätte er auch eins gebrauchen können. Er holte tief Luft und schien zu hoffen, dass der Sauerstoff seinen Kopf wieder klarer machen würde.

»Kommst du nicht ins Wasser, Toby?« Die Mulattin zog ein Schmollmündchen.

»Vielleicht probieren wir erst mal das Wasserbett aus. Was meinst du, Toby?«

Die Blonde gefiel ihm. War nicht dumm. Liegen war besser als schwimmen.

»Und einen Champagner zum Anstoßen!«

Natalie lächelte ihn an, und bevor er etwas sagen konnte, spürte er ihre Finger, die sich langsam über Hoden und Penis bewegten.

»Oh Gott, ja!«

Eines der Mädchen hatte über das Haustelefon eine neue Flasche bestellt. Toby lag wie ein nackter Buddha mit gespreizten Armen und Beinen auf dem Wasserbett, genoss das sanfte Schaukeln und hatte Mühe, die Augen offen zu halten. Sollten sie ruhig trinken. Er nicht mehr.

»Zieht euch doch aus!«, nuschelte er, bevor ihm die Augen zufielen. Nur ganz kurz. Die Rothaarige hatte ihre Beine rechts und links neben seinen Kopf gestellt und streifte geschickt ihr Höschen über die langen Schenkel. Bei jeder Bewegung wackelte das Bett, und Tobys Kopf rollte hin und her. Er riss die Augen auf, um die nahende Übelkeit abzuwenden. Der Anblick, der ihm gewährt wurde, ließ die Müdigkeit verschwinden und seine Lust wachsen. Ein Schatten schob sich über sein Gesicht. Brüste, so groß wie Melonen, befanden sich direkt über ihm. Finger mit langen roten Nägeln drehten an den Nippeln, bis sie hart und spitz hervorstanden. Irgendwer presste seine Eier zusammen und rieb seinen Schwanz mit etwas Glitschigem ein. Er stöhnte.

»Willst du uns zuschauen?«

Natalie lebte ihre Vorliebe für Frauen noch immer gern aus und wusste, dass den meisten Männern der Anblick gefiel. Und Toby schien eine Anregung dringend zu brauchen. Die beiden Mädchen rieben und streichelten sich, saugten und leckten, schoben sich Finger und Zungen in Mösen und Münder.

»Ja!« Toby grunzte. »Das ist geil!«

Er überließ sich den geschickten Händen und Lippen und sah hinter seinen geschlossenen Lidern die beiden Mädchen weiter fummeln.

Ein Lachen im tiefsten Bass. Toby war verwirrt. Mühsam richtete er sich auf dem wabernden Bett auf. Von der kleinen Mulattin sah er nur das lange schwarze Haar, das sich wie ein Tuch über seinen Bauch gelegt hatte. Schmatzende Geräusche, als sein Schwanz wieder und wieder in ihren Mund gesaugt wurde. Die Hände an seinen Brustwarzen gehörten wohl der Roten. Die Blondschöpfe erfreuten sich noch immer gegenseitig. Alles eindeutig weiblich um ihn herum. Er hörte noch ein Lachen. Diesmal glockenhell. Allerdings hatten *seine* Mädels alle den Mund voll. Wie zum Teufel …? Da entdeckte er das badende Pärchen im Pool. Auch nicht schlecht, die Kleine, und wie es schien, mit sehr geschickten Händen. Er schaute auf das Geschehen zwischen seinen eigenen Beinen. Die Rote hatte die Mulattin abgewechselt, die die Zeit für ein Schlückchen Sekt nutzte. Der Griff um seinen Schwanz war fester geworden, der Rhythmus schneller. Toby ließ sich wieder nach hinten fallen und überließ sich den geübten Händen. Das war gut! Das gefiel ihm! Überall spürte er ihre langen Finger und feuchten Zungen, sie rieben und drückten, leckten alles an und ab. Verschmiert war der Lippenstift, die Haare zerzaust, die Augen geschlossen, Brüste rieben sich aneinander, pressten seinen Schwanz, gierten nach dem Mund. Sie stöhnten und ächzten, säuselten von Lust und von seiner Großartigkeit, vom Wunsch, ihm zu gefallen. Eine nach der anderen beugte sich über sein Teil, rieb, leckte, saugte, drückte, pumpte. Zu zweit, zu dritt, sie versuchten es sogar zu viert. Toby fühlte sich schon ganz wund da unten. Er war müde – die Mädchen unermüdlich. Einen Kunden nicht befriedigen zu können, bedeutete für alle eine schwere Niederlage.

»Mädels, jetzt lasst mich mal ran!«

Der tiefe Bass kam Toby bekannt vor. Er öffnete die Augen. Hinter seinem großen, runden Bauch sah er den Mann aus dem Pool knien. Sein braun gebrannter, muskulöser Rücken beugte sich nach unten. Mit einer Hand massierte er kräftig Tobys Schwanz, mit der anderen seine Eier.

Die Mädchen waren begeistert.

»Hey, das ist ja cool. Die Gäste machen unseren Job, und wir kriegen die Kohle!«

Natalie kicherte und drückte sich schnell die Hand auf den Mund.

»Das schafft der nie. Toby ist doch total hinüber!«, flüsterte Mally Stella ins Ohr.

In ein Handtuch gewickelt, hatte nun auch Tamara das Becken verlassen und sich dem Schauplatz genähert.

»Ich glaub's nicht. Was ist denn hier los?«

Sie grinste, setzte sich auf den Bettrand und beobachtete belustigt ihren wichsenden Freier.

»Na, so lässt es sich doch leben, Mädels, oder?«

Sie angelte sich den Champagner vom kleinen Marmortisch und schenkte sich und ihren Kolleginnen ein.

»Auf René, den Geschickten!«

Plötzlich rief Stella: »Nun guckt euch mal DIESEN Ständer an!«

Fünf Mädchen begutachteten fachkundig die mächtige Erektion, die sich unter Renés Händen entwickelt hatte. Geschmeichelt vernahm Toby die Lobeshymnen, die auf sein Teil angestimmt wurden. Ja, seht hin! Tobys-Harte-Riesen-Latte! Er schloss die Augen und fühlte es endlich kommen. Dann spürte er Bartstoppeln an seinen Eiern und einen fest saugenden Mund am Schaft. Der nahende Orgasmus zog das Blut aus seinem Kopf, sonst wäre ihm vielleicht eingefallen, dass keines der Mädchen einen Bart hatte. Mit einem hohen Schrei explodierte er und spritzte seine Ladung in den Mund des Bärtigen. Die Mädchen johlten und klatschten. Toby stöhnte. In seinen Ohren rauschte das Champagner-Blut-Gemisch. Sein ganzer Unterleib schmerzte. Er wollte die Augen nicht öffnen. Er hörte es kichern und lachen, Gläser klirrten, eine Männerstimme dazwischen. »So macht man das, Mädels!«

Eine schöne Eigenschaft von Koks ist, dass es die Wirkung des Alkohols wieder aufhebt. Ich war nach etlichen Gläsern Schampus etwas benebelt und beschloss, mein Büro aufzusuchen, um mir das zunutze zu machen. Auf der Treppe kam mir Sophia entgegen und zog mich hinter sich her.

»Komm mal mit. Ich muss dir was zeigen!«

Als wir im Vorratskeller standen und sie mir noch immer nicht gesagt hatte, worum es ging, wurde ich langsam neugierig. Wir befanden uns im Souterrain, und durch das kleine Fenster in Kopfhöhe fiel nur wenig Licht. Kleine Staubflocken tanzten um ihr weißblondes Haar. Sie drehte sich mir zu, schaute mir in die Augen und begann den Reißverschluss ihres Kleides herunterzuziehen.

»Was machst du da, Sophia? Ich glaube, das ist keine gute Idee!«

»Tu doch nicht so, Daddy! Du willst es doch auch! Darum hast du mich doch nach Italien zum Sushi mitgenommen. Und da hast du ja auch ordentlich zugelangt.«

Sie war jetzt fast nackt und zog sich den roten String über die Beine. »Deine Skrupel kauf ich dir nicht ab!«

»Simone steht oben hinter der Bar!«

»Ob hinter der Bar oder hinterm Horizont! Sie muss es ja nicht erfahren, oder? Nun komm schon, Daddy. Besorg's mir!«

Da stand diese kleine Nymphomanin mit leicht gespreizten Beinen vor mir, spielte abwechselnd mit Brüsten und Möse, warf ihren Kopf zurück und forderte mich auf, sie zu ficken. Jetzt, hier, schnell und auf jede Art, die mir gefiel. Welcher Mann hätte seine Hose da anbehalten? Das hatte mit meiner Frau nichts, gar nichts zu tun. Sophia kniete sich hin und half mir.

»Warte!«

Der Boden war staubig und mein Anzug weiß. Ich fickte nie mit heruntergezogenen Hosen. Also zog ich sie vorsichtig über meine Schuhe und legte sie über einen Stapel Bananenkisten. Kaum war ich damit fertig, hing Sophia schon wie eine Verdurstende an meinem Schwanz. Ich hob sie hoch, drehte sie um und nahm sie von hinten. Ich entlud mich, zog mich wieder an und wartete, bis auch Sophia fertig war. Gemeinsam stiegen wir die Stufen nach oben.

»Ich hab dich gesucht, Detlef. Die Orangen sind alle!«

Simone stand auf dem Treppenabsatz und schaute auf uns runter. Verdammt. Ich vergaß weiterzulaufen und blieb stehen. Sophia drängte sich an mir vorbei, blieb vor meiner Frau stehen und holte ihren Schminkspiegel heraus.

»Nun hast du ihn ja gefunden.«

Entsetzt beobachtete ich, wie sie begann, sich demonstrativ die Lippen nachzuschminken. Mit zwei Schritten war ich neben Simone und stammelte:

»Sie hat mir ihre Urlaubsbilder gezeigt. Die sind toll! Da sollten wir im Sommer vielleicht auch hinfahren.«

Sophia lächelte säuerlich, drehte sich um und ging.

»Da müssten noch Orangen im Keller sein, wenn du die bitte mitbringst.«

Das war das Einzige, was Simone sagte, bevor sie mich stehen ließ. Mann, ich wollte sie wirklich nicht verlieren. Ich hatte sie doch auch nicht wirklich betrogen. Männer sind eben anders als Frauen. Und was war denn schon passiert? Ich war ständig von hübschen Dingern umgeben, und eben war ich mit so einer gemeinsam die Treppe hochgekommen. Zickenkrieg kannte sie mittlerweile besser als ich. Ich liebte sie doch. Genau.

Ich holte die Orangen und tat dann das, wovon Sophia mich abgehalten hatte. Meinen Kopf wieder frei zu kriegen. Zweimal tief einatmen und alles war wieder gut. Ich war voller Optimismus, und tatsächlich hatte Simone ja eigentlich auch kein Wort über die kleine – und so unwichtige – Szene auf der Kellertreppe verloren.

Beschwingt betrat ich den Barraum. Meine Frau und der Knabe mit den braunen Rehaugen waren schon wieder in ein Gespräch vertieft. In den letzten Wochen war der Typ zwar von Cocktails auf Champagner umgestiegen und hatte eine stattliche Summe bei mir gelassen, aber das Geturtel nervte mich langsam.

»Es ist, als wenn ich dich schon mein Leben lang kenne. Ich hab dich gesehen und wusste es! Simone, ich kann ohne dich nicht mehr leben! Ich schlafe nicht mehr, kann nichts mehr essen, selbst mein Studium ist mir egal geworden!«

»Daniel, hör auf damit! Ich bin verheiratet. Mein Mann schaut übrigens gerade jetzt hierher!«

»Das ist mir egal! Ich hab keine Angst vor ihm, und man kann sich auch scheiden lassen. Ich seh doch, dass du ihn nicht liebst. Glaubst du denn wirklich, dass ein Mann wie er dir treu ist?«

Simone hörte das Gackern der Mädchen und den tiefen Bass des Mannes, der mit ihnen aus dem Bad gekommen war. Korken knallten. Sie sah den fragenden Blick von Marie, der zweiten Barfrau, die ihre Freundin geworden war. Und sie sah Sophia, die sich schon wieder neben mich gestellt hatte. Sie ließ ihre Hand über meinen Rücken bis zum Hintern gleiten. Simone wollte jedoch nicht wissen, was wirklich los war. Zumindest jetzt nicht!

»Ich denke, das geht dich nichts an, Daniel.«

»Wie kannst du so was sagen, Simone? Ich liebe dich, und da soll es mir gleichgültig sein, wenn man dir weh tut? Ich würde so was nie tun. Gib uns doch eine Chance. Fahr mit mir weg. Nur wir beide. Egal wohin. Such dir was aus, und wenn du dann immer noch glaubst, dass wir nicht zusammengehören, dann werde ich dich in Ruhe lassen. Ich verspreche es dir!«

»Ich muss weiterarbeiten, Daniel!« Simone drehte sich um.

»Liegt es am Geld? Ist es das? Ich habe Geld, und es ist mir egal. Du kannst es haben!«, rief er ihr laut hinterher.

Ich sah das dicke Geldbündel, das Daniel über den Tresen schob, und meine Frau, die sich ihm wieder zuwandte. Jetzt war eindeutig der Zeitpunkt gekommen, um einzugreifen. Ich befreite mich von Sophia und sah, dass Simone dem Knaben das Geld zurückschob.

»Es ist für dich, Simone!«

»So großzügige Geschenke sind zwar sehr nett, aber ich bin mir nicht sicher, ob du weißt, dass die Barfrauen bei uns tabu sind. Erst recht, wenn sie mit mir verheiratet sind!«

Der Kleine sah mich an, als hätte ich einen Propeller auf dem Kopf. Es dauerte mehrere Sekunden, bevor er die Situation zu begreifen schien. Wortlos rutschte er vom Barhocker, warf Simone noch einen flehenden Blick zu und ging zur Tür. Obwohl er einen ganzen Kopf kleiner war als ich, besaß er doch die Frechheit, sich noch einmal umzudrehen, bevor er endlich in die Nacht verschwand.

»Wie viel ist das?«

Auch Simone reagierte ziemlich langsam. Dann zuckte sie mit den Schultern.

»Weiß ich nicht. Aber wir können es nicht behalten!«

»Ist doch ein Geschenk!« Ich steckte das Bündel ein. »Oder war es Bezahlung?«

Ich erntete einen wütenden Blick.

»Wieso lässt du dich eigentlich von Sophia ständig angrapschen?«

»Darüber haben wir doch schon gesprochen, Simone. Das gehört zu meinem Geschäft!«

»Schläfst du mit ihr?«

»Nein, natürlich nicht! Ich liebe dich, nur dich. Das weißt du doch! Du bist das Beste, was mir je passiert ist!«

Ich legte ihr meine Hände um die schlanke Taille und zog sie zu mir. Ihr Haar duftete und ihre Lippen fühlten sich wunderbar weich an. Es war gut zu spüren, wie ihre Anspannung nachließ und sie sich mir hingab.

»Ich will ein Kind mit dir, Simone!«

»Vielleicht musst du deine Bemühungen dann eben noch mal verdoppeln!«

Ich lächelte erfreut: »Mit allergrößtem Vergnügen, Süße! Jetzt gleich?«

Simone befreite sich aus meiner Umarmung, nahm meine Hand und sagte: »Komm mal mit. Ich muss dir was zeigen!«

Ich folgte ihr einigermaßen verwirrt. Hatte ich ein Déjà vu? Nein, sie zog mich keine Treppe hinunter. Sie kramte nur in ihrer Handtasche und holte ein weißes Stäbchen heraus.

»Es hat geklappt, Detlef. Ich glaub, ich bin schwanger!«

Ungläubig starrte ich erst auf den Schwangerschaftstest in ihrer Hand, dann auf ihren Bauch, der sich eher nach innen als nach außen wölbte. Langsam begann ich zu begreifen, was sie gesagt hatte. Natürlich, ich bekam, was ich mir wünschte. Ich bekam immer alles! Diesmal ein Kind. Ich umarmte meine schöne Frau und war sehr, sehr glücklich.

Am nächsten Abend stand Daniels Mutter vor mir und wollte das Geld zurück, das ihr Sohn von ihrem Konto abgehoben hatte. Ich gab es ihr nicht. Schließlich hatte er es meiner Frau geschenkt und das lautstark und vor allen Leuten. Außerdem würde ich bald Vater werden, und Kinder kosteten Geld. Viel Geld. Die Dame drohte mit ihrem Anwalt und verschwand mit wüsten Beschimpfungen. Wir hörten nie wieder etwas von ihr. Und auch nicht von ihrem Sohn.

VI. SIMONE

Frauending

»Ich bin doch kein Wohlfahrtsunternehmen! Das kommt überhaupt nicht infrage!«

Manchmal verblüffte mich Simones Naivität doch sehr. Wenn das einriss, würden bei uns zu Hause bald scharenweise heulende Frauen rumrennen.

»Wäre doch bloß für ein paar Tage. Nur so lange, bis sie eine Wohnung gefunden hat. Und Platz genug haben wir doch!«

»Ist der hellblaue Anzug in der Reinigung? Hier ist er nicht!«

Simone drückte mich zur Seite und griff nach einem Bügel, der eben da noch nicht gehangen hatte.

»Hier!«

Scheinbar unbeteiligt reichte sie mir das gute Stück, aber ich wusste, dass sie fieberhaft nach einer Möglichkeit suchte, ihren Willen durchzusetzen.

»Das ist eine Ausnahmesituation, Detlef. Ihr Freund ist mit einer Neuen nach Hause gekommen und hat sie dort einquartiert. Ulla ist total fertig – und sie ist meine Freundin!«

»Heißt die Neue zufällig Constanze, genannt Conny?«

»Weiß ich nicht. Wieso?«

»Wie findest du die Krawatte? Zu gewagt?«

»Kennst du sie?«

»Sie ist 'ne Hure und 'ne ziemlich gute! Vielleicht solltest du dich mal fragen, warum dir deine Freundin nicht erzählt, dass ihr sogenannter Freund eigentlich ihr Zuhälter ist?«

Simone sah mich entgeistert an.

»Vielleicht …!«

»*Vielleicht* nützt dir nichts. *Wissen* brauchst du, bevor du handelst. Sonst wirst du nur ausgenutzt!«

Die Haushaltshilfe hatte gute Arbeit geleistet. Ich betrachtete mich im Spiegel und konnte keine einzige Falte im Hemd entdecken. Ich schloss den letzten Knopf.

»Was ich weiß, ist, dass Ulla ihn liebt – oder geliebt hat – und dass sie momentan Hilfe braucht. Vielleicht …« Simone setzte neu an. »Wahrscheinlich hat sie mir das deshalb nicht gesagt, weil sie wusste, dass du Mädchen mit Zuhältern nicht gerne beschäftigst!«

Sie schob trotzig das Kinn vor und sah mich herausfordernd an.

»Genau! Und wie du siehst, hatte ich recht, und der Knabe macht jetzt nichts als Ärger! Vielleicht doch lieber die weiße?«

Unschlüssig starrte ich auf die beiden Krawatten. Was trug man denn nun zu einem solchen Anlass? Immer öfter wurden wir zu Empfängen von führenden Politikern eingeladen, wo es im Allgemeinen eher steif zuging. Aber man hatte mich ja nicht eingeladen, weil ich ein Fünfsterne-Restaurant führte. Es war bekannt, dass ich keine Schnitzel verkaufte. Spontan entschied ich mich also für die Violette.

»Hör zu, Simone, wir müssen in einer Stunde losfahren, und du stehst noch immer halb nackt hier rum.«

Instinktiv schlang sie die Arme um ihre Brüste, die nur durch einen weißen Spitzen-BH vor meinen Blicken geschützt waren. Ihr Babyspeck war völlig verschwunden, und sie erschien mir schöner als je zuvor. Aber irgendwie hatte ich den Eindruck, dass ihr die Lust am Ausgehen vergangen war.

»Ich verstehe wirklich nicht, warum du dir die Probleme von anderen so zu Herzen nimmst. Hast du nicht selber genug?« Bevor ich mich über meine unglückliche Formulierung ärgern konnte, schnappte sie auch schon zurück:

»Schwanger zu sein, ist wohl kaum ein *Problem*!«

Oh Mann, vielleicht doch.

»Jetzt beruhig dich, Süße. Es ist toll, dass du dich so um die Mädchen kümmerst. Ehrlich! Ich werde Bernhard anrufen. Der hat bestimmt noch eine Wohnung frei. Bis dahin kann Ulla im *Bel Ami* bleiben, okay? Aber zieh dich jetzt an, bitte.«

Simone strahlte mich an und umarmte mich stürmisch. Sie schlüpfte in das weiße Chanel-Kleid, das ich ihr für diesen Abend gekauft hatte.

»Hilfst du mir?«

Sie drehte mir den Rücken zu, und ich zog den langen Reißverschluss nach oben.

»Es ist etwas zu groß!«, stellte ich erstaunt fest.

»Besser als zu klein, oder?« Simone lächelte.

Die 36 hatte doch immer gepasst?

Wie schön Simone geworden war, fiel nicht nur mir auf. Ich platzte fast vor Stolz, als ein Fotograf vom *Playboy* uns anbot, ein paar Nacktfotos von ihr zu machen. Ihre Schwangerschaft sah man ihr noch nicht an, und doch hatte sie sich verändert. Ein Leuchten schien von ihr auszugehen. Ihr Blick war ruhiger, der Gang weicher geworden. Ihre Bewegungen hatten das Gehetzte verloren. Während ich ihren Körper betrachtete, war ich fast ein wenig enttäuscht, dass sie das Angebot abgeschlagen hatte. Nun

würde die Männerwelt nie sehen, welche Schönheit ich an meiner
Seite hatte.

»Was heißt das eigentlich: *fischen gehen*?«, fragte mich Simone
eines Abends. Ich zuckte mit den Schultern. Das war irgendein
Frauending, das mich nichts anging.

»Wo hast du das denn gehört?«

Simone wies auf Cora, die mit Ulla zur Toilette ging. Ich musste
endlich Bernhard anrufen, damit ich diese Ziege wieder loswurde.

»Frag sie doch einfach! Und sag Marie, dass ein 200er Kaviar
an Tisch sechs geht.«

Kurze Zeit später hörte ich Cora lachen. Sie stand mit dem
Rücken zu mir und schien meiner Frau etwas zu erklären. Trotz
Make-up sah ich Simone rot werden. Noch immer gab es Dinge
in meinem Geschäft, die sie verwirrten.

»Ulla wollte nicht aufs Geld verzichten. Also hat sie sich ein
Watteschwämmchen reingeschoben. Das heißt *fischen gehen*!«

»Sie hat ihre Tage?«

»Ja klar. Manchmal kriegt man's selbst wieder raus. Aber meistens braucht man Hilfe.«

»Und die Männer merken das nicht?«

»Es ist tief drinnen, es ist weich, es ist feucht. Was sollen die
merken? Hält nur nicht sehr lange. Werd wohl noch ein paar Mal
ran müssen!«

Cora seufzte, sah aber nicht ernsthaft überfordert aus.

Marie kam aus der kleinen Küche, ein silbernes Tablett auf dem
einen, einen Sektkübel auf dem anderen Arm balancierend. Simone nahm ihr beides ab und bediente Tisch sechs. Seit Beginn
ihrer Schwangerschaft ernährte sie sich noch bewusster und hielt
einen strengen Fitnessplan ein. Sie schien über unerschöpfliche

Energiereserven zu verfügen, arbeitete für zwei und straffte alle jammernden, fett werdenden Schwangeren Lügen. Alles eine Frage der Einstellung, erklärte sie mir. Apropos: Eine Ersatzbarfrau musste ich trotzdem bald einstellen. Simones Bäuchlein wuchs, und schon zweimal hatte ein Schwindelanfall sie kurz gezwungen, ihren Arbeitsplatz zu verlassen.

Ich sah, dass sie sich wie nebenbei auf der Tischplatte abstützte. Als sie mit dem leeren Tablett zu mir kam, waren ihre Wangen nicht mehr rot, sondern so weiß wie ihr Kleid.

»Schwindlig?«

»Ganz kurz. Ist gleich wieder vorbei!«

»Alles gut, Süße. Ich übernehme!«

Simone wankte zur Toilette.

Anke kam zu mir und bestellte eine Flasche aufs Rote Zimmer. Ich freute mich. Es war das teuerste, der Champagner auch. Ich sah sie Arm in Arm mit ihrem Bewunderer zur Treppe gehen. Anke war erst seit zwei Monaten bei mir, etwas pummelig und hatte von vornherein darauf bestanden, ausschließlich als Tänzerin bei mir zu arbeiten. Ihre üppigen Rundungen machten mich skeptisch, doch musste ich mir eingestehen, dass sie dennoch eine appetitliche Erscheinung war und durchaus anregend tanzen konnte. Und wie gesagt, die Geschmäcker sind verschieden. Trotzdem war mir schleierhaft, was Männer dazu veranlassen konnte, so hohe Summen dafür auszugeben, sich einen *tanzen* zu lassen. Denn, so behauptete sie nach wie vor, einen echten Koitus würde sie nicht gestatten. Ich war neugierig geworden und auch ein wenig misstrauisch.

»Hey, mein Alter. Pass auf deine Kondition auf. Letzten Mittwoch hatte ich tatsächlich das Gefühl, dass ich dich irgendwann noch schlagen werde!«

Wolfgang grinste mich an. Er war 47 und damit ein Jahr jünger als ich.

»So viel Bier kann ich gar nicht trinken, dass du jemals eine Chance gegen mich hättest. Deine Rückhand ist so schlecht wie eh und je!«

Wir prosteten uns zu. Seit dem Vorfall mit dem Fahrradkettenmann waren wir beste Freunde, und das war nun auch schon mehr als zehn Jahre her.

»Wenn ich auch verbeamtet wäre und genauso viel Zeit auf dem Tennisplatz verbringen würde wie du, dann … oh oh!« Ich sah ihn traurig an und schüttelte den Kopf.

»Okay, Detlef, du gehst einen Monat lang auf Verbrecherjagd, trinkst Automatenkaffee aus Pappbechern und hackst seitenlange Berichte ein. Derweilen werde ich dich vertreten, Champagner trinken, Kaviar essen, in Seide schlafen und mich an deiner schönen Frau ergötzen.«

Neben dem Stolz spürte ich auch ein wenig Eifersucht, weshalb mein Grinsen nicht ganz so ehrlich war wie seines.

Um ihn vom leidigen Thema Simone abzubringen, schlug ich ihm Folgendes vor:

»Hast du eben Anke nach oben gehen sehen?«

»Die üppige im blauen Kleid?«

Ich nickte.

»Seit Wochen spielt sie Unsummen ein«, ich beugte mich vor und betonte jede Silbe: »Als Tän-ze-rin!«

»Du meinst …«

»Genau, sie wackelt mit den Hüften, lässt sich wohl auch anfassen, aber sonst nix!«

»Na ja, ist doch schön! Sparst du die Bettwäsche!«

»Noch 'n Bier?«

Wolfgang schob mir wortlos sein Glas rüber.

»Hast du Lust, dir mal so ein Tänzchen anzuschauen?«

»Weiß nicht. Steh eher auf die schlanke Variante.«

»Geht aufs Haus!«

»Das Bier?«

Marie zog heftig am Ärmel meines Armani-Anzuges. Sie sah schrecklich aus.

Unwillig befreite ich mich von ihr und wendete mich wieder Wolfgang zu.

»Nein, das Tänzchen!«

»Willst du damit sagen, du brauchst einen Undercover-Agenten?«

»Detlef, komm schnell! Bitte!«

Ein Blick in Maries aufgerissene Augen machte mir klar, dass sie es wirklich ernst meinte.

»Ja, ja, so was in der Art. Kannst es dir ja überlegen! Sag mir, was du darüber denkst, wenn ich wiederkomme. Entschuldige kurz. Die Arbeit ruft!«

Ich zuckte resignierend mit den Schultern und ließ mich von Marie fortziehen.

»Was ist denn verdammt noch mal los?«

Ich bekam keine Antwort. Marie stieß die Tür zur Damentoilette auf und zeigte hinein. Ihr ganzer Körper zitterte, und ihr Kehlkopf hüpfte auf und ab wie ein winziger Tennisball. Widerwillig zwang ich mich dazu, ihrem Arm zu folgen. Es bot sich mir ein Bild, das ich nie wieder vergessen sollte.

Die Damentoilette war ein großer heller Raum, mit vier Kabinen auf der einen und einer dunkelgrünen Chaiselongue auf der anderen Seite. Eine der Türen stand offen. Ich erkannte Simones Schuhe. Silberne Sandalen mit Pfennigabsatz. Wir hatten sie gemeinsam in dem neu eröffneten Schuhgeschäft am Olivaer Platz gekauft. Sie hatte gelacht und gemeint, die Schuhe würden mehr kosten, als ihr Vater für seinen Lada bekommen hatte.

»Ist sie tot?«, fragte mich Marie schluchzend.

Ich stürzte zu meiner Frau, riss die Tür ganz auf und sah das Blut. Es war überall und schien mit jeder Sekunde mehr zu werden. Warum hatte sie nur das weiße Kleid angezogen? Ich glaubte durchzudrehen. Marie fing nun auch noch zu schreien an und wurde immer lauter. Sie lockte noch die ganze Bar hierher.

Ich sprang zu ihr, schüttelte sie und brüllte:

»Hast du einen Krankenwagen gerufen?«

»Sie ist tot, sie ist tot!«, wimmerte die hysterische Kuh. Rosi erfasste die Situation schneller. Sie sog scharf die Luft ein und rannte dann zum Telefon. Zehn Minuten später war der Notarztwagen da, und im Blaulicht sahen die Gesichter, die in die Damentoilette starrten, maskenhaft aus. Simone war bewusstlos. Ich hingegen nahm wie in Zeitlupe jede Kleinigkeit überdeutlich wahr: die Rufe der Sanitäter, die Mädchen, die sich weinend in den Armen lagen, Wolfgangs mächtiger Brustkorb, der sich so schnell hob wie nach einem Fünf-Satz-Match, der Handrücken mit den schwarzen Haaren, der Simones Haare aus der Stirn schob und die Sauerstoffmaske über ihren Mund stülpte. Die Blutlache war absurd groß für eine so zarte Frau. Automatisch folgte ich der Trage. Mit schwarzen Gurten war mein Mädchen darauf festgeschnallt. Weiß wie Schnee, rot wie Blut, schwarz wie Ebenholz, war mein letzter, klarer Gedanke. An die Fahrt ins Krankenhaus, die medizinischen Fachausdrücke, die hin und her flogen wie Bälle übers Netz – warum musste ich ständig an Tennis denken? – und die Anweisung, nach Hause zu fahren, erinnerte ich mich nur noch dunkel. Ein Taxi wurde gerufen. Ich schlief wie ein Stein, erwachte am nächsten Morgen in unserem

Ehebett, tastete nach Simone und versuchte, mir einzureden, ich hätte nur einen Albtraum gehabt. Aber sie war nicht da. Ich sprang aus dem Bett, ließ mich wieder ins Krankenhaus fahren und musste mir die unglaubliche Diagnose des Oberarztes anhören: Verlust des Embryos in der 21. Woche, Untergewicht, Mangel an Leukozyten, niedrigere Thrombozytenzahl, daher verlangsamte Blutgerinnung und der hohe Blutverlust, Verdacht auf Magersucht.

Ich starrte ihn an und konnte es nicht fassen. Meine Frau war kerngesund und wunderschön.

»Diese Erkrankung wird häufig unterschätzt, weil sich ihre Folgen nur schleichend zeigen. Ich nehme an, dass ihre Frau auch unter Amenorrhö leidet?«

Was bitte? Von was redete dieser aufgeblasene Zwerg?

»Sie war nur schwanger!«

»Amenorrhö bezeichnet eine unregelmäßige Mensis, die sogar völlig ausbleiben kann. Häufige Folge der Magersucht. Wahrscheinlich auch die Ursache für die erschwerte Empfängnis. Hat sie mit ihnen nie darüber gesprochen?«

Obwohl Simone vom *Fischen gehen* tatsächlich erst vor Kurzem erfahren hatte, musste ich nun gestehen, mich an nur wenige menstruationsbedingte Sexverweigerungen erinnern zu können. Aber *sie* hatte schließlich den Kalender geführt, nicht ich.

»Nein.«

»Gab es Stress in der letzten Zeit? Krankheiten, Todesfälle, die Arbeit, in der Ehe?«

Irrte ich mich, oder sah ich in dem hässlichen Gesicht vor mir, das über einem Poloshirt von der Stange mich neugierig musterte, Schadenfreude?

»Nicht, dass ich wüsste! Darf ich jetzt zu meiner Frau?«

Simone war weißer als das Laken. Das wurde durch den grünen Krankenhaus-Einheitskittel nicht besser. Als sie mich sah, begann sie leise zu weinen.

»Ich hab es verloren, Detlef. Unser Kind ist gestorben! Ich bin leer, ganz leer, alles ist leer.«

Es klang wie ein Mantra, das sie seit Stunden vor sich hingesprochen hatte.

Ich streichelte ihren zarten Arm und versuchte, die Kanülen dabei nicht zu berühren.

»Hauptsache, *du* lebst, mein Schatz. Alles wird wieder gut!«

»Sie haben gesagt, ich hab Magersucht!«

»Alles Quatsch. Du hast nur zu viel gearbeitet!«

»Ich wollte doch nur schön sein für dich. So schön wie die anderen. Katja hat gesagt, ich wäre fett und dass du mich deshalb bald satt haben würdest!«

Ich war schockiert. Katja war Ewigkeiten her. Hatte sie sich seitdem die ganze Zeit hässlich gefühlt?

»Hör zu, meine Süße. Ich liebe dich! Ich habe dich geliebt mit Kleidergröße 38 und auch mit 34. Du vergisst jetzt die blöden Ärzte, isst wieder ein bisschen mehr von deinen Torten und ruhst dich aus. Der Rest kommt dann von ganz allein in Ordnung.«

Simone schaute mich an – oder etwas an der Wand hinter mir. Tränen liefen ihr ununterbrochen über die Wangen. Sie gab keinen Laut von sich, also redete ich weiter.

»Und das mit unserem Kind ist zwar furchtbar, aber vielleicht hat es einen tieferen Sinn, den wir bloß nicht verstehen. Vielleicht war es krank und sollte nicht leben.«

Ihre Lippen waren leicht geöffnet und so trocken wie Baumrinde.

»Wenn du hier wieder raus bist, machen wir Urlaub. Wir fahren nach Hawaii oder nach Koh Samui. Da wolltest du doch immer schon hin! Wir bestellen uns das beste und leckerste Essen, bleiben einfach nur im Bett und lassen uns bedienen. Und dann, mein Schatz …«, ich drückte ihr zärtlich meinen Mund auf die Stirn. Es war, als küsste ich eine Statue. Verunsichert fuhr ich fort: »… und dann werde ich mich ausschließlich darum kümmern, uns ein neues Kind zu machen, ja?«

Simone lächelte nicht zurück und schloss die Augen.

»Alles wird wieder gut! Ich verspreche es!«

Ich verließ das Zimmer und fuhr nach Hause. Ein kleines bisschen Koks, und ich war wieder klar. Erstens: Wir würden das schaffen. Zweitens: Die Ärzte übertrieben maßlos. Ich war der Mann, der alles erreichte, was er wollte. Da würde ich ja wohl meine Frau wieder dick machen können. Ich kicherte, über die Doppeldeutigkeit meines Gedankens.

Undercover

»Wo ist denn der kleine Boss?«

»Zu Hause!«, antwortete ich mürrisch. Es ging mir langsam auf die Nerven, dass mich jeder nach Simone, ihrem Fernbleiben oder ihrer Gesundheit fragte. In den vier Wochen seit sie aus dem Krankenhaus entlassen worden war, konnte ich an einer Hand abzählen, wie oft sie im *Bel Ami* gewesen war. Gabi, die Ersatzbarfrau, war zwar Barfrau, aber kein Ersatz.

»Was macht sie denn da den ganzen Tag?«

Sie isst, hätte ich fast gesagt, biss mir aber auf die Lippen und nuschelte was von Ausruhen.

»Steht dein Angebot eigentlich noch?«, fragte mich Wolfgang. Gabi warf ein Glas um, und ich fuhr sie so heftig an, dass es mir sofort leid tat.

»Welches Angebot?«

Wolfgang nickte in Richtung Anke. Das Mädchen tanzte sehr selbstbewusst und sinnlich an der Stange. Sie trug knallrote Unterwäsche, die mit funkelnden Steinchen besetzt war. Bei jeder Bewegung ihres Beckens bildete sich eine kleine Falte zwischen Rippen und Hüfte. Ihr Hintern war zwar rund und anscheinend gut durchtrainiert, aber ich schätzte die Größe ihres Höschens trotzdem auf 40. Gerade bog sie ihren Körper langsam und so tief nach hinten, dass ihre langen, kastanienroten Locken den Boden berührten. Sie schüttelte ihre großen Brüste, bis sie im gleichen Takt hüpften wie ihr Bauch. Bald würde Simone auch so aussehen.

»Also tanzen kann sie ja!«, Wolfgang folgte gierig ihren Bewegungen und trank sein Glas leer.

»Und mal ehrlich: Sie sieht auch geil aus. Ist 'n richtiges Weib!«

Mein Freund hatte Anke schon länger beobachtet und seine Meinung über Rundungen wohl etwas revidiert. Auch wenn dieses Mädchen mein Blut nicht in Wallung brachte, bei allen anderen schien ihr das absolut zu gelingen.

»Ja, das Angebot gilt noch. Ich schenk dir eine Stunde mit ihr, und dafür erzählst du mir nachher alles ganz genau. Mittlerweile hat sie sich zu einem meiner begehrtesten Mädchen entwickelt, und ich weiß noch immer nicht, warum!«

»Champagner auch?«

Meine Stimmung war nicht die beste und wurde durch solche Fragen nicht angehoben.

»Weil du mein Freund bist, Wolfgang. Obwohl ich mir sicher bin, dass du Anke auch ohne Zugabe genommen hättest.«

»Kann sein, aber das ist die Regel, Detlef. Wer seine V-Leute nicht ordentlich bezahlt, riskiert, dass sie zur Gegenseite überlaufen!«

Sophia setzte sich zu uns und zwar auf den Barhocker, der uns den Blick auf die tanzende Anke versperrte. Sie legte ihre weiche Hand auf meine und begann ein Gespräch mit Wolfgang.

»Du bist doch bei der Polizei, oder?«

Wolfgang trank und nickte.

»Ist das nicht gefährlich?«

Ich spürte ihre Finger auf meinem Handrücken und wünschte mir die Berührung plötzlich an einer anderen Stelle. Ich gab ihr ein Zeichen und verschaffte Wolfgang Freiraum für seine Mission. Während mir Sophia in mein Büro folgte, sah ich meinen Undercover-Agenten zur Tat schreiten und bei Marie ein Zimmer bestellen. Wie ich ihn kannte, bestimmt das größte.

»Und?«

»Na ja, wie du gesagt hast. Anfassen ja, aber nichts Richtiges.«

Was war er so wortkarg? Ich sah ihm doch an, dass es ihm gefallen hatte. Er sah ganz verträumt aus, und seine Gesichtszüge waren viel weicher als vorher.

»Aber es scheint dir trotzdem gut gefallen zu haben!«

»Ja, sie ist irgendwie was Besonderes. Ihr scheint der Sex wirklich zu gefallen.«

»Das ist mir zu ungenau, Wolfgang. Für *irgendwie* und *es scheint so* hab ich dich nicht nach oben geschickt. Außerdem: Wieso hat ihr der Sex gefallen, wenn ihr gar keinen hattet?«

Mein Freund lächelte mich verschlagen an.

»Es ist, wie es ist, Detlef, viel mehr kann ich dir nicht erzählen.«

Ich zog mich unbefriedigt zurück. An der Sache war irgendwas faul.

Ich traute meinen Augen nicht. Simone betrat die Bar. Sie hatte sich in einen dunkelroten Lederrock gepresst und trug eine schwarze Seidenbluse. Von allen Seiten stürmten die Mädchen und Männer auf sie zu, umarmten sie, fragten nach ihrer Gesundheit und bestätigten, wie toll sie langsam wieder aussähe. Sie logen. Wenigstens fünf Kilo hatte sie schon zugenommen. Ihr Haar schien stumpfer, ihr Blick nicht mehr so offen. Sie gefiel mir nicht. Aber ich freute mich trotzdem, dass sie gekommen war.

Sie küsste mich flüchtig.

»Läuft's?«

»Ziemlich gut. Wie immer. Schön, dass du da bist!«

Ich legte ihr meine Hand um die Hüfte und zog sie zu mir.

»Hey, Wolfgang. Dich hab ich ja auch schon lange nicht mehr gesehen. Wie geht's?«

Simone entwand sich meinem Arm und drückte Wolfgang einen Kuss auf die Wange, in dem, wenn man von Leidenschaft bei ihr noch sprechen konnte, doch einiges mehr davon zu finden war als in dem Kuss, den ich bekommen hatte.

Ich kümmerte mich um die anderen Gäste, behielt die beiden aber misstrauisch im Auge. Der Abend schritt voran und nahm seinen üblichen Lauf. Der Champagner floss reichlich, Mädchen und Gäste wurden immer ausgelassener, Anke begann auf einem Tisch zu tanzen, der Klavierspieler traf einige Tasten nicht mehr, was keinem auffiel, Gabi-Trampel verschüttete wieder Wein, zwei Herren verschwanden mit ihren Mädchen nach oben, und Sophia tätschelte mir den Hintern. Ich hatte Wolfgang fast vergessen, als ich sein tiefes Lachen hörte. Simone grinste ihn an und lauschte gespannt seinen Worten.

»Eine Runde für alle! Detlef, komm auch her. Wir feiern die Ankunft meines Enkels!«

Ich gab Marie ein Zeichen und gesellte mich dazu. Unsere Gläser wurden gefüllt und Bruno rief:

»Auf Götz. Möge er mein Geschäft einst besser führen als sein Vater!«

Er lachte laut, und wir prosteten dem stolzen Opa zu, tranken auf ihn, seine Spendierlaune und den Enkel. Ich lachte, redete, trank, spürte meine Geilheit wachsen und Simones Blick in meinem Rücken. Ich drehte mich um. Wolfgang war verschwunden, und sie hatte mich tatsächlich beobachtet. Ich ging zu ihr hinter die Bar, streichelte ihre Brüste, und sie ließ es zu. Seit ihrer Fehlgeburt hatten wir keinen Sex mehr gehabt, und er fehlte mir.

»Lass uns nach oben gehen, jetzt gleich.«

»Ich würde lieber nach Hause fahren, Detlef. Das läuft hier doch auch mal ohne dich!«

Sie griff mir zwischen die Beine – ein handfestes Argument sozusagen. Die Nacht war fast vorbei, und es war kalt. Ich fröstelte und zog das dünne Jackett fester um mich. Als wir im Auto saßen, der Motor lief und ich das Gebläse auf höchste Stufe gestellt hatte, begann ich mich langsam wohler zu fühlen. Dafür breitete sich nun langsam ein Kopfschmerz aus. Simone sah mich an und reichte mir kommentarlos ein Aspirin. Koks wäre mir lieber gewesen.

»Ich möchte ab und an einen Sonntag mit dir allein verbringen. Musst du denn jeden Tag hier sein?«

Fing das wieder an. Ich legte meine Hand auf ihren Schenkel und versuchte, unter ihren Rock zu kommen. Sie schob sie weg. Was unnötig war, denn ich hätte es sowieso nicht geschafft. Der Rock war zu eng.

»Wie stellst du dir das denn vor?«

»Wir könnten einfach einen Spaziergang machen oder mal wieder mit dem Boot fahren. Kino, Ausstellung, Eisessen, ein Picknick am See vielleicht. Das, was die anderen so machen!«

»Die anderen wohnen auch nicht in einer Villa und fahren Bentley. Die verreisen nicht drei- oder viermal im Jahr und besitzen ihr eigenes Pferd!«

Simone starrte stumm aus dem Fenster. Es hatte begonnen, zu regnen, und ich schaltete die Scheibenwischer ein.

Ich öffnete den ersten Knopf ihrer Bluse und streichelte ihre Brust.

»Komm schon, Süße, das hat dir doch früher auch immer gefallen!«

»Pass auf!«, schrie Simone. Irgendein verdammter Vollidiot war auf meine Spur gewechselt und zwang mich zur Vollbremsung. Wir gerieten kurz ins Schleudern, dann hatte sich der schwere Wagen wieder gefangen. Mein Herz raste. Super, meine Kopfschmerzen waren wieder da.

»Irgendwann bringst du uns noch um!«

Irre Wut schoss in mir hoch. Ich krallte meine Hände ins Lenkrad und starrte auf die roten Lichter vor mir.

»Worüber hast du dich mit Wolfgang denn so angeregt unterhalten?«

Es gelang mir, meine Stimme entspannt und uninteressiert klingen zu lassen.

Simone lächelte und sagte: »Über dich!«

»Ach ja?«

»Ja, über deinen Einfall, ihn Anke testen zu lassen!«

»Ist ja nicht viel dabei rausgekommen«, brummte ich.

»Stimmt. Die Masche ist nicht neu.«

»Welche Masche?«

»Hat dir wohl nicht viel erzählt, oder?«

»Also was denn nun?«

»Sie hat ihn ordentlich fummeln und lecken lassen, viel gestöhnt, viel geschrien, hat ihm sage und schreibe vier Orgasmen vorgetäuscht und ihm hinterher gesagt, dass er der Beste gewesen wäre, dass sie Ähnliches noch nie zuvor ... blabla, du weißt schon!«

»Vielleicht hatte sie die vier Orgasmen ja wirklich? Vielleicht ist Wolfgang ja der perfekte Lover?«

Simone schaute mich erstaunt an. Dann begann sie zu grinsen und schloss die Augen. Ihre Hände griffen ins Polster, ihr Becken begann in immer schnellerem Rhythmus zu zucken. Sie fing an zu keuchen und zu stöhnen, warf den Kopf nach hinten und stieß kleine spitze Schreie aus. Plötzlich riss sie die Arme nach oben, erwischte den Haltegriff über der Tür und begann, ihren Hintern heftig auf das Lederpolster zu stoßen. *Oh ja, oh mein Gott, das ist der Wahnsinn, du machst mich so geil, oh ja, so, oh, oh, oh, nein, was ist das ... Ahhhhrrrg.* Sie ließ den Griff los und sank erschöpft ins Polster. Die Augen weiter geschlossen, strich sie sich mit matter Geste eine lose Strähne aus der Stirn. Ein seliges Lächeln auf den Lippen hauchte sie: *So etwas hab ich noch nie erlebt. Das war, das war ... ungeheuer. Du bist fantastisch, der Größte, der Beste, ein Wunder!*

Schlagartig änderte sich ihre Stimme, sie setzte sich gerade hin und sah mich überlegen an.

Wider besseres Wissen hatte mich ihre Vorstellung erregt und gleichzeitig entsetzt.

»Machst du das bei mir auch?«

»Nein, brauch ich doch nicht.« Ihr Blick fiel auf meine Hose.

»Aber wie es aussieht, hat's dich angemacht?«

Sie grinste.

»Wir sind ja gleich da, Detlef. So lange hältst du schon noch durch!«

In den nächsten Wochen holten wir, sehr zu meinem Gefallen, den verpassten Sex ausgiebig nach. Ich blieb anfangs etwas skeptisch, wenn ich ihre *Ohs* und *Ahs* und das ständige *Oh mein Gott* hörte. Aber Simone schien zufrieden und war jederzeit bereit, das Spiel von Neuem zu beginnen. Also musste es ihr ja gefallen. Trotzdem machte ich mir ein paar Gedanken über die Frauen. Anke verdiente ihr Geld mit Stöhnen und Schmeicheln und ließ sich nicht einmal richtig ficken. Das war zwar nicht sehr fein, aber clever. Und auch Simone kannte ganz offensichtlich die Stelle, die sie drücken musste, wenn die Worte versagt hatten. Frauen waren anders, eher indirekt. Diese Erkenntnis genügte mir. Männer, die glaubten, Frauen verstehen zu müssen, waren auf dem Holzweg. Frauen wollten nur eins: Geld und jemanden, der ihnen die Richtung wies.

Abflug und Einkehr

Ich stimmte einer Bootsfahrt auf dem Müggelsee zu und unternahm mit Simone einige ausgiebige Waldspaziergänge. Schon bald war mir langweilig: Eine Ente ähnelte der anderen, und im Wald gab es bloß Bäume, die noch nie von mir gehört hatten. Ein Anruf von meinem Sushi-Freund Hartmut erinnerte mich an das, was ich eigentlich war: ein Abenteurer und Selfmademan. Das Fernweh hatte schon lange auf der Lauer gelegen und sprang mich nun an wie ein verhungertes Raubtier. Ich zögerte keine Sekunde, als Hartmut mich fürs Wochenende auf seinen Landsitz in Italien einlud.

»Komm doch einfach mit, Süße. Das wird dir guttun. Viel Sonne, andere Gedanken. Wir könnten eine Segeltour machen. Sein Boot ist doppelt so groß wie meins. Hartmut hat da ein wirklich nettes Anwesen und kennt auch jede Menge interessante Leute.«

»Ich will nicht, Detlef. Erstens mag ich ihn nicht und außerdem sollte sich jemand ums Geschäft kümmern.«

»Du kennst ihn doch gar nicht!«

»Was mir die Mädchen von eurem Sushi-Essen erzählt haben, hat mir vollkommen gereicht.«

Ich wurde hellhörig. Immer wieder vergaß ich, wie klatschsüchtig Frauen waren. Simone sah angewidert aus, und ich hoffte inständig, dass sich das nur auf Hartmut bezog.

»Hartmut ist ein Großkotz, der sämtliches Maß verloren hat. Ich hoffe, du bildest dir nicht ein, dass jemand wie er zu freundschaftlichen Gefühlen fähig ist?«

Da ich das nicht als Frage auffasste, sondern als das mittlerweile bekannte Gemecker einer Frau, die auf die 30 zuging, ging ich nicht darauf ein.

»Na, wie du meinst. Fahr ich halt allein! Aber sag mir später nicht, ich hätte nicht gefragt.«

Simone blieb also in Berlin und passte auf die Bar auf. Und obwohl es ihr eigener Wunsch gewesen war, musste ich in der Zeit vor meiner Abreise nicht nur ihr distanziertes Verhalten ertragen, sondern meinen Koffer auch noch allein packen.

In Italien angekommen, stellte Hartmut mir seine neue Freundin vor: Annika – sehr geil – und seine Idee – obergeil. Nämlich eine Weltreise, auf der *ich* ihn begleiten sollte. Er hatte das Geld, ich ein Händchen für Frauen. Die perfekte Kombination, fand Hartmut. Ich auch. Simone würde das natürlich nicht gefallen. Überhaupt hatte ich das Gefühl, dass sie seit ihrer Fehlgeburt nur noch wenig gut fand. Wer hatte noch gesagt, Dicke wären gemütlich? Simone hatte zehn Kilo zugenommen, wog jetzt also wieder 58 Kilo, aber von guter Laune keine Spur. Sie mäkelte an mir rum, weigerte sich sonntags im *Bel Ami* zu arbeiten, eifersüchtelte hinter mir her und missgönnte mir jede kleine Freude. Selbst den Gästen fiel die Veränderung auf. War sie denn wieder schwanger? Das hätte ich doch wohl wissen müssen. Ich ärgerte mich. Was sollte ich machen? Ich kaufte ihr noch ein Pferd. Danke, sagte sie, aber was soll ich denn mit zweien? *Mine Fru, de Ilsebill, will nich so, as ik wol will.* Ja, was wollte sie denn eigentlich? Und war es denn meine Sache, das zu erraten? Ich wusste immerhin, was *ich* wollte: nämlich endlich Hartmuts Drängen nachgeben und mir die Welt ansehen. Ich wurde schließlich auch nicht jünger.

Die Nachmittagssonne versprach mehr, als sie halten konnte. Ich fröstelte, war aber zu faul, mir den Mantel aus dem Haus zu holen. Simone hatte sich eine Decke über die Schultern gelegt und wärmte ihre Hände an der Kaffeetasse, aus der weißer Dampf aufstieg. Wie oft hatte ich in der letzten Zeit in unserem Garten gesessen und mir den Unterschied zwischen Schnee- und Maiglöckchen, Rotschwänzchen und Braunkehlchen erklären lassen. In einer plötzlichen Horrorvision sah ich uns beide alt, dick und faltig, in Decken gewickelt, Kekse mümmeln. Hastig stürzte ich den Rest meines Champagner hinunter und verschluckte mich.

»Und du willst wirklich nicht lieber Kaffee?«

Ich hustete noch immer. Simone schien meine Antwort auch nicht zu vermissen und redete weiter.

»Natalie hat letzte Woche übrigens Katja getroffen!«

»Ja?«, krächzte ich.

»Du hättest sie wohl kaum wiedererkannt.«

»Wieso, ist sie dick geworden?«

An der kleinen Falte auf Simones Stirn erkannte ich, dass diese Frage mal wieder falsch gewesen war.

»Sie soll alles verkauft haben, ihre Pelze, den Schmuck, die Wohnung. Sie hat eine Stelle als Sekretärin angenommen.«

Ich versuchte, mir Katja in einem schlichten Kostüm vorzustellen, die langen Haare als Knoten im Nacken, wie sie mit dicken Aktenordnern unterm Arm über einen langen Flur ging. Es gelang mir nicht.

»Sie haben sich im Zug getroffen. Katja war auf dem Weg zu ihren Eltern, hat sich wohl auch nicht sonderlich über die Begegnung mit Natalie gefreut, ihr aber trotzdem kurz erzählt, dass sie vor drei Jahren ihren Chef geheiratet hat. Großes Haus in der Nähe von Hannover, mittlerweile zwei gemeinsame Kinder, ein neues Leben und das alte vorbei. Für immer. Erstaunlich, oder?«

Das fand ich allerdings auch. *Katja* war es doch gewesen, die nie genug bekommen, immer mehr gewollt hatte, die mich für meinen Wunsch nach einem einfachen Strandspaziergang sogar ausgelacht hatte. Und jetzt diese Wendung. Hatte ich irgendwas übersehen, falsch verstanden?

»Detlef?«

Wahrscheinlich hatte sie gar nicht gewusst, was sie wirklich wollte. Na, das konnte man von mir nicht behaupten, ich wusste es!

»Was weißt du?«

»Hä?«

»Du hast gesagt, du weißt es!«

»Ja, ich weiß, was ich will!«

»Und was?«

Ein Eichelhäher flog laut meckernd über unseren Tisch und verschwand in den angrenzenden Tannen. Ich zuckte zusammen, und dann platzte es aus mir heraus:

»Die Weltreise machen!«

»Oh Gott, ich dachte, das Thema wäre endlich vom Tisch.« Sie sah mich zornig an und stellte ihre Tasse ab. Der Kaffee schwappte über und hinterließ einen hässlichen Fleck auf der Decke.

»Ich finde das absolut bescheuert, Detlef. Du willst noch immer und immer noch mehr! Wo soll das enden?«

»Du findest in letzter Zeit doch alles bescheuert, was ich mache. Und was ist in diesem Jahr denn anders als im letzten oder im nächsten? Glaubst du etwa, du kommst zu kurz? Nein, wahrscheinlich gönnst du mir einfach nicht, dass ich das Leben genieße. Vielleicht, weil du dich selbst über nichts mehr freuen kannst. Brauchst du mehr Geld? Ist es das?«

»Jetzt halt mal die Luft an! Hast du dir eigentlich in der letzten Zeit mal die Zahlen angesehen?«

»Die sind so gut wie eh und je!«

»Ich meine die auf der Ausgabenseite!«

»Was willst du damit sagen?«

»Dass du zu viel ausgibst, Detlef. Hartmut spielt in einer ganz anderen Liga als du. Du kannst es dir nicht leisten, mit ihm gleichzuziehen.«

VII. Krisen

Mei-Mey und ein Baby

Ich war noch nie so lange weg gewesen. Üblicherweise dauerten meine Reisen nie länger als drei Wochen. In Brasilien hatte ich mich öfter vier, einmal fünf Wochen aufgehalten. Selbst der ausgedehnte Urlaub vor acht Jahren, in dem ich Katja die halbe Welt gezeigt hatte, war nach zehn Wochen vorüber gewesen. Jetzt planten Hartmut und ich eine Weltreise von vier bis fünf Monaten. Wenn wir Anfang Mai aus Berlin loskamen, würde ich vor meinem Geburtstag wieder zurück sein. Uns blieben also noch gut drei Wochen, um die Geschäfte zu ordnen und die Reise zu organisieren. Simone hielt sich erstaunlich gut. Nachdem sie einmal eingesehen hatte, dass mein Entschluss feststand, schien sie sich mit der Situation abgefunden zu haben. Während der ganzen Vorbereitungen fühlte ich mich voller Energie, Tatendrang und Abenteuerlust. Etliche Male saßen Hartmut und ich bis in die frühen Morgenstunden zusammen und malten uns die bevorstehenden Monate in den buntesten Farben aus. Ich musste gestehen, dass mein Freund dabei ziemlich ausgefallene Ideen hatte. Er gierte nach Mädchen in jeder Zahl, Form und Farbe, schwärmte von Ländern und Sitten, die mir noch unbekannt waren, und ich hatte ein Kribbeln im Bauch, das ich das letzte Mal gespürt hatte, als ich Simone zur Flucht verholfen hatte.

»Ich dachte schon, du würdest kneifen.«

»Wieso?«

Hartmut grinste. »Ich war auch mal verheiratet. Und nicht nur einmal. Und nach unserer letzten Begegnung hatte ich nicht das Gefühl, dass deine Frau dich zu unserem Abenteuer ermutigen würde.«

Einerseits wollte ich Simone verteidigen, die sich in den letzten Wochen ziemlich zurückgehalten hatte, andererseits meinen Freund nicht verärgern. Also stimmte ich ihm zu und bestellte eine neue Flasche.

»Vertraust du ihr?«

»Was meinst du?«

»Ist 'ne ganz schöne Verantwortung, den Laden die ganze Zeit allein zu schmeißen!«

»Ihr Vater hilft, der Bruder und die Mutter auch. Außerdem ist sie schon seit mehr als sieben Jahren im Geschäft.«

»Ein Familienbetrieb sozusagen.«

Irgendwie gefiel mir nicht, wie mich Hartmut angrinste.

»Du scheinst von Familie nicht viel zu halten, oder?«

»Och, so würd ich das nicht sagen. Jedem das Seine. Ich hab nur irgendwann für mich beschlossen, dass es netter ist, sein Geld für sich selber auszugeben. Hätte ich das früher kapiert, würden wir am Montag nicht in der ersten Klasse sitzen, sondern in meinem eigenem Flugzeug.«

Sonntagabend hatte Simone noch eine Abschiedsparty im *Bel Ami* für mich organisiert, und am Montag war ich schon in Moskau bei Veronika, Olga und Natalia im *Night Flight*. Dann drei Tage im libyschen *Burj al Ara*, in dem Nat und Nu ihre Burkas fallen ließen. Delhi, der dreckigste Ort, den ich je gesehen habe,

mit Abha, der kleinen Inderin. Fünf Tage Bangkok mit fünf lustigen Thaimädchen. Singapur – kein Mädchen zu kriegen. Shang-
hai und eine Karaokebar mit 30 schönen Mädchen, was uns dann
wieder versöhnte. Und Hongkong mit Mey, einem chinesischen
Model.

Wunderschöne, zarte Mey. Schwanen-Mey, Jasmin-Mey, Opi-
um-Mey, Meine-Mey. Ich sah sie tanzen und war ihr sofort ver-
fallen. Auf ihrer goldenen Schärpe stand ihr Preis. Stattliche 1000
Hongkong Dollar, das waren in etwa 2000 Euro. War mir egal.
Ihr Hals war so lang und ihr Haar so schwarz. In unbegreiflichen
Kurven, Spiralen und Drehungen trotzte es der Schwerkraft und
saß schöner als jede Krone über ihrem perfekten, kleinen Gesicht
mit den großen, schwarzen Augen. Sie bewegte sich so geschmei-
dig und lautlos wie einst Malila und doch ganz anders. Weniger aggressiv, eher ätherisch. Ich vergrub mein Gesicht an ihrem
Hals, schloss die Augen und saugte ihren Jasmin-Duft ein. *Mey,
oh Mey, was tust du mit mir?* Und dabei war ich immer überzeugt gewesen, die schönsten Mädchen gäbe es in Brasilien. Ihre
Stimme war so leise, dass ich mich vorbeugen musste, um sie zu
hören. Ehrfürchtig nahm ich ihre Kinderhand und drückte meine
Lippen darauf. Sie lächelte und führte sie zwischen ihre Beine.
Ihr Englisch war exquisit, wobei wir eigentlich gar keine Worte
gebraucht hätten. Ich folgte ihr aufs Zimmer und kam mir mit
meinen 1,90 Meter vor wie Gulliver. Alles an ihr war so filigran
und zart. Sie schlüpfte aus ihren winzigen Schuhen und zeigte auf
mich. Ich trage Schuhgröße 48, und mit einem Mal schämte ich
mich dafür.

»So big!«, meinte sie lächelnd.

Ja, und jetzt hoffte ich, sie nicht nur mit meinen Füßen beeindrucken zu können. Mey wies auf den Raum, lächelte mich an

und verschwand lautlos im Bad. Chinesische Mädchen reden nicht viel. Eine sehr angenehme Eigenschaft, fand ich. Sie hatte auch ohne Worte alles zum Ausdruck gebracht: Ich war willkommen, das Zimmer würde heute nur uns gehören, sie versprach mir Freuden und forderte mich auf, es mir bequem zu machen. Die Fensterläden waren geschlossen, zwei kleine Wandlampen verbreiteten so wenig Licht, dass nur das Bett, zwei goldene Bodenvasen und eine geschnitzte Skulpturengruppe zu erkennen waren. Die Verrenkungen der kopulierenden Paare waren so unglaublich, dass es mir unmöglich war, den einzelnen Figuren ihre jeweiligen Arme und Beine zuzuordnen. Mit Mey schien mir alles möglich. Die Skulptur erregte mich. Ich zog mich aus, legte mich auf das große Bett und wartete auf sie. Es war merkwürdig. Ich kannte sie erst seit zwei Stunden, aber sie fehlte mir: ihr Duft, ihre Stimme, ihre dunklen Augen. Es klopfte. Erschrocken griff ich nach der Decke und setzte mich auf. Eine alte Chinesin kam herein, murmelte irgendwas und stellte ein Tablett mit Champagner, Dumplings, einer Pfeife und einem Gefäß ab, aus dem kleine wohlduftende Rauchwölkchen strömten. Sie entzündete eine Kerze, verbeugte sich mehrmals und verließ rückwärtsgehend wieder das Zimmer. Die Teigtaschen sahen appetitlich aus, aber ich wollte nur eines: endlich meine Mey zurück. Die Badtür öffnete sich, und sie kam heraus – so schön, so nackt – und setzte sich auf die Bettkante. Sie klopfte auf den Platz neben sich, ich folgte artig ihrer Aufforderung. Mit der Kamasutra-Skulptur links und der schönen Mey rechts von mir verging ich fast vor Ungeduld. Ich saß so nah neben ihr, dass sich unsere Oberarme berührten. Andere Länder ... also drückte ich das Deckenknäuel auf meinen Unterleib, tat nichts und sah ihr zu. Sie nahm die Pfeife, hielt sie über die Kerze, zog sich eine silberne Nadel aus dem Haar und begann in einer breiigen Substanz zu rühren, die sich immer mehr verflüssigte. Der betörende Duft mischte sich mit Jasmin und breitete sich langsam im Zimmer aus.

»Best quality, absolutely pure.«

Mey legte die Nadel aufs Tablett und reichte mir die Pfeife. Hätte sie mir eine Schere gegeben und auf meine Haare gezeigt, ich hätte auch das getan. Ich zog daran, doch Mey war nicht zufrieden. Sie schüttelte den Kopf, lächelte mich an und säuselte: *Again!* Also noch einen tiefen Zug von diesem warmen, aromatischen Rauch, und dann ließ ich mich willig von ihr in die Kissen drücken. Ich war so glücklich und so bereit, sie zu Meiner-Mey zu machen, wenn sie doch nur … nein, sie ließ mich nicht länger warten. *Let yourself fall! Leave everything to me!,* hörte ich sie sagen, weit weg, unter mir. Ich war leichter als Luft, stieg langsam auf und erfasste die tiefe Bedeutsamkeit des Lebens. Ängste und Zweifel flogen auf wie ein Vogelschwarm, verloren ihre feste Form und wurden Bestandteil der Unendlichkeit. Ich rollte mich aus wie ein Teppich und berührte das Dasein in all seinen Formen, ich verlor all meine Furcht.

Do you like it? Ja, ja, I like it! Komm her, berühr mich, Windfinger, Haarspiel, meine Mey. Sie drang tief in mich ein und berührte mich, wie ich noch nie von einer Frau berührt worden war, und ich ließ es zu.

Und es ging weiter. Hartmut drängte auf mehr. Wir hatten unseren Aufenthalt in Hongkong um drei Tage verlängert – wegen mir, besser gesagt wegen Mey. Er war nicht wirklich ärgerlich darüber, zog mich aber trotzdem damit auf, dass ich mir für das Geld auch gleich ein ganzes chinesisches Dorf voller Jungfrauen hätte kaufen können. Vielleicht nahm er mir einfach nur übel, dass ich mir für unseren Aufenthalt die Exklusivrechte an Mey gesichert hatte und er am ersten Abend mit einem Mädchen verschwunden war, von dem ich schon von Anfang an behauptet hatte, es sei ein Junge.

Unsere nächsten Ziele waren Hawaii, Honolulu, Tahiti und die Osterinseln, und überall warteten Fünfsterne-Suiten auf uns. *Ist ja nur Geld, Detlef.* Na klar, fand ich auch. Ich war kein Schmarotzer und achtete peinlich genau darauf, die Hälfte der Rechnungen selbst zu bezahlen. Ich hatte mich noch nie aushalten lassen, auch von Katja nicht, die mir ja nur Geschenke gemacht hatte. Noch immer im Mey-Rausch, verließ ich Hongkong nur ungern. Aber ich hatte ihr meine Telefonnummer dagelassen und hoffte inständig, sie möge ihr Versprechen halten und Anfang nächsten Jahres nach Berlin kommen.

»Kontrollanruf für dich, mein Großer«, spottete Hartmut und reichte mir mein Jackett, aus dem *Goldeneyes* zur dritten Wiederholung ansetzte.

»Bestell ihr liebste Grüße von mir!«

Manchmal war er unerträglich.

»Hey Süße, alles gut bei euch?«

»Die Messe hat begonnen und der Laden brummt. Du brauchst dir also keine Sorgen machen. Aber du fehlst hier trotzdem, Detlef.«

»Ich weiß, Süße. Aber wir haben doch alles genau besprochen. Du weißt, wie sehr ich mich auf diese Reise gefreut habe. Wir sind übrigens erst heute Morgen gelandet und sitzen jetzt beim Abendbrot.«

»Das gerade kalt wird«, warf Hartmut ein.

»Ihr seid auf Hawaii?«

»Was ist vorbei? Ich versteh dich ganz schlecht!«

»Ich muss dir etwas sagen, Detlef.«

»Hat das nicht bis später Zeit?«

»Du wolltest mich gestern schon zurückrufen. Es ist wichtig!«

»Geht's um Geld?«

»Nein, verdammt noch mal. Es geht nicht immer nur um Geld!«

»Hör zu, Süße. Es ist wirklich total ungünstig jetzt. Ich versprech dir, dass ich dich gleich nach dem Essen zurückrufe. Gestern waren wir den ganzen Tag ...«

»Detlef! Ich bin schwanger!«

»Was?«

»Schwanger! Schon im vierten Monat!«

»Aber das ist großartig, wunderbar. Warum sagst du mir das erst jetzt?«

»Ich wollte diesmal ganz sicher sein ... Detlef. Ich brauche dich hier. Ich hab Angst, dass wieder was passiert. Kannst du nicht früher kommen?«

»Was sagt denn der Arzt?«

»Es sieht alles sehr gut aus, sagt er.«

»Na, das ist doch super. Ich freu mich ja so, mein Schatz. Ich ruf dich heut Abend noch mal an, versprochen? Ich küsse dich! Bis gleich, ja?«

Ich legte auf und betrachtete das dampfende Kalua Pig vor mir. Da wurde ich also Vater. Wie das wohl sein würde, so ein kleines Baby in den Armen zu halten, das ich gemacht hatte? Auf jeden Fall würde es ihm nie an etwas fehlen. Jeden Wunsch würde ich ihm erfüllen, die beste Schule würde es besuchen. Ich war fast fünfundfünfzig und hatte es weit gebracht. Ich versuchte, mir vorzustellen, wie stolz mein Sohn sein würde, wenn er begriff, wie reich und berühmt sein Vater war. Ja! Ich wollte es unbedingt: Vaterglück.

»Wir müssen abbrechen, Hartmut!«

»Was?«

»Simone ist schwanger, und ich will zurück nach Berlin!«

»Bist du verrückt? Iss erst mal dein Huhn auf, Großer, und komm wieder runter! Wir sind gerade mal vier Wochen unterwegs, und ich storniere doch nicht sämtliche Hotels.«

Hartmut richtete das fettige Fischmesser auf mich, als wollte er mich damit filetieren. Er sah wirklich ärgerlich aus. Also hielt ich meinen Mund.

»Was willst du denn zu Hause machen? Ihr den Bauch streicheln, Tee kochen? Du kannst doch gar nichts tun! Sie ist schwanger, und das dauert. Wenn ich mich recht erinnere, viele Monate. Wann ist denn der Termin?«

»Hab ich vergessen zu fragen. Aber sie hat gesagt, sie ist jetzt im vierten Monat.«

Hartmut rechnete kurz. »Na, dann passt das ja. Ungefähr in fünf Monaten wollten wir ja sowieso wieder zurück sein!«

Er legte sein Messer beiseite, winkte der kleinen, braunen Kellnerin, deren Kleidung fast ausschließlich aus einer *Lei* bestand, und rief:

»Hallo, den besten Champagner, den ihr hier habt, für meinen Großen hier! Er wird nämlich Vater! Und ihr zwei Süßen da hinten! Kommt her, setzt euch zu uns! Ach was, eine Runde für euch alle hier! Auf meinen Freund und zukünftigen Papa!«

Mahalu! Mahalu! riefen jetzt alle, was wohl so viel wie Prost oder viel Glück heißt. Man stieß auf mich an, klopfte mir auf die Schultern, alle Mädchen lächelten mich an, umarmten oder küssten mich. Ich war der Held des Abends. Auch dafür bewunderte ich Hartmut: Mit größter Selbstverständlichkeit schaffte er es immer wieder, uns beide in den Mittelpunkt zu rücken und aus einem normalen Restaurantbesuch eine Party zu machen.

»Diesmal müssen wir aber zurück, Hartmut! Sie sagt, in den nächsten Tagen kommt das Baby auf jeden Fall!«

Hartmut rekelte sich schläfrig auf der Strandliege und blinzelte mich verständnislos an. Seine Augen waren blutunterlaufen, und seine Haut sah trotz der Sonnenbräune irgendwie grau aus. Wir hatten beide nur wenig Schlaf bekommen, aber das war mir egal. Auf keinen Fall wollte ich mich diesmal von meinem Vorhaben abbringen zu lassen, zumal wir unser letztes Reiseziel erreicht hatten. Vielleicht sah mir Hartmut meine Entschlossenheit an, vielleicht hatte er sich auch von den australischen Mädchen insgesamt mehr erhofft. Jedenfalls stemmte er sich aus der Liege, suchte nach seinem Hemd und sagte einfach: »Na, dann lass uns mal den Rückflug buchen!«

Jonas

Es war merkwürdig, wieder zurück zu sein. In Tegel wartete mein schöner Bentley auf mich. Ich fuhr durch die heimatlichen Straßen nach Friedrichshagen und fühlte mich doch wie ein Fremder. Vielleicht sah ich auch so aus, denn Simone wagte mich kaum zu umarmen. Trotz des mächtigen Bauches sah sie besser aus, als ich sie in Erinnerung gehabt hatte. Ich musste meine Arme weit ausstrecken, um sie umfassen zu können. Blöderweise dachte ich dabei kurz an Mey. Aber nur kurz. Ich legte eine Hand auf den Bauch meiner Frau und fuhr vorsichtig über die straff gespannte Haut.

»Ein Junge?«

Sie nickte.

»Sind die Pakete angekommen?«

»Ja, der Kinderwagen auch!«

»Das ist ein Silver-Cross. Der wird von Rolls-Rolls lackiert und handgefertigt!«

»Ja, das stand drauf. Aber ein einfacher hätte es auch getan, Detlef!«

Ich hörte durchaus den leisen Vorwurf in ihrer Stimme. Aber ihr kugelrunder Anblick stimmte mich so milde, dass ich sie einfach nur küsste und lachte.

Vier Tage später, um 23.10 Uhr, platzte ihre Fruchtblase und entleerte sich auf dem Perser im Wohnzimmer. Simone ließ das Glas fallen und hielt sich am Tisch fest.

»Detlef!!!«

Ich war schneller bei ihr als die polnische Haushälterin, die seit einem Monat bei uns wohnte. Vorsichtig führte ich Simone zur Couch.

»Haben die Wehen schon eingesetzt? Soll ich den Krankenwagen rufen?«

»Ja, ja!«

»Du hast schon Wehen?«

»Nein, ruf den Krankenwagen!«

Ich hetzte zum Telefon, drückte auf die Taste mit der eingespeicherten Notrufnummer und rannte dann weiter zum Schlafzimmer. Dort riss ich die Tür zur Ankleide auf und suchte verzweifelt nach dem sandfarbenen Anzug, den ich zu diesem Anlass tragen wollte.

»Schatz, wo ist der neue Anzug? Ich hatte ihn doch schon rausgelegt!«

»Das ist jetzt nicht dein Ernst, oder?«, hörte ich sie ächzen.

Verdammt. Er musste im Flur hängen. Ich drehte mich um, eilte aus dem Zimmer und stieß im Flur mit der Haushälterin zusammen, die dabei Simones Waschtasche fallen ließ. Ein kleines Fläschchen zersprang und *Velvet Night* spritzte auf meine Schuhe. Simone begann zu jammern. Als es an der Tür klingelte, war ich fertig angezogen und duftete wie meine beste Edelhure.

»Wir können los, mein Schatz!«

Während der Fahrt zum Krankenhaus hielt ich Simones Hand, die sich in immer kürzer werdenden Abstanden schmerzhaft zusammenzog. Ich redete wie ein Besessener auf sie ein. Wie sehr ich sie liebte, wie tapfer sie sei, wie schön alles werden würde. In diesem Moment konnte ich kaum mehr nachvollziehen, wie ich diese wunderbare und tapfere Frau zwischenzeitlich fast hatte vergessen können.

»Detlef, ich muss atmen!«, stöhnte sie.

»Ja, mein Schatz, atme! Atme tief ein!«

»Nicht tief! Kurz! Ganz kurz, Frau Uhlmann. Der Muttermund ist erst vier Zentimeter geöffnet. Hecheln sie!«

Fasziniert sah ich, wie meine Frau diese Hundegeräusche machte, von denen ich immer gedacht hatte, sie kämen nur in schlechten amerikanischen Filmen vor. Ich hielt mich weiter an ihrer Hand fest und hatte nichts, um ihr den Schweiß von der Stirn zu wischen. Überhaupt kam ich mir ziemlich nutzlos vor, und im Kreissaal wurde ich sogar vor die Tür gestellt. So wanderte ich auf und ab, bis mich irgendwann ein Arzt fragte, ob es das erste Kind sei. *Ja, ja, mein erstes Kind!*, klärte ich ihn auf. Für Ihre Frau, meinte ich. *Ach so, ja, Erstgeburt.* Dafür geht es aber verdammt schnell, meinte er verwundert und verschwand wieder. Na, das fand ich nicht. Drei Stunden waren schon um. Dass ich so machtlos war, brachte mich fast um den Verstand, aber ich wollte unbedingt dabei sein, wenn mein Sohn das Licht der Welt erblicken würde. Endlich öffnete sich die Flügeltür, vor der ich stundenlang gewartet und wie wild telefoniert hatte.

»Herr Uhlmann?«

»Ja natürlich! Wer denn sonst?«

»Sie können jetzt reingehen!«

»Ist es vorbei?«

»Der Muttermund ist weit genug geöffnet, und sie wird jetzt mit dem Pressen beginnen!«

Wenn sie noch gar nicht gepresst hatte, weswegen hatte sie dann die ganze Zeit so geschrien? Ich verkniff mir einen entsprechenden Kommentar und folgte der Hebamme. Obwohl mich das Tuch über den gespreizten Knien meiner Frau wie magisch anzog, versuchte ich nicht hinzusehen. Ich konzentrierte mich auf Simones Gesicht und stellte ihr wieder meine Hand zur Verfügung. So viele Frauen hatte ich schon in ähnlicher Stellung gesehen, aber diesmal erschreckte mich der Anblick. Unvorstellbar, dass ein ganzer Kopf ... *Pressen, pressen Sie, Frau Uhlmann.* Sie tat es, tat es noch dreimal, und dann war er da: mein Sohn! Schrumplig, voller Blut und Schleim und mit dieser dicken, etwas eklig aussehenden Nabelschnur, auf der blaue Adern pulsten. Man reichte mir eine Schere. Ich sollte ...? Ja, ja, es tut ihm nicht weh! Er wurde gewaschen, gemessen und gewogen, für gesund und sehr hübsch befunden. Simone kämpfte mit der Nachgeburt und ich schon wieder mit den Tränen. Wenn ich nicht aufpasste, würde ich noch zum Waschlappen werden.

Am nächsten Tag bevölkerten Rosi, Marie, Karl-Heinz und etliche andere das Krankenzimmer, das nun aussah wie ein Blumenladen.

»Herzlichen Glückwunsch, Daddy. Jetzt hast du es geschafft. Bist Papa geworden.«

Marie drückte einer überforderten Schwester einen weiteren Strauß Blumen in die Hand, und Karl-Heinz beugte sich über das Babybettchen.

»Na, da ist ja das süße Kerlchen! Was sagt man da, Detlef? Gucci, Gucci, Gucci?«

Nico lachte laut, und mein Sohn fing an zu weinen. Jemand ließ einen Korken knallen, und daraufhin brüllte der Kleine noch lauter.

»Herr Uhlmann, vielleicht sollten Sie das Kind an die Mutter zurückgeben und Ihre Besucher in die Cafeteria führen«, forderte eine humorlose Schwester.

»Ja genau, wo ist denn überhaupt die tapfere Mutti?«

Oh mein Gott, war ich jetzt mit Mutti verheiratet? Simone war noch immer so erschöpft, dass sie nichts sagte und nur ihre Arme hob. Ich gab ihr unseren Sohn, der sich schlagartig beruhigte und energisch an ihrer Brust zu saugen begann.

»Ganz der Papa, was?« Auch Wolfgang war gekommen und klopfte mir grinsend auf die Schulter. Ich war gerührt und spürte schon wieder Tränen aufsteigen.

Die nächsten Tage und Wochen vergingen wie im Rausch. Ich konnte nicht genug von meinem Sohn bekommen. Hunderte Gläser stieß ich auf ihn an, und mein Telefon stand nicht mehr still. Wenn Simone all die Pralinen gegessen hätte, die sich auf ihrem Nacht- tisch zu stapeln begannen, hätte sie ihre Schwangerschaftskleider behalten können. Ich hatte nicht damit gerechnet, dass so ein klei- nes Ding eine solche Aufregung verursachen würde. Simone stillte, und ich begann die Doppeldeutigkeit des Wortes zu verstehen. Sie schlief viel, und wenn sie wach war, sagte sie auch nicht viel mehr.

Sie stillte *Jonas*. So hatten wir unseren Sohn genannt. Ich war für *Jason* gewesen, wegen des Goldenen Vlieses. Aber Simone beharrte auf ihrer Reihenfolge der Buchstaben, auch weil sie zu wissen glaubte, dass Jason den Thron nie bekommen und sich schließlich umgebracht hatte. Das überzeugte mich, denn natürlich wollte ich meinem Sohn nicht den Namen eines Losers mit auf den Weg geben.

Nachdem Simone das Krankenhaus verlassen hatte, kristallisierte sich langsam unser neues Leben heraus. Sie stand mir als Bar- und Geschäftsfrau anfangs gar nicht mehr und später nur noch gelegentlich zur Verfügung. Ich sah mich zu einer Neuanstellung gezwungen. Wenn ich morgens nach Hause kam und mich zu ihr ins Bett legte, meckerte sie dafür nicht mehr so viel. Das Kind schien einen völlig neuen Menschen aus ihr gemacht zu haben, und das gefiel mir. Fast hätte ich an ein Wunder geglaubt, wenn eine Verkettung dummer Zufälle nicht die alte, streitsüchtige Simone wieder hervorgeholt hätte.

Ich hatte ihr versprochen, nicht mehr jede Nacht im *Bel Ami* zu verbringen, und hielt mich an mein Versprechen. Als Hartmut mich zu einer kleinen, spontanen Party in seiner Villa einlud, konnte ich deshalb mit ruhigem Gewissen zusagen: Es war weder Nacht noch das *Bel Ami*.

Nachdem die Feier schon eine ganze Weile im Gange war, kam mein Freund mit einem Telefonhörer in seiner Hand auf mich zu und zeigte auf das Eingangstor.

»Mann, Großer, deine Frau ist am Apparat! Sie steht vor der Tür. Ich glaub, du solltest rausgehen. Die scheint ziemlich sauer zu sein!«

Der Dampf von unseren Körpern begann an den großen Panoramafenstern zur Straße zu kondensieren, aber nicht schnell genug, um mir die Sicht auf Simone zu nehmen, die, das Handy am Ohr, im Schnee zwischen den Koniferen stand und durch das verschlossene Eingangstor zu uns hinüberstarrte. Verdammte Scheiße, ich hatte nur ein Handtuch um die Hüften und war nach dem Saunagang sicher krebsrot im Gesicht. Mir war klar, wie das aussehen musste, auch welche Temperaturen draußen herrschen würden, aber es war mir egal. Ich hechtete zur Tür, riss sie auf und rannte halb nackt und barfuß die Auffahrt herunter. Hartmut schien mich zu beobachten, denn das Automatiktor öffnete sich mit einem leisen Summen, kurz bevor ich es erreicht hatte. Simone sah mich kommen und fing an zu brüllen:

»Du Scheißkerl, du beschissener Lügner. Du arbeitest also, verdienst unser Geld, ja? Dein Sohn ist kein halbes Jahr alt, und du fickst schon wieder wie ein Karnickel in der Gegend rum!«

»Simone, bitte, das ist nicht so, wie du denkst!«

Das hätte ich nicht sagen sollen. Sie fing an zu kreischen wie eine Geisteskranke.

»Nein, das glaub ich jetzt nicht. Nicht diesen Satz. Schnitt! Macht die Kameras aus! Ist das beschissen!«

»Wirklich! Da ist nichts gelaufen. Wir waren nur in der Sauna, Simone. Ich bin Geschäftsmann, das gehört einfach dazu. Ich liebe dich. Nur dich! Du musst mir glauben, Simone.«

Ich fiel vor ihr auf die Knie, und dann hörten wir beide zur gleichen Zeit das Gejohle aus Hartmuts Villa.

»Mit diesen Nutten da? Sind das etwa deine Geschäftspartner? Was kaufen die dir denn ab? Deine stümperhaften Lügen?«

Mit ausgestrecktem Arm zeigte sie auf das leicht bekleidete Publikum hinter der großen Fensterfront, das die peinliche Szene mitverfolgte. Simone schaute auf mich herab und verspottete mich. Mich!

»Bitte, Simone, du darfst nicht gehen! Ich kann dir alles erklären! Ich liebe doch nur dich!«

Aber sie war schon in ihr Auto gestiegen und ließ den Motor aufheulen. Kleine Steine flogen wie wütende Geschosse unter den durchdrehenden Reifen vor. Sie gab Vollgas und vergaß dabei das Lenkrad. Mit mindestens 40 Kilometer pro Stunde fuhr sie in meinen schönen Bentley hinein, drehte ab und raste davon.

Ich zitterte am ganzen Körper. Der Schotter von Hartmuts Auffahrt klebte an meinen Knien. Aufreizend langsam löste sich die Stoßstange meines Wagens, fiel zu Boden und blieb, ein unschuldiges Opfer, stumm liegen.

»Komm wieder rein, Großer. Du holst dir noch den Tod.«

Hartmut legte mir einen Bademantel um und schob mich ins Haus zurück.

»Die kriegt sich schon wieder ein, wirst sehen. Ich ruf sie morgen an und werd schwören, dass du keine angefasst hast. Das wird schon wieder. Glaub mir!«

Drinnen herrschte größte Ausgelassenheit. Schön, dass es allen so gutging. In diesem Fall hätte ich es allerdings besser gefunden, wenn nicht ich, sondern ein anderer die Zutaten zu der Party organisiert hätte.

»Lucie, hol uns ein bisschen Stoff runter. Mein Freund hier sieht aus, als wenn er einen kleinen Ego-Shooter gebrauchen könnte.«

Brauchte ich den? Es wäre mir lieber gewesen, wenn Lucie meine Frau hätte zurückholen können. Verdammte Scheiße! Was hatte ich denn getan?

Meuterei

Ein paar Wochen vergingen, die Sache vor Hartmuts Villa im Gru-
newald war vergessen. Simone kümmerte sich rührend um Jonas.
Ich hatte meinen Bentley gegen einen neuen ausgetauscht und,
weil ich gerade dabei war, noch einen wunderschönen Mercedes
SL oben draufgepackt. Simones Jaguar ließ sich prima reparieren,
und sie war erleichtert, mich von einem dritten Neukauf abbringen zu können. Natürlich hielt sie mir mal wieder zu hohe Ausgaben vor. Ob ich denn wirklich immer First Class fliegen müsse, ob
die Fünfsterne-Suiten nötig seien, die vielen Geschenke seien es
jedenfalls nicht. Immer wieder nur Vorwürfe, Vorwürfe. Vielleicht
sollte ich mir jemanden suchen, der sich dankbarer zeigte?

Meine Erfahrungen mit Simone fasste Hartmut kurz und sehr
treffend in dem Satz zusammen: Du kannst deine Frau ruhig in die
Bücher schauen lassen – aber niemals in alle! Der hatte gut reden –
und außerdem keine Frau. Seit Jonas abgestillt war, begann sich
Simone erneut in mein Geschäft zu drängeln. Sie kam wieder öfter
ins *Bel Ami*, ließ mich nicht aus den Augen und steckte ihre Nase
in Ordner und Konten, die sie, wie ich fand, nichts angingen. Sie
stand hinter der Bar, ihr Vater lief als Hausmeister überall herum,
selbst ihre Mutter glaubte, sich als Haushälterin nützlich machen
zu müssen – und allen schien ich Rechenschaft ablegen zu müssen.

Ich schloss die Augen, holte tief Luft und spürte den frischen
Wind in der Nase. Mein Hals wurde frei und mein Kopf wieder
klar. Klick, klick, klick. Ganz deutlich spürte ich die eisernen Ringe zerspringen, an denen ich fast erstickt wäre.

»Gutes Zeug!« Hartmut nickte anerkennend. Wie kühles Öl
breitete sich Klarheit in Rachen, Hals und Stirn und schließlich

in jedem verstaubten Winkel meines Gehirns aus. Es wurde Licht. Ich ließ fünf Minuten verstreichen, bevor auch ich die Toilette verließ und mich zu Hartmut an den Tisch setzte.

»Na, dann erzähl mir mal vom Vögelchen!«

»Das da gezwitschert hat?«

»Hat es einen Namen?«

»Mariella!«

»Klingt wie eine Pflaume!«

»Die hat sie vielleicht, ist aber keine!«

»Sie isst keine Pflaumen?«

Die Vorstellung eines früchteverschmähenden Piepmatzes erheiterte mich und zog meinen Mund von einem Ohr zum anderen in die Breite.

Hartmut grinste zurück, schüttelte den Kopf, und ich sah kleine Schuppen wie Silberstaub aufstieben.

»Mal im Ernst, Detlef. Blickst du noch durch?«

»Wie durch Glas! Lupenrein! Geputzt!«

»Du weißt, wer Mariella ist, oder?«

»Mann, Hartmut, du müsstest dich mal sehen. Siehst aus wie so'n Quäker. Ganz verkniffen und ohne jeden Witz. Fehlt nur noch der Hut.«

»Detlef, ich bin kein Quäker, ich hab dich gefragt …«

»Ich weiß, was du gefragt hast. Und natürlich kenne ich Mariella. Hab sie schließlich selber rangeschleppt. Pfiffiges Mädchen mit hübschen Titten. Und die hat dir also was gezwitschert, was dich zum Quäker gemacht hat, ja?«

Hartmut unterdrückte ein Kichern. Na, geht doch, dachte ich beruhigt.

»Jürgen hat ihr 'ne Provision abgeknöpft!«

»Was?« Augenblicklich war jede Heiterkeit verflogen.

»Er hat was?«

»Er hat ihr …«

»Ich hab gehört, was du gesagt hast. Bin ja nicht taub«, brüllte ich. Ein paar Gäste dieses piekfeinen, französischen Roh-Kotz-Ladens warfen uns pikierte Blicke zu. Ich beherrschte mich nur mühsam und zischte:

»Der Jürgen, ja? Simones Scheißvater?«

Hartmut nickte. Er legte seine Hand auf meine, und ich starrte auf die schwarzen Haare, die darauf wuchsen. Plötzlich wusste ich, wie viele es waren: Neun!

»Das meinte ich vorhin, Großer. Du bist zu gutmütig. Erst holst du unter Lebensgefahr die Kleine aus Dunkeldeutschland und verhilfst ihr zu einem Leben, von dem die meisten nicht zu träumen wagen. Dann holst du auch noch ihre ganze Familie rüber und verschaffst ihnen Arbeit. Hat dir je einer seine Dankbarkeit gezeigt? Nee, im Gegenteil. Die lachen sich krank über dich, wenn du nicht da bist. Merkst du nicht, wie die dich langsam aussaugen? Wo wären die denn alle ohne dich?«

Ich konnte spüren, wie mein Herz riesige Mengen Blut durch meine Venen presste.

»Was hat er ihr angeboten?«

»Jede zweite Flasche schwarz und der Gewinn geteilt!«

Ich schloss die Augen. Rot, alles war rot, blutrotes Rauschen.

Sie schrie, sie weinte, sie flehte. Mein Herz war ein Stein. Sie hatten mir das angetan, hatten dieses Monster selbst erschaffen. Sie und ihr Vater.

»Halt den Mund, Simone, und steh wieder auf! Du hast gehört, was ich gesagt habe, und ich sage es noch einmal: Er ist entlassen, fristlos, und ich will ihn nie wieder im *Bel Ami* sehen!«

»Du bist verrückt, völlig verrückt geworden, Detlef. Du wirfst meinen Vater aufgrund einer Behauptung raus, die über zwei Ecken kommt? Fristlos? Und hörst dir noch nicht mal seine Version an?«

»Ich habe selber mit Mariella gesprochen, und es ist alles genau so, wie Hartmut es gesagt hat.«

»Hartmut, Hartmut, Hartmut … ich kann diesen Namen nicht mehr hören. Detlef, bitte, du hörst auf die Falschen!«

»Du bist hässlich, wenn du heulst, weißt du das?«

Schlagartig war Ruhe. Simone wischte sich mit dem Ärmel ihrer Seidenbluse den Rotz von der Nase und schaute mich an.

»Du bist so ein Schwein. Und du bist dumm, so dumm, dass du dich auch noch für schlau hältst. Glaubst einer durchgeknallten Nutte, die du seit zwei Wochen kennst, mehr, als einem Mann, der schon seit Jahren für dich arbeitet. Und du hörst dir noch nicht mal an, was er zu sagen hat. So bescheuert kann doch keiner sein.«

»Es reicht, sag ich dir! H a l t d e i n e n M u n d!«

Ich stand vor ihr und wollte sie schlagen. Ich grub die Fingernägel in meine Handflächen und presste die Luft durch die Nase. Stille. Sie sah mich an, und ihre Pupillen waren stecknadelgroß, die Wimperntusche zur Kriegsbemalung mutiert. Ganz langsam, mich weiter fixierend, entfernte sie sich Richtung Treppe.

»Bleib stehen! Wo willst du hin?«

Sie hatte die Treppe erreicht. Allmählich begriff ich, dass Jonas weinte. Wie lange schon?

»Ich will die Scheidung, Detlef. Ich will nicht mehr kotzen. Und das muss ich, wenn ich dich sehe!«

»Wie kannst du es wagen, so mit mir zu reden?«, brüllte ich. »Du bist ein Nichts, ein Niemand! Du hast nichts, und du kannst nichts, außer mein Geld auszugeben und dafür die Beine breit zu machen.

Meinst du, irgendjemand will dich haben? Über 30, ohne Geld, ohne Job und mit Kind? Und dein Vater, deine Mutter? Glaubst du, die kriegen hier noch irgendwo Arbeit, wenn ich mit euch fertig bin? Ihr seid doch alle von mir abhängig. Von mir allein!«

Ich hatte recht, und sie wusste es! *Ich* allein war hier der Kapitän. Und *ich* bestimmte den Kurs und wann und ob überhaupt jemand an Land ging. Und das war nicht jetzt! Ich griff nach meinem Mantel und verließ das Haus. Bei Meuterei wurden eben die Rationen gekürzt. Morgen würde ich ihre Kreditkarten sperren lassen. Lange würde sie nicht durchhalten. Und übermorgen würde ich Mey vom Flughafen abholen. Vor einer Woche war überraschend doch noch der Anruf aus Hongkong gekommen, und ich hatte ihr umgehend ein First-Class-Ticket geschickt. Mei-Mey machte mich geil.

»Mein Gott, wie hast du mir gefehlt!«

Sie schmeckte so gut, sie roch so gut, sie tat so gut. Endlich war sie wieder da – meine Mey. Sie sagte nichts, lächelte nur und steckte ihr Haar nach oben. Wie lang ihr Hals war.

»Nochmal, Mey. Komm nochmal her zu Daddy!«

»Daddy?«

»Kommt von Detti, also wegen Detlef!«

Sie begann meine Füße zu streicheln und lächelte mich an.

»I call you: Great! It's okay?«

Es wäre mir lieber gewesen, wenn sie mich woanders gestreichelt hätte. Na ja, jedenfalls nannten mich jetzt die beiden Menschen, die mir zurzeit am Wichtigsten waren: Großer! Das fand ich schön.

Wir hatten nicht viel Zeit. Gestern hatte die Internationale Tourismus-Messe ihre Tore geöffnet, und in ganz Berlin liefen Männer herum, die sich ein paar schöne Stunden am Abend verdient hatten. Ich zeigte Mey meinen Club, und sie war beeindruckt, glaubte ich zumindest. Bei Chinesinnen war es ziemlich schwierig zu erkennen, was sie wirklich dachten. Genau das machte sie ja so angenehm. Sie lächelten dich immer freundlich an. Was wollte Mann mehr? Ich wünschte, Nico wär ein Chinese. Als ich an ihm vorbeiging, sah er aus, als würde er sich am nächsten Baum aufhängen wollen.

»Na, mein Freund, was ist dir denn über die Leber gelaufen?« Ich legte freundschaftlich meine Hand auf seine Schulter und ließ sie dort.

»Alles gut, Detlef!«

»Na, sieht aber nicht so aus. Willst du was trinken?«

»Danke, ist noch zu früh.«

Langsam wurde ich ärgerlich. Ich nahm meine Hand herunter.

»Hör zu, Nico. Ich kann mir schlechte Laune nicht leisten. Demnächst werden hier die Massen reinströmen, und dann will ich, dass der Laden brummt und sich alle super fühlen. Verstehst du? Alles Super!«

Ich nahm eine Bewegung hinter mir wahr und folgte Nicos Blick. Also doch!

»Ist doch nicht wegen der Kleinen da, oder?«

Er zuckte mit den Schultern und schaute auf den dunkelroten Kristallaschenbecher, an dem eine Ecke fehlte und an Malilas temperamentvolle Ausbrüche erinnerte. Als Angie mit dem ersten Gast des Abends aufs Zimmer ging, brauchte ich keine Antwort mehr. Nico schluckte und wich krampfhaft meinem Blick aus. Er war schon so lange Türsteher im *Bel Ami*, dass seine Haare mittlerweile grau geworden waren, und noch immer hatte er nicht verstanden, wie die Welt hier funktionierte.

Ich legte ihm wieder die Hand auf die Schulter, diesmal weniger freundlich.

»Ja, ja, Nico, das tut weh, was?«

Sein Kehlkopf fuhr hoch und runter wie ein Jojo.

»Jetzt reiß dich zusammen, sie ist nur 'ne Hure. Nimm sie dir, hab Spaß mit ihr, und dann vergiss sie, ist das klar?«

»Angie ist nicht bloß eine Hure. Ich liebe sie, und sie liebt mich. Wir gehen hier weg, Detlef!«

Was war denn jetzt los? Waren denn alle verrückt geworden?

»Du gehst nirgendwohin, Nico. Und Angie bleibt auch. Wie du weißt, hat gestern die Messe begonnen, und ich kann hier auf niemanden verzichten. Von mir aus geht, wenn die Messe vorbei ist«, ich grinste ihn ein wenig gehässig an, »wenn du sie dann noch haben willst!«

Ich wusste doch, wie die Dinge liefen. Ich drehte mich um und ging.

Zumindest auf meine Mey konnte ich mich verlassen. Sie hatte sich einen hübschen Italiener geschnappt, der, wie ich vermutete, gerade seine Vorliebe für Jasmin entdeckte. Langsam füllte sich die Bar, und das Stimmengewirr nahm zu. Englisch, Italienisch, Holländisch, noch mehr Italienisch. Ich betrachtete meine Gäste genauer. Nico öffnete die Tür und noch eine Männergruppe betrat meinen Club. Wieder Italiener! Ich mochte keine Italiener. Nicht, weil ich ausländerfeindlich gewesen wäre. Das wäre ja fatal in meinem Beruf. Aber Italiener vögeln viel und lange, feilschen immer um die Preise und nehmen fast nie Champagner mit aufs Zimmer. Wo blieben bloß die Stammgäste? Immer wieder ging die Tür auf. Hatte ich mir doch gedacht: Wer den ganzen Tag Business machte, wollte in der Nacht Lust ein bisschen Spaß. Allerdings kannte ich niemanden. Es schien für alle das erste Mal zu sein. Immer wieder die Frage nach den Preisen. Meine Mädchen waren gut und sehr professionell. Die Zimmerschlüssel wanderten von Hand zu Hand, und ich musste höllisch aufpassen, nicht den Überblick zu verlieren. Eines aber war offensichtlich: Es gab zu viele Männer und zu wenige Mädchen. Ich telefonierte. Vier erreichte ich nicht, drei hatten zu tun, zwei versprachen vorbeizukommen – sobald es ging.

»Daddy, die Sieben ist belegt!«

Damit wollte die Aushilfsbarfrau eigentlich an mir vorbeihetzen, aber ich erwischte sie noch rechtzeitig am Arm.

»Von wem und wie lange?«

»Der 24-Stunden-Typ ist grade raus. Hat gesagt, Sylvie ist total hinüber. Kriegt keiner mehr wach vor morgen früh!«

»Besoffen?«

»Sieht so aus!«

Ich ließ sie los, und sie hechtete weiter zu Tisch vier, an dem sich vier schwarzhaarige Herren mit einem Glas Bier über die fehlende weibliche Unterhaltung hinwegtrösten wollten.

Mist! Jetzt betrat auch noch Hartmut die Bar und schien mich zu suchen.

»Hey, Großer! Ist ja mächtig was los bei dir. Hab ich mich in der Adresse geirrt oder ist das jetzt 'n Gay Club geworden?«

»Komm, trink erst mal was. Hier ist die Hölle los, wie du siehst. Alle Zimmer belegt, selbst Schwimmbad und Sauna dürften ihre Grenzen erreicht haben. Ein paar Leute sind schon auf den Klos verschwunden. Aber erzähl mal, wie läuft's denn so, mein Freund?«

»Mann, Detlef, ich hab den ganzen Tag gequatscht. Nicht auch noch hier. Hast du denn echt nichts mehr übrig?«

Da kam mir die rettende Idee.

»Hör zu, Hartmut, ist ein bisschen speziell«, flüsterte ich und hatte damit sofort seine ganze Aufmerksamkeit.

»Ich würde dir den Schlüssel für die Sieben geben, aber du musst mir vorher was versprechen!«

»Klar doch. Ich sag keinem was!«

»Das auch. Aber noch was: Sei vorsichtig!«

»Mann, Detlef, was soll das? Ist sie noch Jungfrau, oder was?«

»Das ganz bestimmt nicht. Aber sie ist bewusstlos.«

»Du meinst …?«

»Genau das! 24-Stundendienst und dabei etwas zu tief in die Flasche geguckt. Soll wohl schlafen wie ein Stein.«

»Mann, du bist echt der Größte! Genau das, was ich brauche. Ein stilles Weibchen. Sie schnarcht doch nicht, oder?« Hartmut lachte. »Gib schon her, Mann!« Gierig streckte er mir die Hand entgegen. Mit einem letzten mahnenden Blick gab ich ihm den Schlüssel, und dann war er fort.

Mey, frisch wie der Morgentau, kam um die Ecke, lächelte und kniff mir in den Hintern. Unglaublich, dieses Weib. Aber heute hatte das Geschäft Vorrang. Ich nickte zu Tisch vier, sie lächelte und ging. Wie viele Stunden würde die Nacht noch haben? Wo war die kleine Dose mit dem Muntermacher?

14 (oder 14 ½) Mädchen waren am Start gewesen, zum Schluss 16. Sechs Stunden Hochbetrieb, aber die Summe unterm Strich war trotzdem mager. Ich war extrem unzufrieden. Zu viel gerammelt, zu wenig gesoffen oder wenn, dann nur Bier. Was war aus den schönen Festen geworden, die über zwei Tage gingen und bei denen Badewannen mit Champagner gefüllt und nicht nur ans Geschäft gedacht wurde. Meine schöne Villa war jahrelang der Treffpunkt für jeden gewesen, der etwas erleben und Spaß haben

wollte, und für die Mädchen war sie nicht nur eine Arbeitsstelle, sondern auch Heimat gewesen. Jetzt rannten sie mir zwar die Bude ein, aber genauso schnell gingen sie auch wieder raus. Ich fühlte mich wie auf einem Bahnhof. Alle winkten mir freundlich zu und fragten dann gleich nach dem Bahnsteig, auf dem es abging. Niemand schien mehr Zeit zu haben, alle wollten nur was erledigen. Kam ich in das Alter, in dem man rührselig wurde und von den *guten alten Zeiten* sprach? Reiß dich zusammen, befahl ich mir und nahm Geld aus der Kasse, um Sylvie zu bezahlen.

»Hey, wo kommen denn die her?«

Sylvies Anblick trug nicht dazu bei, meine Stimmung zu heben. Sie starrte verwundert auf die Scheine, die ich ihr in die Hand gedrückt hatte.

»Hast du dir im Schlaf verdient!«, meinte ich stolz.

Sie schaute mich an und sah auf keinen Fall glücklich aus. Blöde Kuh! War doch leicht verdientes Geld gewesen! Simone, die Gott sei Dank heute ausgeholfen hatte, kam hinzu und legte ihren Arm um Sylvie. Die fing jetzt auch noch an zu flennen. Meine Frau hörte ihr fassungslos zu. Am Ende schauten mich beide an, und ich versuchte gar nicht erst, ihren Gesichtsausdruck zu deuten.

In den nächsten Monaten setzte sich der Trend fort. Nur noch selten ein Gast, der die Puppen tanzen ließ. Die meisten Männer hielten sich an ihrem Bier fest und starrten meine Mädchen an, als würde sie das schon zur Ejakulation bringen. Vielleicht hätte ich fürs Glotzen auch kassieren sollen? Sylvie hatte gekündigt. Simone redete nur noch das Nötigste mit mir. Jetzt hatte ich also zwei Frauen, die schwiegen, denn auch Mey verlor nicht viele Worte und fand es nach wie vor besser, zu lächeln. Aber ich brauchte jetzt jemanden, mit dem ich reden konnte. Ich versuchte, Hartmut zu erreichen. Sein Anrufbeantworter versicherte freundlich in Deutsch, Englisch und Italienisch, dass er zwar nicht da, aber froh über eine Nachricht wäre. Der Aufforderung, *jetzt zu sprechen*, kam ich nicht nach und legte auf. Musste ich mir eben selbst helfen.

Erst ließ ich meine Mädchen allein ausschwärmen, aber als sie immer wieder ohne einen Mann im Schlepptau auftauchten, schnappte ich mir zwei von ihnen und machte mich wie früher selbst auf die Socken. Aber sie hatten recht. Kaum Beute zu machen. Die Messe war vorbei. Mittlerweile hätte ich mich sogar über einen Italiener gefreut. Ich lief durch die Stadt und fragte mich, warum die Männer plötzlich alle zu Hause blieben. Hatten sie ihre Ehefrauen zum Vögeln umgedreht oder machten sie beim Sex einfach die Augen zu?

Als Nächstes feuerte ich meinen Steuerberater. Der Kerl steckte mit Simone offensichtlich unter einer Decke, redete von Wirtschaftskrise, meckerte an meinem Lebensstil herum und missgönnte mir meinen SL.

»Wo warst du denn?«, fragte ich vorwurfsvoll. Oh Gott, ich klang schon wie Simone.

Überrascht schaute Hartmut hoch und wischte sich den Schweiß von der Stirn.

»Mann, du bist ja total angespannt! Ist es so schlimm?«

Unaufgefordert begann die hübsche Dame auf der Bank hinter mir, meine Schultern zu massieren. Mir war heiß. Ich griff nach meinem Handtuch und beendete den Saunagang vorzeitig. Im Pool vor der Saunahütte amüsierten sich zwei Damen und lachten laut. Instinktiv zog ich mich in den Whirlpool zurück und lauschte dem blubbernden Wasser. Am Beckenrand stand ein herrenloses Glas, das ich bedenkenlos leerte. Weißer Dampf stieg vom leuchtenden Pool in den Nachthimmel hinauf, an dem ein Vollmond stand, der mich an eine längst vergangene Nacht im Internat erinnerte. Damals hatte ich mir überhaupt keine Sorgen gemacht, alles war leicht und einfach gewesen.

»Ich glaub, das war meins!«

Ich öffnete die Augen. Völlig nackt und in eine dichte Dampfwolke gehüllt, stand Hartmut vor mir und zeigte auf das leere Glas in meiner Hand.

»Na, was soll's!« Kurz entschlossen holte er die Flasche vom Tisch und nahm sie mit in den Pool.

»Also, was ist los, Großer? Siehst ja schon aus wie alle hier. Ganz verzagt. Wo ist dein Problem? Warte, lass mich raten: Entweder das Geld oder die Frauen, stimmt's?«

Hartmut trank einen Schluck aus der Flasche und reichte sie an mich weiter.

»Ist doch das Gleiche, Hartmut.«

Sollte ich mich ihm wirklich anvertrauen? Ich lag in seinem Pool, trank seinen Wein und bediente mich seiner Frauen. Da konnte ich ihm doch unmöglich sagen, dass mir die Pleite drohte, wenn nicht bald ein Wunder geschah.

»Irgendwie ist es nicht mehr wie früher«, resümierte ich tiefsinnig.

Hartmut schaute mich an, rülpste und fing an zu grienen.

»Detlef«, rief er amüsiert aus, »du hast ja 'ne Midlife-Krise!«

Darauf fiel mir nichts ein. Also schwieg ich.

»Pass auf, Großer. Du musst hier einfach mal raus!« Hartmut freute sich über seinen Einfall, aber ich schwieg weiter. Ich konnte schließlich nicht *Au fein* rufen, wenn ich es mir nicht leisten konnte, schon wieder Urlaub zu machen

»Was hältst du eigentlich von Autos, Großer?«

»Hab schon zwei!«, wiegelte ich ab.

»Nein, nicht selber fahren. Zuschauen!«

»So wie alle, ja?«

»Ich glaub nicht, dass *alle* im Privatjet nach Monza geflogen werden, um beim Autorennen dabei zu sein!« Hartmut grinste breit und setzte die Flasche an.

Der Flug nach Italien war also umsonst, das F1-Centrale-Ticket würde mich 600, die Übernachtung 2000 – 3000, das Wochenende mit Restaurants und Sonstigem also maximal 4000 kosten. Das war ein Klacks im Vergleich zu den Verdienstmöglichkeiten, die sich daraus ergeben könnten. Hartmut war immer umgeben von äußerst finanzkräftigen Männern und ich von willigen Damen. Als mir mein Freund die Flasche reichte, stand mein Entschluss fest.

»Wann geht's los?«, fragte ich und fühlte wieder die alte Zuversicht in mir.

»So gefällst du mir schon besser, Detlef!«, verkündete Hartmut und drückte mir die Flasche in die Hand.

»Auf die Größten!«

»Die Allergrößten!«, pflichtete er mir bei.

Simone hatte sich beruhigt. Ich hatte ihre Kreditkarten wieder entsperren lassen, trotzdem zog sie sich immer mehr von mir zurück. Um ehrlich zu sein, wusste ich gar nicht mehr, was sie den ganzen Tag machte. Und es war mir auch egal. Im Gegenzug schien sie sich für mich auch nicht mehr zu interessieren. Ich sagte: Ich fahre weg und sie sagte: gut. Das enthob mich von nervenden Erklärungen und trug dazu bei, eine gewisse Harmonie zwischen uns aufrechtzuerhalten. Mein Sohn entwickelte sich prächtig und wurde mir immer ähnlicher. Er hatte wunderschöne blonde Locken und einen exquisiten Geschmack. Meine Mey übernahm lächelnd den Teil der Ehe, der mit den Jahren ganz allgemein langweiliger zu werden pflegt. Und mit Hartmut hatte ich nicht nur einen echten Freund an meiner Seite, sondern auch jemanden, der mich an die Menschen vermitteln konnte, die mir über die momentane Durststrecke hinweghelfen würden. Wenn man über den Marktwert einer Immobilie sagte, es käme nur auf eines an, nämlich auf die Lage, dann müsste man, bezogen auf ein Unternehmen, sagen: nur auf die richtigen Kontakte. Hartmut stellte den Kontakt zu Diederich her, einem äußerst erfolgreichen Berater, und zu Klaus, der mir als kompetenter und einfallsreicher Mann vorgestellt wurde. Gemeinsam würden wir das *Bel Ami* aus den roten Zahlen rausholen.

»Rien ne va plus.«

Diederich machte sich sofort an die Arbeit. Er kümmerte sich um alles und hielt mir die Sorgen vom Leib. Wenn es ihm mal nicht restlos glückte, dann gab es immer noch Hartmut, Mey und Opium. Diederich verdankte ich auch die Interview-Anfrage vom *Playboy*. Der letzte Artikel war schon Jahre her und hatte damals einen regelrechten Boom ausgelöst. Ich kaufte mir also einen silbernen Anzug, versammelte meine schönsten Mädchen um mich, erwartete die Reporter und das Kamerateam und ging davon aus, dass mir der Artikel einen ähnlichen Erfolg bescheren würde.

Playboy: »Herr Uhlmann, wie viel kostete denn die teuerste Nacht im *Bel Ami*?«
Uhlmann: »125 000 Euro!«

Die Auswirkungen, die diese Antwort hatte, waren ungeheuerlich. Dabei entsprach die Zahl lediglich den Tatsachen. Simone wusste natürlich wieder alles besser. Wie ich so etwas hätte sagen können, außerdem seien es doch D-Mark gewesen, und warum ich nicht einfach meinen Mund gehalten hätte. Sie hatte überhaupt keine Ahnung, wie man ein Geschäft führte. Außerdem konnte man schwerlich ein Interview geben, indem man schwieg! Der Artikel über den »Roten Baron«, – diese Bezeichnung fand ich übrigens sehr gelungen – schlug jedenfalls ein wie eine Bombe. Und die Detonation war laut genug, um auch im Finanzamt gehört zu werden. In der darauffolgenden Woche waren zwei Beamte der Steuerprüfung der Meinung, ich würde ihnen 900 000 Euro schulden. Aber nicht mit mir! Wenn ich mein Geld hätte verschenken wollen, wäre ich wohl kaum der Detlef Uhlmann geworden, der jetzt vor diesen vom Leben vergessenen Schreibtischtätern stand. Ich übergab die Sache Diederich und Klaus. Sollten die sich doch darum kümmern und für ihr Geld mal was Sinnvolles tun.

»Wie wär's dann mit heute Abend?«
    »Da bin ich zum Tennis verabredet!«
    »Es wäre aber wichtig, Detlef.«
    »Der Termin steht aber schon seit zwei Wochen. Und Wolfgang hat auch nicht immer Zeit. Außerdem kann ich mir nicht vorstellen, dass es auf ein paar Stunden ankommt!«
    »Du musst ja wissen, was dir wichtiger ist.«

Wütend legte ich auf, wählte Wolfgangs Nummer und sagte ab.

Um sieben fand ich mich in Diederichs Büro ein. Er hatte mehrere Aktenordner vor sich aufgebaut und sah mich ernst an. Klaus wirkte entspannter. Er kam auf mich zu und schüttelte mir die Hand.

»Schön, dass du doch noch Zeit gefunden hast. Diederich hat mir erzählt, dass du extra einen Termin verschieben musstest. Er macht sich Sorgen.«

»Ich mir langsam auch. Was konnte denn nun keinen Tag warten?«

Ich hatte mich in den dunkelgrünen Ledersessel gesetzt und fand es irgendwie unangenehm, dass ich in der Mitte saß, während sich Klaus und Diederich an den Stirnseiten des Tisches gegenüberhockten.

»Ich habe die letzten Tage und Nächte damit zugebracht, mir die Steuerunterlagen der letzten acht Jahre anzusehen«, begann Diederich von links und blätterte dabei in den Akten vor sich.

Was hast du denn dann in den Monaten davor gemacht, dachte ich, verkniff mir aber die Bemerkung.

»Da hat sich ja einiges angehäuft, Detlef!«

»Ach was, und deshalb sollte ich herkommen? Das wusste ich schon!«

»Detlef!«

Das war Klaus, ich drehte mich nach rechts.

»Die Sache ist die: Der Laden ist nicht mehr zu halten!«

»Das ist nicht euer Ernst, oder? Wozu bezahl ich euch denn, wenn ihr beim erstbesten Problem den Schwanz einzieht, sofern ihr überhaupt einen habt!«

»Es ist mir durchaus klar, dass du sauer bist und von Schwänzen mehr verstehst als wir«, Diederich versuchte sich von links mit einem Lächeln. »Aber wir verstehen was von Büchern, und ich muss Klaus leider recht geben. Das *Bel Ami* ist pleite!«

»Dann nehmen wir eben einen Kredit auf. Für jedes Problem gibt es eine Lösung. Immer!«, erklärte ich den beiden Schwachköpfen.

Von rechts: »Da muss ich dir widersprechen, Detlef!«

Von links: »Es sei denn, du würdest den Verkauf des *Bel Ami*s auch als Lösung bezeichnen!«

»Das ist keine Lösung, das ist Kapitulation! Das kommt überhaupt nicht infrage!«, brüllte ich und sprang auf. Ich hoffte, dass ich in den polierten Nussbaumregalen einen Brandy oder sonst etwas fand, das mich beruhigen würde.

Diederich von links: »Komm, setz dich doch wieder. Uns ist klar, dass die Sache sich nicht schön anhört, aber bei genauerer Betrachtung hat Klaus da eine ziemlich geniale Idee. Hör sie dir doch erst einmal an!«

Also setzte ich mich wieder, Blickrichtung rechts: Klaus.

»Also«, begann der, »es gibt die Möglichkeit, eine neue GmbH zu gründen. Die entsprechenden Unterlagen habe ich hier schon mal vorbereitet.« Liebevoll strich er über eine schwarze Mappe, die zugeklappt vor ihm lag. »In dieser GmbH wird dein Name nirgendwo mehr auftauchen.«

Kopf nach rechts: »Weil es juristisch einwandfrei und nach geltendem Gesetz absolut legal ist.« Wieder wurde das Mäppchen gestreichelt.

»Ich verstehe noch immer nicht?«

Antwort links, Diederich: »Alles wird laufen wie bisher. Du arbeitest als Subunternehmer ganz normal weiter.«

Von rechts: »Beziehungsweise das *Bel Ami*.«

Ich: »Das mir ja aber nicht mehr gehört!«

»Aber doch nur auf dem *Papier*, Detlef!«, erklärten Klaus und Diederich.

Von dem ständigen Links-Rechts war mir schwindlig geworden, ich konnte mir jetzt vorstellen, wie es einem Tennisball während eines Matches ging. Ich stand wieder auf und lief durch den Raum.

Das *Bel Ami* gehörte mir! Ich *war* das *Bel Ami*! Wenn ich es jetzt verkaufen würde … musste es ja keiner erfahren! Äußerlich würde alles beim Alten bleiben, und wenn diese verdammte Wirtschaftskrise endlich vorbei war, könnte ich die ganze Aktion ja wieder rückgängig machen. Ich war der Mann, der stets die richtigen Entscheidungen traf. Das war mein Leben lang so gewesen. Warum sollte es jetzt anders sein? Und Angst vor Abenteuern hatte ich doch noch nie gehabt! Warum diesmal? *Weil du von diesen Dingen zu wenig verstehst!*, meldete sich eine besorgte Stimme. Stopp mal: Frauen verstand ich auch nicht, und sie hatten mich trotzdem reich gemacht. Detlef Uhlmann war weder ängstlich noch mutlos oder willensschwach. Wenn diese Unterschrift der einzige Weg war, mich aus dem Schlammassel rauszuholen, dann würde ich sie leisten – und zwar sofort!

»Wo muss ich unterschreiben?«

Zu dritt fuhren wir ins *Bel Ami* und feierten unseren Plan.

Es war früh um vier, und irgendein Blauschwänzchen oder Grünkehlchen machte schon Krach. Mit ein bisschen Geduld fummelte ich den Schlüssel ins Schloss und öffnete die Haustür. Ich wankte nach oben, zog mich im Dunkeln aus und ließ mich erschöpft ins Bett fallen. Die letzten Wochen hatten mich geschlaucht. Ich war auch nicht mehr der Jüngste. Und während ich mal wieder bis zum Umfallen geschuftet hatte, um unser Geld zu retten, schlief meine Frau hier neben mir den Schlaf der Gerechten. Allerdings nicht sehr lange, denn nach einer gefühlten Minute weckte sie mich ziemlich unsanft wieder auf.

»Detlef, irgendjemand ist an der Tür. Ich habe Angst!«

»Herrgott nochmal, Simone, siehst du nicht, dass ich total erschossen bin? Außerdem höre ich gar nichts. Geh doch einfach selber runter und sieh nach!«

»Und wenn es Einbrecher sind?«

»Kann ich mir nicht vorstellen!«, murmelte ich ins Kissen und drehte mich wieder um. Ich hörte eine Treppenstufe knarren und wusste, dass meine Frau den letzten Absatz erreicht hatte. Alles blieb ruhig, und ich schlief wieder ein. Plötzlich wurde mir die Bettdecke weggerissen. Ich rappelte mich hoch und schaute ungläubig in diverse Gewehrmündungen, die auf mich gerichtet waren. Das Deckenlicht war eingeschaltet, ich konnte jede Einzelheit scharf erkennen, und trotzdem begriff ich es nicht. Die Männer waren schwarz maskiert und sahen aus, als wären sie aus einem Gangsterfilm entsprungen. Sie schrien auf mich ein, wollten irgendwas von mir. Ich verstand noch immer nichts. Wo war Simone? *Aufstehen, Hände hinter den Kopf und Gesicht zur Wand! Sofort!* Einer der Kerle riss mich nach oben und drehte mich zur Wand. Jonas schien aufgewacht zu sein und hatte angefangen zu weinen. Der Junge war inzwischen zu alt, und normalerweise hätte ich mich über das Geheule aufgeregt. Aber *das* hier war nicht normal. Zumal ich selbst zu weinen anfing.

»Herr Uhlmann, Sie sind verhaftet wegen des dringenden Tatverdachts der Steuerhinterziehung!«, sagte jemand hinter mir. Meine Arme wurden auf den Rücken gedreht, dann vernahm ich das Klicken der Handschellen. Im Pyjama und barfuß führte man mich die Treppe hinunter. Die Haustür stand offen, überall waren Polizisten und Männer vom SEK im Vollschutz. Ein Herr stellte sich mir vor, Steuerfahndung, neben ihm ein Staatsanwalt. *Wir lesen Ihnen jetzt Ihre Rechte vor* ... Noch immer wollte ich nicht wahrhaben, was hier passierte.

»Das muss ein Versehen sein. Ich bin doch kein Krimineller. Hören Sie mir zu! Ich habe *nichts* getan!«

An meiner Frau und meinem Sohn vorbei wurde ich zum Ausgang gestoßen. Simone hielt den schluchzenden Jonas an ihre Brust gedrückt und starrte mich fassungslos an.

»Jonas, das ist alles ein Irrtum!«, rief ich.

Er schaute auf den Boden.

»Simone! Bitte!«

Dann wurde die Tür geschlossen.

EPILOG

Als er aufwacht, scheint die Sonne. Sie geht das alles nichts an. Sie hat nichts verbrochen. Aber er doch auch nicht! Wie kann man ihn bloß mit tätowierten Typen, die Autos gestohlen, ihre Frauen verprügelt oder noch Schlimmeres getan haben, in eine Zelle stecken?

»Flennt der Alte schon wieder?«

»Besser er flennt, als wenn er furzt wie du!«

Einer der Männer grunzt oder lacht, was auf dasselbe hinausläuft.

Der Mann, der mit Ministern, Hollywood-Stars und Bankdirektoren gefeiert hat, dreht sich um und drückt sein Gesicht in ein Kissen, das nach Eintopf riecht. Noch fünf Minuten, bis die Morgenroutine beginnt, an die er sich langsam gewöhnt.

Simones Anwalt hat es endlich geschafft, ihn in den offenen Vollzug zu bekommen. Heute Nachmittag wird er dieses Zimmer verlassen und in einen anderen Gebäudetrakt verlegt werden. Morgen früh um neun, zum ersten Mal nach drei Monaten, wird er in einem Taxi sitzen und nach Hause fahren. Nach Hause. Seit er hier drin ist, hat das eine völlig neue Bedeutung bekommen. Er erinnert sich daran, wie oft es ihn angeödet hat, nach Hause zu fahren, wie häufig er sich fremd und manchmal sogar überflüssig vorgekommen ist. Jetzt ist es der einzige Ort, an dem er sein will. Für immer.

Er trägt einen Anzug von Versace und unter dem Arm eine Ledertasche von Bugatti. Für acht Stunden wird er Detlef Uhlmann sein. Dann wird ihn das Taxi zurück nach Moabit bringen, er wird Kaschmir wieder gegen Baumwolle tauschen, sein Handy abgeben und darauf warten, dass ein Beamter die Tür auf- und wieder zuschließt. Noch nicht!

Er schließt die Augen und atmet tief ein. Die warme Luft riecht nach Rosen und frisch gemähtem Gras. Am wolkenlosen Himmel fliegen zwei Schwäne lautlos Richtung See. Er ist wieder da.

Er steht vor seiner Haustür und greift in seine Tasche. Ungewöhnlich für einen Mann, dass er einen Taschenspiegel bei sich trägt. Aber er ist kein gewöhnlicher Mann, und er führt kein gewöhnliches Leben. Der Spiegel bestätigt ihm, dass er gut aussieht. Sehr gut sogar für sein Alter. Sein Handy klingelt und hindert ihn daran, die Tür zu öffnen. Er führt ein Gespräch, wie er schon Tausende geführt hat, energisch, lautstark und selbstbewusst. Er geht um das Haus herum, spricht und lacht, weicht dem Kinderfahrrad aus, das er nicht gekauft hat, wendet bei den Rosen, die er nicht beschnitten hat, und beendet das Gespräch, als seine Familie über den Rasen auf ihn zukommt. So heftig überflutet ihn die Liebe zu sich und ihnen und dem Leben, dass die Tränen aufsteigen, diese Verräter seiner Gefühle. Er betrachtet seine Frau und findet sie nicht mehr wirklich schön. Alt ist sie geworden, ungepflegt und müde sieht sie aus. Er schließt sie in die Arme und schämt sich. Sie wird sich doch noch ein bisschen zurechtmachen? Er hat einen Ausflug geplant, mit ihr und dem Sohn an diesem herrlichen Sommertag. Ihm bleiben nur wenige Stunden, und es zieht ihn ins Grüne, dorthin, wo es noch schöner, noch grüner ist. Nur das Beste!, hat er ihr versprochen, und sie trägt Jeans.

Die Fahrt ist wunderbar. Das Seitenfenster ist geöffnet, und lauer Wind spielt in seinen Haaren. Er fährt zu schnell, und er weiß es. Er hat keine Angst, hat sie nie gehabt, er genießt es, schnell unterwegs zu sein.

Simone trägt ein weißes Kleid und hat ihre Hand auf sein Knie gelegt. Halte mal dort drüben. Auch er hat diesen Platz gesehen und will eine Pause. Er drosselt die Geschwindigkeit, fährt ihren Jaguar auf die Wiese und parkt ihn zwischen Mohn und Margariten. Aus dem Kofferraum holt er eine Kühlbox und gratuliert sich. Er liebt Überraschungen. Eine Flasche Dom Perignon und zwei beschlagene Champagnergläser sind darin, für ihn und seine schöne Frau. Das Kind will ein Eis. Später. Später ganz bestimmt. Simone freut sich. Ist das ein Rotkehlchen? Nein, sagt sie und zeigt auf das Haus am Ende der Wiese. Wie gefällt es dir?, fragt sie und das Kind quengelt. Warum hat er keine Decke mitgenommen? Er würde sich gern setzen, traut sich aber nicht. Was ist mit dem Haus? Was ist mit meinem Eis?

»Es steht leer …«, sagt sie und lächelt ihn an. Und plötzlich weiß er, was sie sagen, ihm vorschlagen und wie die Zukunft aussehen wird:

»… und wir könnten es mieten, ein neues *Bel Ami*!«

Der Weltbestseller

Auch als E-Book erhältlich

304 Seiten
Preis: 19,99 €
ISBN 978-3-86883-207-5

George Wethern
Böser Engel
**Die wahre Geschichte der
Hells Angels**

In dieser atemberaubenden Autobiografie erzählt George Wethern –
Vizepräsident des ersten Hells-Angels-Charters in Oakland unter
Bikerlegende Ralph »Sonny« Barger – von seinem Leben als
Outlaw-Biker. Einem Leben, das geprägt war von Drogen, Waf-
fen, Gewalt und den geheimen Ritualen eines Männerbundes.
Wetherns Buch ist Zeugnis die Gründungsgeschichte der Hells
Angels, die auf erschütternde Weise belegt, dass die ersten Char-
ter hart an dem schlechten Ruf gearbeitet haben, der den Hells
Angels heute vorauseilt.

Jetzt packen Polizisten aus

Auch als E-Book erhältlich

240 Seiten
Preis: 19,99 €
ISBN 978-3-86883-191-7

Stefan Schubert
Inside Polizei
Die unbekannte Seite des Polizeialltags

- Der Einsatz eines Spezialeinsatzkommandos endet in einem Skandal ...
- Zwei Polizisten berichten aus nächster Nähe über die Katastrophe der Loveparade in Duisburg ...
- Im Rotlichtmilieu treffen Hells Angels, Mafia und Polizei aufeinander ...
- Angehörige einer Polizeihundertschaft schildern den Großeinsatz bei einem Castor-Transport aus ihrer Sicht ...
- Polizisten erleben Gewalt nicht nur im Dienst ...

Bestsellerautor Stefan Schubert, selbst viele Jahre lang Polizist, gewährt Außenstehenden authentische und schonungslose Einblicke in eine abgeschottete Polizeiwelt. Kein anderes Buch kam der dunklen Seite des Polizeialltags je so nahe.

Der ganz normale Rettungswahnsinn

256 Seiten
Preis: 9,99 €
ISBN 978-3-86883-253-2

Christian Strzoda
Sie sehen aber gar nicht gut aus!
Aus dem Leben eines Rettungsassistenten

Geschichten, die das Leben schreibt. Oder auch der Tod. Ein Sanitäter erlebt sie alle. Manchmal sind sie schräg und lustig, manchmal tragisch und bitter. Aber eines haben sie alle gemeinsam: Sie sind wirklich passiert. Rettungsassistent Christian Strzoda nimmt uns mit auf seine Einsätze und gibt uns Einblick in den Rettungsalltag, der Bagatellen und Tragödien gleichermaßen umfasst.

Das einfachste Fitnesskonzept aller Zeiten

208 Seiten
Preis: 16,99 €
ISBN 978-3-86883-166-5

Mark Lauren
Fit ohne Geräte
Trainieren mit dem
eigenen Körpergewicht

Seit Jahren bereitet Mark Lauren Elitesoldaten physisch auf ihren Einsatz bei Special Operations vor. Dabei hat er ein einfaches und extrem effizientes Trainingskonzept entwickelt, das ganz ohne Hilfsmittel auskommt und nur das eigene Körpergewicht als Widerstand nutzt. Die Übungen sind auch auf kleinstem Raum durchführbar und erfordern ein Minimum an Zeit. Diese Fitness-formel ist auch für den modernen Arbeitsmenschen ideal, denn sie lässt sich in jeden Lebensplan integrieren.

Mit den 125 Übungen in diesem Buch trainiert jeder auf seinem eigenen Level, ob Anfänger oder Profi. Dazu gibt es Motivations- und Ernährungstipps vom Experten.